税理士 **伊藤 俊一** 著

- ・持株会社スキーム盲点
- ・持分会社スキーム盲点
- ・事業承継税制（特例）盲点
- ・（議決権）ファミリールール
- ・国際事案に係る承継事例
- ・承継に係る 6 項対策等

Q&A

中小・零細企業のための
事業承継戦略
と実践的活用スキーム

LOGICA
ロギカ書房

はじめに

　弊所伊藤俊一税理士事務所は、主に中小企業・零細企業の事業承継、資本戦略、組織再編成、M&A、相続対策に係るご質問に特化した「コンサル質問会」（主催：株式会社 KACHIEL（カチエル）http://kachiel.jp/lp/consulting-question/）のご回答、及び複数社の会計事務所、税理士法人様の上記に係る顧問業務を取り扱っています。

　本書の Q&A は上記の「実際に税理士等士業様」からご質問・ご相談を受けた事項を一部改変し、Ⅰ事業承継税制（特例）、Ⅱ事業承継スキーム、Ⅲその他事業承継に係る総則6項対策について分類しなおし、筆者自身が更に回答を再編集したものになります。

　本書の性格上、上記理由から極めて実践的な書籍になったものと思われます。

　中小企業・零細企業の事業承継、資本戦略、組織再編成に関しては類書においても「基本的な課税関係」や「（法務等含めた）諸手続については網羅されている節があります。当然、そういった網羅性を重視した「教科書」も必要であることは否定しておりません。

　しかし、教科書的な解説では中小企業・零細企業では、事業承継や資本戦略において、何の実効力も有しない対策も多いというのが実情です。そこで、本書では、それら教科書的な事項を踏まえた上での「ノウハウ」「アイディア」「知恵・創意工夫」といったものを現場のコンサルティングでの所感を踏まえながら、執筆しました。

　従来の類書であれば、上述の教科書的なといったように記載方法が列挙されていることが常で、教科書的な事項を踏まえた上での「ノウハウ」「アイディア」「知恵・創意工夫」といったものを現場のコンサルティングでの所感を踏まえながら、というものはなかったはずです。筆者自身、それを極力意識して

執筆に備えた次第です。

　なお、事業承継税制（特例）に関してはなるべく類書に記載がない盲点、エッセンスのみ抽出しています。

　事業承継税制（特例）の平成31年度（初年度）の認定申請件数は中小企業庁公表ペーパーによると約6,000件、経済産業省の令和2年度税制改正要望資料によると平成30年4月30日〜平成30年12月31日における特例承継計画の申請件数は1,886件、平成31年1月1日〜令和元年6月31日における同申請件数は1,832件、経営承継円滑法における遺留分に関する民法特例は平成31年3月末時点で208件だそうです。筆者も主に税理士等同業者から申請時の適用要件チェックを依頼され膨大な件数をこなし、また、筆者自身もコンサルティング案件で携わってきましたので、そこでの現場の所感をふんだんに盛り込み教科書的な説明はほぼ排除しました。

　本書の大きな特徴は、以下の点に集約されます。
・類書の教科書的な説明は意識的に排し、上記の「ノウハウ」「アイディア」「知恵・創意工夫」を全面に打ち出した構成になっています。
・中級者から上級者まで幅広い読者のニーズにこたえるものを意識したこと、一方で基本的な記載方法や課税関係については極力省略しました。
・論点は周辺実務に関して限って言えば、課税実務に真に即した網羅性を重視し、類書では軽く扱っている記載についても誌面の許す限り詳細な解説を加えていること
・裁決・裁判例・判例についても網羅性を重視し、できるだけ実務上のヒントになるような汎用性のあるものを厳選して掲載したこと
・苦手意識を持っている実務家が多いため表現はできるだけ平易に、また、随所に非常に簡単な「よくある」事例を組み込み、具体的な取引をイメージしていただけるようにしたこと、一方で実務上稀な事例についても上級者向けに汎用性のある取引のみを厳選し掲載したこと
　（この点に関しては論点の切り貼りと感じられる読者もいらっしゃることと存じますが、課税実務での多くの失敗は「不知・うっかり」によるものです。したがって論点は誌面の許す限り掲載しました。しかしながら、リストリクテッド・

ストックなどは意図的に割愛し、あくまで「普段よく使う周辺課税実務」にこだわっています。）

執筆にあたっては、細心の注意を払ったつもりですが、初めての試みが多かった点もあり、至らぬ点が多いと思います。読者の皆様にはお気づきの点があれば、ぜひご指摘をいただきたく存じます。

普段から多数の質の良いご相談・ご質問事項を下さる「コンサル質問会」（主催：株式会社 KACHIEL（カチエル）http://kachiel.jp/lp/consulting-question/）の会員様、及び私が顧問業務をさせていただいている複数社の会計事務所、税理士法人様には心から感謝申し上げます。

株式会社ロギカ書房代表取締役橋詰守氏には企画段階から編集等、力強くサポートしていただいたことに、心から感謝申し上げます。

令和元年11月

税理士　伊藤　俊一

目次

はじめに

I 事業継承税制（特例）

Q I-1 持株会社スキームの基本と比較検討……*2*

Q I-2 贈与税の納税猶予と併用する贈与……*8*

Q I-3 事業承継税制（特例）と持株会社スキームとの合算形式の検証……*11*

Q I-4 事業承継税制（特例）に係る事前説明責任について……*14*

Q I-5 要件別の細かな留意点：議決権判定、法基通9-2-32との平仄、事業事態要件の留意点等……*17*

Q I-6 代表権返上と法基通9-2-32との関係、「資本金、資本準備金を減少した場合」の意義……*25*

Q I-7 事業承継税制（特例）における代表者就任要件……*27*

Q I-8 議決権数判定の留意点……*28*

Q I-9 遺言書作成で特に留意すべき事項……*29*

Q I-10 相続させる遺言と「遺贈する」の使い分け：特定財産承継遺言と改正民法に関する留意点……*31*

Q I-11 遺留分侵害額請求との関係……*32*

Q I-12 民法特例活用時の実務上の留意事項・現場での所感……*37*

Q I-13 業績悪化事由による差額免除制度の実践的留意点：税務調査との関係・相続時精算課税との関係等……*44*

Q I-14 事業承継税制（特例）を利用したM＆A譲渡価格減額要請リクエストの方法・実効性……*58*

Q I-15 認定申請の実例・現場の所感……*59*

Q I-16 特例承継会社が外国会社株式等を有する場合：納税猶予適用時の株

価調整計算……*60*

Q Ⅰ-17　特例承継会社が外国会社株式等を有する場合：切替確認ＶＳ相続税納税猶予スタートの有利・不利判定……*61*

Q Ⅰ-18　「非上場株式等についての贈与税・相続税の納税猶予及び免除の特例措置等に関する質疑応答事例について（情報）」……*63*

Ⅱ　事業承継スキーム

Q Ⅱ-1　資産管理会社組成上の留意点……*80*

Q Ⅱ-2　事業承継ストックオプションによる株主間利益移転は可能か？……*83*

Q Ⅱ-3　所有と経営が分離している場合の持株会社スキームの留意点……*85*

Q Ⅱ-4　会計事務所自身の事業承継戦略……*88*

Q Ⅱ-5　自己株式、定款の見直し等の基本的な考え方……*106*

Q Ⅱ-6　種類株式と属人株の使用場面……*108*

Q Ⅱ-7　事業承継における定款変更及び種類株式導入の有効性、実効力……*114*

Q Ⅱ-8　持分会社スキームの基本的留意点……*116*

Q Ⅱ-9　持分会社スキームの各種留意点……*119*

Q Ⅱ-10　持分会社スキームのその他留意事項……*125*

Q Ⅱ-11　配当還元方式＋完全無議決権株式スキーム……*128*

Q Ⅱ-12　改正相続法遺留分との絡み……*132*

Q Ⅱ-13　同族法人への遺贈の基本的な課税関係……*134*

Q Ⅱ-14　亡夫が主宰法人に同社株式及び貸付金を遺贈した場合に、株式の譲渡所得の金額の計算上同社の借入金は負債に計上できないとされた事例……*135*

Q Ⅱ-15　従前の持株会社スキーム・株式交換・株式移転スキーム……*140*

Q Ⅱ-16　従前の持株会社スキーム・会社分割スキーム……*175*

Q Ⅱ-17　従前の持株会社スキーム・新設法人資金調達スキーム……*178*

QⅡ-18 持株会社組成にあたっての組成時の留意点……*181*

QⅡ-19 持株会社への資金融通……*182*

QⅡ-20 持株会社に対する相続税対策上の規制……*183*

QⅡ-21 持株会社方式に係る持株会社を存続させる場合・させない場合について返済方法の相違……*184*

QⅡ-22 資本剰余金と利益剰余金の同時配当における実務上の留意点（東高令和元年5月29日判決）……*193*

QⅡ-23 持株会社と本体会社を合併させる場合の税務上の留意点……*200*

QⅡ-24 質疑応答事例：持株会社と事業会社が合併する場合の事業関連性の判定……*201*

QⅡ-25 後継者の資金負担軽減策……*203*

QⅡ-26 消費税、準ずる割合の実務上の留意点……*204*

QⅡ-27 消費税、特定新規設立法人外しスキームの実務上の留意点……*216*

QⅡ-28 特定新規設立法人と外国法人……*219*

QⅡ-29 MEBOスキームを選択した場合の留意点……*220*

QⅡ-30 MBO、EBOスキームについて留意点……*221*

QⅡ-31 MBO、EBOスキームについて直接買取方式……*222*

QⅡ-32 MBO、EBOスキームについて自己株式取得方式……*222*

QⅡ-33 MBO、EBOスキームについて持株会社方式（新設法人資金調達型スキーム）……*223*

QⅡ-34 MBO、EBOスキームについてその他実務上の留意点……*228*

QⅡ-35 適格現物分配を用いた資本戦略スキームの各種留意点……*229*

QⅡ-36 適格現物分配に見られる組織再編成における事業単位の考え方……*231*

QⅡ-37 適格現物分配における重要な質疑応答事例……*234*

QⅡ-38 残余財産分配以前の子会社株式評価損計上の可否……*237*

QⅡ-39 M&A等株式現金化が終了した後の現金化資産を後継者に移転するスキーム・信託受益権複層化スキーム……*241*

QⅡ-40 受益権分離型スキーム、信託受益権の質的分割における具体的な裁判例……*250*

QⅡ-41 従業員持株会・役員持株会の留意点……*268*

QⅡ-42 比準要素数0、1会社解消方法と違法配当の関係……*270*

QⅡ-43 国外転出時課税に係るタックスプランニング（税率差額利用）と今後の動向……*271*

QⅡ-44 個人事業主に外国子会社合算（ＣＦＣ）税制が適用された事例：レンタルオフィス事件との比較……*274*

QⅡ-45 外国子会社合算（ＣＦＣ）税制の当局調査のポイント……*276*

QⅡ-46 キャプティブを利用した国外への資産移転の問題点……*277*

QⅡ-47 エンプティ・ボーティングに係る諸論点：議決権分離スキームの是非……*278*

QⅡ-48 株式譲渡に係るファミリールールスキーム：民事信託＋（特定）一般社団法人……*290*

QⅡ-49 令和元年6月28日改正通達後の事業承継に係る保険商品の動向……*292*

Ⅲ　その他事業承継に係る総則6項対策

QⅢ-1 総則6項への目配せ……*294*

QⅢ-2 総則6項発動の基本的な考え方……*295*

QⅢ-3 事業承継スキーム策定時にあたっての総則6項への事前対応策……*313*

QⅢ-4 以前あった自社株対策スキームの指摘報道について……*315*

資料1 一方の法人による完全支配関係のある法人間で行われる無対価合併の適格判定及び被合併法人が有する未処理欠損金額の引継制限について照会する場合の説明資料の記載例（記載例2）……*317*

資料2 東京地方裁判所平成28年（行ウ）第508号法人税更正処分等取消請求事件（棄却）（控訴）国側当事者・国（麹町税務署長）令和元年6月27日判決【TPR事件／特定資本関係5年超要件を満たす合併における法法132条の2の適用】（TAINZコード　Ｚ888—2251）……*323*

資料3 「『租税特別措置法（株式等に係る譲渡所得等関係）の取扱いについて』等の一部改正について（法令解釈通達）」の趣旨説明（情報）……*325*

【凡例】

相法	相続税法
民	民法
相基通	相続税基本通達
相令	相続税法施行令
所令	所得税法施行令
評基通	財産評価基本通達
所法	所得税法
所基通	所得税基本通達
措法	租税特別措置法
措規	租税特別措置法施行規則
措通	租税特別措置法関係通達
通法	国税通則法
法法	法人税法
法令	法人税法施行令
会法	会社法

I

事業承継税制（特例）

Q I-1　持株会社スキームの基本と比較検討

従来型の自社株対策スキームについて概略をご教示ください。

Answer

大きく下記に区分されます。

1）事業承継税制（特例）

2）持株会社スキーム

　①　株式交換・株式移転スキーム

　②　会社分割スキーム

　③　新設法人資金調達スキーム

3）一般社団法人スキーム

4）事業承継信託

　①　自益信託

　②　他益信託

このうち2）①株式交換・株式移転スキームが主流でした。持株会社スキームは事業承継スキームの根幹をなすものといえ、簡単にでも概略は知っておくべきです。

【解説】

事業承継税制（特例）が発遣されるまでは事業承継スキームといえば、持株会社スキームが主流でした。そのうち、上記2）①～③のいずれの手法もメリット・デメリットがあり、専らオーナーの希望により決定されることが一般的でした。

今では事業承継税制（特例）があり、それが優先順位1位となりましたが、事業承継税制（特例）の限界（デメリット）を解決できる手段が持株会社にはあります。

Ⅰ　事業承継税制（特例）　3

	株式交換・株式移転スキーム	会社分割スキーム	新設法人資金調達方式スキーム
手法	株式交換・株式移転により持株会社を設立。	（適格）分社型分割により持株会社を設立。	（STEP1）後継者が新設法人を設立。 （STEP2）オーナーは新設法人へ本体会社株式を所得税基本通達59-6で売却。
メリット	・持株会社組成にキャッシュアウトが生じない。	・高収益部門を切り離すことでその後の株価上昇を抑えることが可能になる。 ・本体会社に事業承継税制の適用がある場合、将来のM&A時に打切事由に該当するが、M&A対象部門を予め分割しておきそれを売れるようにしておくことで打切事由から解放される。	・株式買取資金が貸方に計上される。本体会社が類似業種比準価額方式が取れるとすると、類似業種比準価額方式＜所得税基本通達59-6となり、最も株価が低くなる可能性が高い。
デメリット	・株式移転の場合、効果発現まで3年程度の時間がかかる（新設法人は当初3年間は純資産価額方式強制適用の縛りがあるため）。 ・持株会社の株式等保有特定会社はずしのために関連会社の不動産、管理部門を移転（適格分割型分割が多い）させる必要がある。	・高収益部門を分離するのが通常だが、あまりに分離しすぎると持株会社が株式等保有特定会社になったままである。すなわち、持株会社が株特→小会社→中会社→大会社に該当すればするほど、本体会社は大会社→中会社→小会社→株特になり反比例の関係になるため設計の妙が試される。	・本体会社にキャッシュがある場合には、それも持株会社に貸し付ければよいが、ない場合外部借入となる。この場合、返済原資が①受取配当②不動産賃貸料③管理部門のバックオフィス外注支払料ぐらいしかないため、返済原資に乏しい。

1) 株式移転方式

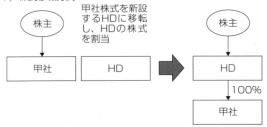

- HDは新設
- 甲社自身に大きな変更なし。
- 甲社の不動産を移転しにくい。
  ⇒不動産移転コスト（流通税）が別途生じる場合あり。
  ※再編で解決できる場合あり。
- 税務上の資本金等の額が増加することにより、法人住民税の負担が増加したり、配当還元価額が高騰することあり。
- 単純な交換や移転はキャッシュアウトは生じないが、効果発現まで3年経過が必要（新設の場合）。

2) 会社分割方式

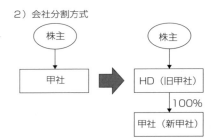

- HDは既存の会社ベース
- 不動産移転コスト（流通税）はかからない。
- これを用いるのは「高収益部門」の分離をすべきときのみ。
- そのために
  1) 分割会社が株特に該当しないこと
  2) 分割会社の会社区分をできるだけ大きくすること
  ⇒典型例
     分割会社に不動産を集約保有させる。
     その他の資産についても事業上の必要性など合理的な理由により分割会社に集約させる。
  3) 分割会社の売上高・従業員数をできるだけ多くする。
  ※上記とトレードオフの関係、設計段階でシミュレーション必要。

　事業承継税制（特例）とよく比較されるのは新設法人資金調達スキームです。なぜなら、

1) 事業承継税制では代表権の返上が認定要件の1つです（隠居制度）。新設法人資金調達スキームにおける新設法人の株主を現オーナー51％対後継者49％にしておけば「（現オーナーの）俺の目の黒いうちは最低限の経営権をグリップしておきたいという願望が叶えられる

2）事業承継税制は納税「猶予」制度です。一方で創業者利潤を欲する経営者も多く存在し、持株会社への売却により株式の現金化を図ることでキャピタルゲインを手中にすることが可能である

という理由が挙げられます。

これは MEBO スキームでも同様のことが言えます。事業承継税制（特例）により下記のケースが考えられると想定されます。

贈与者：現オーナー

受贈者：赤の他人である役員

このとき、贈与税の納税猶予＋リスクヘッジのための相続時精算課税の併用を行ったとします。オーナー死亡時の相続財産は以下の通りとなります。

オーナーの固有財産(A)＋相続時精算課税財産(B)

相続人が経営に参画しない娘1人だとすると、本来はオーナー固有財産(A)のみに係る相続税額のみを支払えばよいにもかかわらず、相続時精算課税財産(B)の部分まで相続税を支払うことになってしまいます。相続税の上昇効果です。ただし、これに関しては、役員と娘が生前によく話し合い、代償金の支払いという形でケリをつけることも可能と思われます。

しかし、もう1つ拭い切れない問題点があります。相続税の申告過程等でオーナーの固有財産を赤の他人である役員が見ることができてしまうということです。これはもはや感情論です。この場合、感情のもつれを解消するには生前によく話し合うしかありませんし、上手くいかなければ従来型の MEBO スキームを展開するほかありません。

下記では親族内の新設法人資金調達スキームを提示しましたが、この「後継者が100％所有の持株会社」を設立するという部分の後継者が役員、従業員に変化するだけです。

また、MEBO スキームの場合、持株会社に無理に収益付けする必要はないことから、早期に持株会社と本体会社の合併を実行するのが通常です。

【持株会社資金調達する典型パターン】
～説明の便宜上簡単設定で～

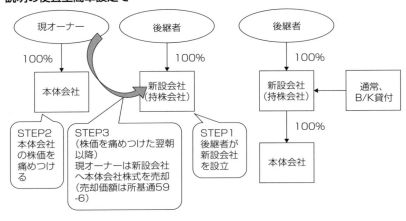

【持株会社スキームの株価推移】
～金融機関は持株会社スキームについて下記のような説明をします～

【土地・建物・本体会社購入当初】

持株会社B/S

	相続税評価額	帳簿価額		相続税評価額	帳簿価額	
土地	790(※1)	1,000	借入金	1,000	1,000	(※1) 1,000×(1−0.3×0.7)=790
建物	350(※2)	500	借入金	500	500	(※2) 500×(1−0.3)=350
本体株式	100(※3)	1,000	借入金	1,000	1,000	(※3) 取込価格は相続税評価額
計	1,240		<	2,500		=株価0

★1 取得後3年以内の不動産は時価評価(取得価額評価)、しかし貸付の用に供した場合には建物については貸家評価減、土地については貸家建付地評価が可能(国税局審理資料より)。

★2 上記における本体株式の評価額は下記の通りであると仮定する。

評価方式は大会社(類似業種比準価額方式)	
類似業種比準価額方式	100
所基通59-6(※4)	1,000

(※4) オーナーから持株会社への売却価額

【購入時から3年経過後】

持株会社B/S

	相続税評価額	帳簿価額		相続税評価額	帳簿価額	
土地	553(※1)	1,000	借入金	1,000(※4)	1,000	(※1) 700(3年経過後の想定相続税評価額)×(1−0.3×0.7)=553
建物	245(※2)	500	借入金	500(※4)	500	(※2) 350(3年経過後の想定相続税評価額)×(1−0.3)=245
本体株式	300(※3)	1,000	借入金	1,000(※4)	1,000	(※3) 取込価格は相続税評価額
計	1,098		<	2,500		=株価0
						(※4) ここでは説明の便宜上、約弁付ではなく一括返済と仮定。

★1 取得後3年経過後の不動産は相続税評価、更に貸付の用に供した場合には建物については貸家評価減、土地については貸家建付地評価が可能。

★2 上記における本体株式の評価額は下記の通りであると仮定する。

評価方式は大会社(類似業種比準価額方式)	
類似業種比準価額方式	300

(※5) 3年経過後の想定相続税評価額

> 仮に株主が現オーナーと後継者だとしたら、現オーナーから後継者への移転時まで株価継続モニタリングが必要

Q I-2 贈与税の納税猶予と併用する贈与

　贈与税の納税猶予と相続時精算課税の完全併用は平成29年度改正から読みとれますが、実のところ、暦年課税とどちらがよいのでしょうか。

Answer

　平成31年度（令和元年度）税制改正により相続時精算課税を併用することが通常になると想定されます。

【解説】

　平成31年度税制改正前は贈与税の納税猶予と相続時精算課税の併用はシミュレーションを要すべき事項となっていました。

　これは両者が極めて相性が悪いからです。

　両者を併用した場合、下記のリスクが想定されます。

① 受贈者が贈与者より先に死亡するリスク

② 将来の価値下落リスク

　この点、贈与税の納税猶予は上記について担保されています。すなわち、

　上記①に該当した場合……納税猶予額免除

　上記②に該当した場合……業績悪化事由に伴う差額免除制度あり

が制度的に保証されているからです。

　精算課税の場合、

　上記①に該当した場合……相続人に受贈財産について相続財産に化体

　上記②に該当した場合……手当なし

となります。

（参考）

質疑応答事例：相続時精算課税における相続税の納付義務の承継等

〔照会要旨〕

　相続時精算課税適用者が特定贈与者よりも先に死亡した場合の相続時精算

課税の適用に伴う納税に係る権利義務はどのように承継されるのでしょうか。

〔回答要旨〕

1. 特定贈与者の死亡以前にその特定贈与者に係る相続時精算課税適用者が死亡した場合には、その相続時精算課税適用者の相続人（包括受遺者を含み、その特定贈与者を除きます。）は、その相続時精算課税適用者が有していた相続時精算課税の適用を受けていたことに伴う納税に係る権利又は義務（以下「相続時精算課税の適用に伴う権利義務」といいます。）を承継します。

　この場合、相続時精算課税適用者の相続人（包括受遺者を含み、その特定贈与者を除きます。）が2人以上いる場合の各相続人が承継する相続時精算課税の適用に伴う権利義務の割合は、民法第900条から第902条まで（法定相続分・代襲相続分・指定相続分）に規定する相続分（その特定贈与者がいないものとして計算した相続分）によります。

2. なお、相続時精算課税適用者の相続人が特定贈与者のみである場合には、相続時精算課税の適用に伴う権利義務はその特定贈与者及び相続時精算課税適用者の民法第889条の規定による後順位の相続人となる者には承継されず消滅することになります。

3. 相続時精算課税適用者が死亡した後にその特定贈与者が死亡した場合には、相続時精算課税適用者の相続人（包括受遺者を含み、その特定贈与者を除きます。）が、その相続時精算課税適用者に代わって、特定贈与者の死亡に係る相続税の申告をすることとなりますが、その申告をするまでは、納付すべき税額が算出されるか、あるいは還付を受けることができる税額が算出されるかが明らかでないことから、相続時精算課税適用者の死亡に係る相続税額の計算においては、この相続時精算課税の適用に伴う納税に係る義務は、当該相続時精算課税適用者の死亡に係る相続税の課税価格の計算上、債務控除の対象とはなりません。

【関係法令通達】

　　相続税法第21条の17第1項、第3項　相続税法施行令第5条の5第3

項、第5条の6　相続税法基本通達21の17-3

　平成31年度改正においては、贈与税の納税猶予と相続時精算課税制度の併用について下記の措置が施されました。

【平成31年度改正後　租税特別措置法第70条の7の13項9号】

九　第1項の規定の適用を受ける経営承継受贈者が第15項、第16項又は第21項の規定により猶予中贈与税額の全部又は一部の免除を受けた場合において、第1項の規定の適用に係る対象受贈非上場株式等（相続税法第21条の9第3項（第70条の2の6第1項、第70条の2の7第1項（第70条の2の8において準用する場合を含む。）又は第70条の3第1項において準用する場合を含む。次号において同じ。）の規定の適用を受けるものに限る。）の贈与者の相続が開始したときは、当該対象非上場株式等のうち当該免除を受けた猶予中贈与税額に対応する部分については、同法第21条の14から第21条の16までの規定は、適用しない。

　ここから読みとれることは下記の事項です。

　後継者が贈与者より先に死亡した場合は、猶予中贈与税額の全部が免除となり、相続時精算課税のみなし相続規定は適用されないこととなりました。

　つまり、贈与税の納税猶予との併用で暦年課税を選択した場合と相続時精算課税を選択した場合で有利・不利を判断する必要はなくなったのです。

　株式の全部譲渡等に係る期限確定事由に該当した場合を考えてみましょう。（新旧）減免規定により猶予中贈与税額の一部について免除を受けた場合です。この場合、免除が受けられなかった部分に該当する箇所は、相続時精算課税のみなし相続規定が適用されることになったのです。

　このような制度改正を受けて、租税特別措置法第70条の7の7を適用した場合、減免された課税価格で、贈与者の死亡時にも適用があることになります[1]。

Ⅰ　事業承継税制（特例）　　*11*

Q Ⅰ-3　事業承継税制（特例）と持株会社スキームとの合算形式の検証

　　事業承継税制（特例）と従来型の自社株スキームを合算した場合の理想的なスキームをご教示ください。

Answer

　以下の流れが理想的ですが、本体会社（対象会社）の株価を役員退職金の支給等でできるだけ痛めつけて、それから事業承継税制（特例）を適用するのがシンプルイズベストで最も良い方法だと思われます。

【解説】

　以下の手順になると思われます。

（STEP 1 ）

　　オーナーの非上場株式以外の相続税がかかる固有資産を対象会社に現物出資します。このとき現物出資規制には留意してください。また、通常の事業会社であれば問題ないですが、資産保有型会社、資産運用型会社に該当しないかのチェックも念のため必要です。

（STEP 1'）

　　これは「実行するかしないか」はシミュレーション次第なので 1'としました。いわゆる減資スキームです。上記（STEP 1 ）で増資を行った結果、法人住民税が増加することはあるかと思われます（この時、増資で資本金は増加させないようにします。外形標準課税も考慮が必要になるからです）。以下の手順で減資スキームを組むか検討します。

1 ．資本金1,000、資本準備金500、その他資本剰余金2,000になったとします。資本金を無償減資で1,000→100に、900をその他資本剰余金に振り替えます。

1　本問は竹内陽一 http://takeuchitax.com/archives/411を参照しています。

2．会社法上、その他資本剰余金は配当可能ですので、合計金額2,900を配当します。この結果、法人住民税の課税標準は資本金100＋資本準備金500＝600となるはずです。

これをしてしまうと、（STEP 1）で現物出資したはずの財産が現金化してオーナーの財産に加算されてしまいます。したがって、1）オーナーの相続財産減少額、2）法人住民税（外形標準課税）の減少額とのシミュレーション次第で実行するか否かを決定します。

なお、事業承継税制適用後は、資本金、資本準備金の欠損填補以外の取崩しは打切事由に該当してしまうため留意が必要です。

（STEP 2 ）

株式交換・株式移転スキーム若しくは、会社分割スキームにより持株会社を組成します。新設法人を作成すると 3 年縛り（過去 3 年以上、代表者であったものという事業承継税制の適用要件上の縛り、若しくは株価の計算上、新設法人については当初 3 年間は純資産価額方式しか使えない）ことから、「できれば」グループ関連会社で休眠状態になっている会社などを株式交換で持株会社に据えるのがよいでしょう。また、特例承継計画は当該持株会社で先に提出しておきます。

株式交換で子会社の株主数が50人未満の場合、税務上の帳簿価額はその株式の税務上の取得価額となりますが、それが贈与、相続であった場合、旧券面額でよいことと課税実務上はなっています。

（STEP 3 ）

従来型の持株会社スキームにより株価対策をします。

（STEP 4 ）

従来型の持株会社スキームにより株価がかなり低減されたところで当該持株会社に事業承継税制を適用します。

様式第21（特例承継計画）の記載マニュアルである「特例承継計画に関する指導及び助言を行う機関における事務について」【平成30年 4 月 1 日版】 3 頁にも「当該会社がいわゆる持株会社である場合には、その子会社等における取組を記載してください。」との記載があり、持株会社での適用も当然増加してくるであろうことも示唆したものといえます。

I　事業承継税制（特例）　*13*

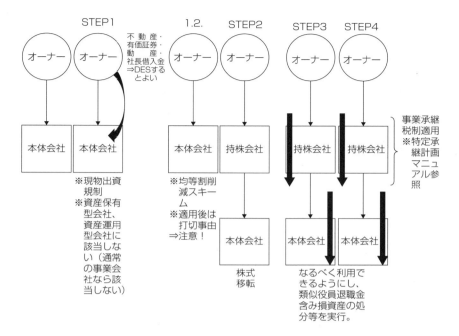

　上記のスキームを提案する必要はありません。しかし金融機関が当該スキームを持ち込んできたときのために概要は把握しておく必要があります。
　このスキームは主に本体会社が機動的な組織再編やM&Aを積極的に実行している場合に用いられることが多いようです。というのは、上記のような機動的な再編を本体会社自らが実行している会社においては打切事由に抵触する可能性が高いからです。そのため、本体会社そのものではなく持株会社に納税猶予を適用していれば、打切事由に関係なく機動的な資本戦略が実現できるというスキーム趣旨があります。
　通常の納税猶予導入にあたってやっていただくこととは従来型の自社株引き下げ策の実行です。納税猶予対象額そのものが減少すること、特例制度が当初の予定通り、時限立法として終わり、「一般」のみになったときのための対処をしておくべきということです。

14

Q I-4　事業承継税制(特例)に係る事前説明責任について

> 　事業承継税制（特例）について導入時のクライアントに対する説明責任
> 及びこちら側（税理士側）でのチェック事項を列挙してください。

Answer

　以下の内容が考えられます。

【解説】

１．事前のアカウンタビィティについて

　いったん適用を受けたら半永久的に適用を受け続けることになります。

　例えば、特例が当初予定通り時限立法となり、一般しか制度が残らなくなった場合、特例対象株式以降の株式は一般により従来型の事業承継税制の適用を受けざるを得ないことになります。

　また、ある程度の規模感がある中小企業では機動的な資本政策も困難になるでしょう。

　したがって、

①　納税猶予適用時に従来型の自社株式引き下げ策で株価を落としておく（納税猶予額を可能な限り低減させておく）

②　いつでも打消事由に該当した時に対応できるよう、納税猶予対象の税額は内部留保しておく

ことは必須でしょう。

２．相続税の納税猶予スタートの際には遺言書の作成は必須

　相続税の場合、後継者の主な要件に相続開始から５か月以内に代表者就任、相続開始後８か月以内に認定申請という非常にタイトなスケジュールのため、予め遺言書の作成をしておくことは必須となります。

　なお、仮に遺言書なく遺産分割協議に持ち込まれても納税猶予対象株式のみの分割がなされていれば認定申請できます。

3．第三者からの贈与・相続

第2種特例贈与者が亡くなった場合に

① 株式の納税は猶予されますが、固有の財産や株式も含めて相続税が計算されるため、相続税が高くなる可能性がある

② 株式も分割協議が必要なため、特例贈与者が遺産分割協議に参加することになる

③ 本来は配当還元方式で評価可能であった者が、その者死亡時の相続税申告で相続税評価原則で評価されることになる

ことに留意が必要です。

4．先代オーナーの認知症対策

下記の方法が一般的です。

① 家族信託（ただし、商事信託、民事信託、いずれにおいても信託された株式は納税猶予できません）

② 任意後見＋停止条件付贈与契約

私は上記のうち②をお勧めしています。理由は信託株式は納税猶予の対象にならないこと、そして下記の民事信託における実務上の取扱いの不明瞭さがあるからです。

民事信託（家族のための信託）が流行り始めてからずっと問題点になってきたことですが、信託口口座開設の以前より理解が得られやすいとはいえ、今もって各金融機関によって対応が異なります。

また、民事信託は任意後見における後見人によって撤回・変更される可能性があります。これは、後見人が委託者兼受益者に代わって、権限行使不能と規定していたとしてもです。この場合、後見人は、非訟において信託終了を代理して申し立てる可能性もあります。また、委託者が認知症になることを停止条件とする家族信託契約を組成した場合、条件成就時の不動産所有権移転登記では、申請が困難になる問題も指摘されています[2]。

---

2 渋谷陽一郎「金融機関のための民事信託の実務と法務　第20回　民事信託の審査(2)」金融法務事情2019年10月10日号（no.2123）

なお、②において条件停止に任意後見をセットにしているのは上記問題を回避するためです。

5．株券発行会社

当該会社が株券発行になっている場合、不発行に速やかに変更すべきです。

6．遺留分対策

上記の遺言書の作成時に最も留意しなければならない事項です。

下記の方法が一般的です。

①　従来型の生命保険等を使った代償分割

②　民法特例

③　民法改正による10年前贈与（持戻しの対象にならない）

ただし、民法第1044条第1項後段には十分な留意が必要です。

最判平成10年3月24日（事件番号　平成9(オ)2117）判決において、特別受益者への贈与と遺留分減殺の対象について下記の判断を示しています。

民法903条1項の定める相続人に対する贈与は、右贈与が相続開始よりも相当以前にされたものであって、その後の時の経過に伴う社会経済事情や相続人など関係人の個人的事情の変化をも考慮するとき、減殺請求を認めることが右相続人に酷であるなどの特段の事情のない限り、民法第1030条の定める要件を満たさないものであっても、遺留分減殺の対象となるものと解するのが相当である。

けだし、民法第903条1項の定める相続人に対する贈与は、すべて民法第1044条、第903条の規定により遺留分算定の基礎となる財産に含まれるところ、右贈与のうち民法1030条の定める要件を満たさないものが遺留分減殺の対象とならないとすると、遺留分を侵害された相続人が存在するにもかかわらず、減殺の対象となるべき遺贈、贈与がないために右の者が遺留分相当額を確保できないことが起こり得るが、このことは遺留分制度の趣旨

を没却するものというべきであるからである。

　すなわち、10年前贈与だからといって安易に持戻し対象にならないとするのは危険です。

【改正後民法】

第1044条

1　贈与は、相続開始前の１年間にしたものに限り、前条の規定によりその価額を算入する。当事者双方が遺留分権利者に損害を加えることを知って贈与をしたときは、１年前の日より前にしたものについても、同様とする。

2　第904条の規定は、前項に規定する贈与の価額について準用する。

3　相続人に対する贈与についての第１項の規定の適用については、同項中「一年」とあるのは「十年」と、「価額」とあるのは「価額（婚姻若しくは養子縁組のため又は生計の資本として受けた贈与の価額に限る。）」とする。

　「損害を加えることを知って」の立証責任は遺留や権利者にあります。それをもって立証不可能といいきる法律家もいるようですが、ケースバイケースです。断言はできません。

Q I-5　要件別の細かな留意点：議決権判定、法基通9-2-32との平仄、事業事態要件の留意点等

　事業承継税制（特例）を適用するにあたり、要件別の細かな留意点をご教示ください。

18

Answer

　下記に列挙します。

【解説】

1）下記の会社の範囲は会社法上の子会社と異なります。

【租税特別措置法施行令第40の8の2第8項】

8　法第70条の7の2第2項第1号ハに規定する政令で定める特別の関係が
　ある会社は、同号に規定する円滑化法認定を受けた会社、当該円滑化法認
　定を受けた会社の代表権を有する者及び当該代表権を有する者と次に掲げ
　る特別の関係がある者（第6号ハに掲げる会社を除く。）が有する他の会社
　（会社法第2条第2号に規定する外国会社を含む。）の株式等に係る議決権の
　数の合計が、当該他の会社に係る総株主等議決権数の百分の五十を超える
　数である場合における当該他の会社とする。

　一　当該代表権を有する者の親族

　二　当該代表権を有する者と婚姻の届出をしていないが事実上婚姻関係と
　　　同様の事情にある者

　三　当該代表権を有する者の使用人

　四　当該代表権を有する者から受ける金銭その他の資産によって生計を維
　　　持している者（前三号に掲げる者を除く。）

　五　前三号に掲げる者と生計を一にするこれらの者の親族

　六　次に掲げる会社

　　イ　当該代表権を有する者（当該円滑化法認定を受けた会社及び前各号に
　　　　掲げる者を含む。以下この号において同じ。）が有する会社の株式等に係
　　　　る議決権の数の合計が、当該会社に係る総株主等議決権数の百分の
　　　　五十を超える数である場合における当該会社

　　ロ　当該代表権を有する者及びイに掲げる会社が有する他の会社の株式
　　　　等に係る議決権の数の合計が、当該他の会社に係る総株主等議決権数
　　　　の百分の五十を超える数である場合における当該他の会社

　　ハ　当該代表権を有する者及びイ又はロに掲げる会社が有する他の会社

> の株式等に係る議決権の数の合計が、当該他の会社に係る総株主等議決権数の百分の五十を超える数である場合における当該他の会社

　上記が中小企業のペーパーでは下記のようになっており、誤解を招く記載になっています。具体的には条文では「当該代表権を有する者」が下記の通り「後継者」になっており、例えば、「婚姻の届出をしていないが事実上婚姻関係と同様の事情にある者」などは適用要件判定で大幅に変わってしまうところです。当然、条文をもとに判定します。

　特別子会社とは、次に掲げる者により、その総株主議決権数の過半数を保有される会社をいいます。

(1)　その会社

(2)　後継者

(3)　後継者の親族（6親等内の血族、3親等内の姻族)

(4)　後継者と事実上婚姻関係にある者など特別の関係がある者

(5)　次に掲げる会社

　①　(2)～(4)により総株主議決権数の過半数を保有されている会社

　②　(2)～(4)及びこれと(5)①の関係がある会社により総株主議決権数の過半数を保有されている会社

　③　(2)～(4)及びこれと(5)①又は(5)②の関係がある会社により総株主議決権数の過半数を保有されている会社

　特定特別子会社とは、次に掲げる者により、その総株主議決権数の過半数を保有される会社をいいます。

(1)　その会社

(2)　後継者

(3)　後継者と生計を一にする親族

(4)　後継者と事実上婚姻関係にある者など特別の関係がある者

(5)　次に掲げる会社

　①　(2)～(4)により総株主議決権数の過半数を保有されている会社

② (2)～(4)及びこれと(5)①の関係がある会社により総株主議決権数の過半
　数を保有されている会社

③ (2)～(4)及びこれと(5)①又は(5)②の関係がある会社により総株主議決権
　数の過半数を保有されている会社

２）（後継者複数の場合）各後継者が10％以上の議決権を有し、かつ、各後継者
　が同族関係者のうちいずれの者が有する議決権の数をも下回らないこと
　　この要件に関するポイントは下記です。
　　① 同一の贈与者から複数の後継者が贈与を受けた場合には、それらの贈
　　　与のうち、最後に行われた贈与直後に有する議決権の数によって、各後
　　　継者が同族関係者のうちいずれの者が有する議決権の数をも下回らない
　　　かを判断します。
　　② 議決権数の判定は「直接」保有している割合で判定し、「間接」保有
　　　している割合は考慮にいれません。
　　特にグループ関連会社が複数おり、同族関係者が複数、当該会社の株式を
　所有している場合、その判定は極めて困難を要します。

３）贈与時に代表者を退任していること
　　贈与の時において、贈与者は中小企業者の代表者（代表権に一部制限があ
　る者も含みます）を退任している必要があります。ただし、代表権のない役
　員として、会社の経営に関与することは可能です。また、約員として報酬を
　受け取っていても差し支えありません。
　　この要件に関するポイントは下記です。
　　① 法人税基本通達９−２−32との平仄
　　② 仮にどうしても代表権を返上したくないということであれば従来型の
　　　事業承継スキーム（新設法人資金調達型スキーム）しか手段がないこと

I　事業承継税制（特例）　*21*

【法人税基本通達9-2-32】

（役員の分掌変更等の場合の退職給与）

9-2-32　法人が役員の分掌変更又は改選による再任等に際しその役員に対し退職給与として支給した給与については、その支給が、例えば次に掲げるような事実があったことによるものであるなど、その分掌変更等によりその役員としての地位又は職務の内容が激変し、実質的に退職したと同様の事情にあると認められることによるものである場合には、これを退職給与として取り扱うことができる。（昭54年直法2-31「四」、平19年課法2-3「二十二」、平23年課法2-17「十八」により改正）

(1)　常勤役員が非常勤役員（常時勤務していないものであっても代表権を有する者及び代表権は有しないが実質的にその法人の経営上主要な地位を占めていると認められる者を除く。）になったこと。

(2)　取締役が監査役（監査役でありながら実質的にその法人の経営上主要な地位を占めていると認められる者及びその法人の株主等で令第71条第1項第5号《使用人兼務役員とされない役員》に掲げる要件の全てを満たしている者を除く。）になったこと。

(3)　分掌変更等の後におけるその役員（その分掌変更等の後においてもその法人の経営上主要な地位を占めていると認められる者を除く。）の給与が激減（おおむね50%以上の減少）したこと。

(注)　本文の「退職給与として支給した給与」には、原則として、法人が未払金等に計上した場合の当該未払金等の額は含まれない。

4）資産保有型会社の適用除外要件について

　　特定資産の帳簿価額の合計額の割合が70%以上となる場合であっても、以下のいずれにも該当する場合には、事業実態がある会社として、資産保有型会社には該当しないものとみなされます（中小企業における経営の承継の円滑化に関する法律施行規則6②）。

《事業実態があるとされるための要件》

①　常時使用する従業員の数が5人以上であること（※ただし「従業員」に

は、経営承継受贈者（相続人）と生計を一にする親族は含めることができません。）。

　ここでの生計一判定は所得税基本通達2-47で判定します。

（所得税基本通達2-47）

（「生計を一にするの意義」）

　法に規定する「生計を一にする」とは、必ずしも同一の家屋に起居していることをいうものではないから、次のような場合には、それぞれ次による。

(1)　勤務、修学、療養等の都合上他の親族と日常の起居を共にしていない親族がいる場合であっても、次に掲げる場合に該当するときは、これらの親族は生計を一にするものとする。

　　イ　当該他の親族と日常の起居を共にしていない親族が、勤務、修学等の余暇には当該他の親族のもとで起居を共にすることを常例としている場合

　　ロ　これらの親族間において、常に生活費、学資金、療養費等の送金が行われている場合

(2)　親族が同一の家屋に起居している場合には、明らかに互いに独立した生活を営んでいると認められる場合を除き、これらの親族は生計を一にするものとする。

---

②　事務所、店舗、工場その他これらに類するものを所有し、又は賃借していること。

③　贈与の日（相続の開始の日）まで引き続き3年以上にわたり次に掲げるいずれかの業務をしていること。

　(イ)　商品販売等（商品の販売、資産の貸付け又は役務の提供で、継続して対価を得て行われるもの。その商品の開発若しくは生産又は役務の開発を含む。）

　　（※ただし、資産の貸付けの相手方が「経営承継受贈者である場合」や、「その同族関係者である場合」には、当該資産の貸付けは商品販売等の事業活動に該当しません。）。

Ⅰ　事業承継税制（特例）　**23**

㈠　商品販売等を行うために必要となる資産（上記②の事務所等を除く）の所有又は賃貸

㈦　上記㈠及び㈡の業務に類するもの

ポイントは、

「㈠　商品販売等（商品の販売、資産の貸付け又は役務の提供で、継続して対価を得て行われるもの。その商品の開発若しくは生産又は役務の開発を含む。）（※ただし、資産の貸付けの相手方が「経営承継受贈者である場合」や、「その同族関係者である場合」には、当該資産の貸付けは商品販売等の事業活動に該当しません。）。」

です。

　文理で解釈すると資産（不動産）の貸付相手先が同族関係者であれば、要件を満たさない、ということです。

　では、「商品の販売、役務の提供」なら同族関係者に対するものでも許容されるかという論点があります。例えば、子会社が親会社（主に持株会社）に業務委託手数料等を支払うといった具合です。

　私見ですが、この場合でも当局に指摘される可能性はあると思われます。租税法の原則である文理解釈からは逸脱しますが、経済的実質が同一であれば同じ課税を行うという一方の原則（実質主義課税の原則）を勘案しますと、後者で判定される可能性は比較的高いのではないのか、と思われます。

5）特例認定承継会社が自己株式を有する場合

　事業承継税制（特例）における、要件の判定を行う場合の「非上場株式等」及び「発行済株式等」は、議決権に制限のないものに限られています。

　そして、会社法第308条第2項では、会社は、自己株式（会社が有する自己の株式をいう。以下同じ。）について議決権を有しないこととされていることから、株式数の要件の判定を行う場合には、発行済株式等の総数又は総額からは自己株式は除かれることとなります。

　この点、下記も併せてチェックする必要があります。

「議決権に制限のある株式」には、自己株式のほか、例えば、次の株式が該当します。

①　会社法第109条第2項《株主の平等》の規定に基づき、定款により議決権を行使することができる事項について制限がされた株主が有する株式

②　会社法第115条《議決権制限株式の発行数》に規定する議決権制限株式

③　会社法第189条第1項《単元未満株式についての権利の制限等》に規定する単元未満株式

④　株式会社がその総株主の議決権の4分の1以上を有することその他の事由を通じて株式会社がその経営を実質的に支配することが可能な関係にあるものとして会社法施行規則第67条《実質的に支配することが可能となる関係》で定める株主（会法308①）が有する株式

上記のうち④、いわゆる25％ルール株式は課税実務上、極めて失念の多い論点です（通常の株価算定においても同様のことがいえます）。

6）同一年中に同一の特定贈与者から異なる会社の株式につき相続時精算課税により贈与を受けた場合の納税猶予分の贈与税額の計算

特例経営承継受贈者が、同一年中に同一の特定贈与者から異なる特例認定贈与承継会社の特例対象受贈非上場株式等の贈与を受けた場合には、その年中に取得したこれらの特例対象受贈非上場株式等の価額の合計額を贈与税の課税価格とみなし（措令40の8の5⑮、40の8⑭二）、租税特別措置法第70条の7の5第2項第8号ロの規定に基づき納税猶予分の贈与税額の計算を行います。

そして、これにより計算された金額を、特例認定贈与承継会社の異なるものごとの特例対象受贈非上場株式等の価額によりあん分したものが、その異なるものごとの納税猶予分の贈与税額（100円未満の端数切捨て）となります（措令40の8の5⑮、40の8⑮二）。

I　事業承継税制（特例）　　*25*

QI-6　代表権返上と法基通9-2-32との関係、「資本金、資本準備金を減少した場合」の意義

1．現在、代表取締役会長A（父）代表取締役社長B（子）となっています。

　　この度、Aが代表取締役のみを辞任するのですが、報酬を検討しています。取締役も辞任し、退職金の支払いを勧めていたのですが、引き続き報酬を取り続けたい意向があり退職金は払わず、できる限り高い報酬を取り続けたい意向があります。

　　代表を辞任すれば、有給の取締役でもいいと思います。その役職について、非常勤、常務、専務という役職の程度の等々その程度の問題はいかがでしょうか。現在、Aは月額報酬250万円、Bは月200万円です。

　　代表権はないので、人、モノ、金等の決定権はないことを承知し、最大限でもBより低い金額での設定が必要かと思いますが、150万円程度を予定しています。

2．期限確定打切事由について

　　打切事由の1つとして、資本金、準備金を減少したとき（欠損填補等目的を除く）、とあります。この減少には、自己株式の買取りも含まれるのでしょうか（法人税法上の資本金等の額の減少）。

　　承継者の上記B以外にBの弟Cも役員でいます。この役員Cから会社が株式を買い取ることを検討しています。

　　もし、贈与後に行うと事実上の減資に該当するとすれば、贈与前に行う必要があると思います。

Answer

　中小企業庁の公表の事例から読みとれる部分がありますが、明確になっていない部分も多々あります。

【解説】

1．について

　事業承継税制の趣旨は代表権の完全な移譲ですので、単なる分掌変更については法人税基本通達9－2－32を参照にすべきかと思われます。

　この点、9－2－32によれば分掌変更後は2分の1以下にすべきと指針があります。これを承継税制においても同様に取り扱うかは、議論の分かれるところです。

① 安全策として9－2－32の通りにする

② 代表権を本当に移譲しているという客観的なエビデンスが存在するなら通達を形式通り当てはめる必要はない、つまり、むやみに2分の1以下にしなくてよい

という考え方があると思われます。

　代表権を移譲したエビデンスがあり、他の常勤取締役と報酬が同額程度なら（要するに9－2－32における争点をクリアしているなら）150万円程度なら否認リスクは比較的少ないと思われます。

　9－2－32の最大の争点は

「(1)　常勤役員が非常勤役員（常時勤務していないものであっても代表権を有する者及び代表権は有しないが実質的にその法人の経営上主要な地位を占めていると認められる者を除く。）になったこと。」

のエビデンスの確保です。従来の裁決、裁判例からも明らかです。単に「(3)」の報酬を50％以上激減しても意味がありません。

2．について

　仮に役員Cについて事業承継税制の適用を受けないのであれば、つまりA→B間の事業承継税制のみであれば、特例適用後にCから金庫株をしても取消事由に該当しません。

　しかし事業承継税制適用株式の譲渡には自己株式も含まれますので、納税猶予対象株式につき金庫株した場合は「譲渡」事由に該当し、納税猶予打消事由になります。

　一方、納税猶予対象株式以外の株式を金庫株した場合、法人税法上の資本金等の額減少が生じますが、これは取消事由の1つである「資本金、準備金を減

I　事業承継税制（特例）　　**27**

少した場合（欠損填補目的を除く）」に該当するのでしょうか。

　事業承継税制は民法特例ですから、民法の特別法である会社法上の減資しか適用ありません。つまり、法人税法上の資本金等の額の減少（減資）は関係ありません。

　中小企業庁公表の冊子でも

「18.　資本金を減少した場合（欠損填補目的等を除きます。）

　　減資を行った場合（株式会社の場合は会社法第447条第1項、合同会社の場合は同法第626条第1項）には、認定が取り消されます。ただし、減少資本金額の全額を準備金とする場合及び欠損填補目的の減資（会社法第309条第2項第9号イとロに該当する場合）については、認定は取り消されません。なお、会社法第447条第3項に該当した場合であっても、欠損填補目的の減資でないときは本号に該当します。

　19.　準備金を減少した場合（欠損填補目的等を除きます。）

　　準備金の額の減少を行った場合には、認定が取り消されます。ただし、減少準備金額の全額を資本金とする場合及び欠損填補目的の準備金の額の減少（会社法第449条第1項但書きに該当する場合）については、認定は取り消されません。」

とある通り、あくまで会社法上の減資規定のみ射程していることがみてとれます。

　同様の論点でオーナーが事業承継税制（特例）を受ける前に第三者株主から株式を低額譲渡で購入してきた場合のみなし贈与（相法7）は贈与税の納税猶予対象になるかという論点がありますが、これもなりません。あくまで民法上の贈与・相続のみが本税制の射程であり、税務上の贈与は射程外ということです。

Q I-7　事業承継税制（特例）における代表者就任要件

　事業承継税制（特例）においては当然、形だけの代表者就任では適

用不可となります。この点、先代と後継者は「先代が代表権を有しない限りにおいて」共同代表も可能とのことですが、例えば、先代経営者の配偶者が子供と共同代表として代表者に就任する場合、職務実態として最低限どの程度のことが求められますか。

Answer

法人税基本通達 9 - 2 -32に立ち返る必要があると思われます。

【解説】

　まず、後継者と異なっている権利、義務がある役員であることは大前提です。その範囲が異なっていると典型的な否認事例になると思われます（銀行、決裁権や人事権等々も含めて）。平成23年 9 月28日裁決や東京高裁平成27年 4 月22日判決に見られるような経営者グループと同一のことをしていたので経営者グループに議決権を含めて判定したという事実認定がありましたが、そういったことに対するエビデンスの整理が「逆の」意味で必要になります。

Q I-8　議決権数判定の留意点

　先代経営者の議決権数の判定は、先代経営者が個人で保有する議決権数が基準となり同族の関連会社を通じて間接的に保有する議決権数は判定基準に含まれないという理解で正しいでしょうか。

　この理解が正しいとした場合、先代経営者が関連会社を通じで保有する議決権数が先代経営者個人の議決権数を上回っているようであれば先代経営者の議決権数の要件は満たされないということになります。

　対応策としては関連会社が保有している株式の移転、当該関連会社と対象会社との合併といったものが考えられますが他にも何か対応策があるでしょうか。

I　事業承継税制（特例）　**29**

Answer

　事業承継税制適用時に必ずチェックしなければならない論点です。中小企業庁のマニュアルを読み落とすと、適用除外になります。

【解説】

　中小企業庁のマニュアル通り、直接保有分のみで算定し、間接保有分は考慮しません。

　認定申請前の事前の株式異動（これには合併も考えらますが、実務上煩雑になるので資金繰りに余裕がある場合はキャッシュアウトを伴っても譲渡のほうが望ましいと思います）しか方法はないと思われます。

　実務上、よくひっかかるバーは配偶者の議決権割合です。中小企業においては配偶者の議決権所有持分が多いことが非常に多く、このバーをクリアしないと、適用除外の恐れもあります。

　通常、これに対する方策としては

①　第1種特例贈与・相続の前段階で配偶者の持分割合を極力減少させておく（一般的には配偶者から先代経営者への株式譲渡・贈与でしょう）

②　資本構成を変更してよいのであれば合併

③　第1種特例贈与・相続の次にすかさず「同一事業年度で」配偶者からの第2種贈与・相続を行う（期をまたいだ場合、特例経営承継期間が理論上、最大3本異なる期間に生じるおそれがあるため）

が考えられるでしょう。

Q I-9　遺言書作成で特に留意すべき事項

　事業承継税制（特例）を適用するにあたり、遺言書作成で最も留意すべき点をご指摘ください。

Answer

遺留分侵害額請求に対する対応でしょう。

【解説】

　民法改正により、令和元年7月1日以後の贈与者の死亡から、遺留分は減殺請求から、遺留分侵害額請求になりました。

　遺留分侵害額請求の基本的な流れを確認します。

　遺留分侵害額の請求をされた場合、遺留分権利者と受贈者等で、金額の協議をすることになります。金額の合意ができた場合と支払期限も同時に合意します。金銭債務額について合意したものの、同時に弁済期限の合意がない（できない）場合、他の受贈者等は、裁判所に期限の許与を求めて訴えを提起する可能性も考えられます。

　金額について合意できない場合には、遺留分権利者は家庭裁判所に調停を申し立てることになります。同時に上述の期限の許与も求めるのが通常です。仮に家庭裁判所の調停が不成立に終わった場合、遺留分権利者は裁判所に遺留分侵害額請求訴訟を起こすことになります。

　上記が一般的な流れとなりますが、納税猶予の対象を受けている株式が推定相続財産に混在している場合には、どのような取扱いになるのでしょうか。

　現状、贈与税の納税猶予の適用を受けているとします。贈与者死亡の場合、特例対象株式の全部がみなし相続されることになります（贈与税の納税猶予から相続税の納税猶予に移行するためには別途切替確認が必要です）。

　しかし、相続税の納税猶予においては、みなし相続対象株式のすべてについて自動的に承継されるわけではありません。したがって、相続税の納税猶予に切替確認する場合には、予め遺留分侵害額請求により譲渡が予定される株式数を除外しておく必要性があります。除外された株式について相続税の納税猶予を改めて選択する必要が生じます。当該判断は相続税の申告期限までに行う必要があります[3]。

3　https://takeuchitax.com/archives/512を参照している。

I 事業承継税制（特例） *31*

Q I-10 相続させる遺言と「遺贈する」の使い分け：特定財産承継遺言と改正民法に関する留意点

事業承継に利用される特定財産承継遺言について教えてください[4]。

Answer

下記が一般的な取扱いです。

【解説】

事業承継税制において相続税の納税猶予スタートの場合は当然として、従来型の事業承継（持株会社スキーム等）においても遺言書の作成は必須です。この点、生前にオーナーは自社株式のすべてを後継者に「相続させる」旨を記載した遺言書（相続させる遺言、特定財産承継遺言とも呼ばれます）の作成が考えられます。

相続させる遺言の利用が発達化したのは、最判平成3年4月19日判決において認められたからと考えられます（判例、有力説、遺産分割効果説）。

改正民法では、相続による権利の承継は、遺産分割実施如何を問わず、法定相続分超過部分について、登記、登録その他の対抗要件を備えなければ、第三者に対抗することができないとする規定を新設しました。

【改正民法899条の2第1項】

第899条の2　相続による権利の承継は、遺産の分割によるものかどうかにかかわらず、次条及び第901条の規定により算定した相続分を超える部分については、登記、登録その他の対抗要件を備えなければ、第三者に対抗することができない。

4　本問は大久保拓也「遺言に関する民法（相続法）の改正と事業承継への影響」（日税研メールマガジン vol.149（令和元年8月15日発行）公益財団法人日本税務研究センター）を参照しています。

特定財産承継遺言があったときは、遺言執行者は、当該共同相続人が民法第898条の2第1項に規定する対抗要件を備えるために必要な行為をすることができます。

【改正民法第1014条2項】

第1014条

2　遺産の分割の方法の指定として遺産に属する特定の財産を共同相続人の一人又は数人に承継させる旨の遺言（以下「特定財産承継遺言」という。）があったときは、遺言執行者は、当該共同相続人が第899条の2第1項に規定する対抗要件を備えるために必要な行為をすることができる。

相続させる遺言の場合、後継者は法定相続分を超える部分については対抗要件を備えなければ第三者に対抗できません。遺言書を無視し、遺産分割協議中に後継者が法定相続分を超える部分について第三者に譲渡した場合、当該第三者に対して権利を主張できません。同族法人株式においては上記の観点から遺贈する、の方が望ましいとも考えられます。

Q I-11　遺留分侵害額請求との関係

遺留分侵害額請求と事業承継税制（特例）、贈与税の納税猶予の関係についてご説明ください。

Answer

令和元年7月1日から施行された改正民法により、遺留分侵害額請求の対策が従前と変更されると思われます。

【解説】

令和元年7月1日以降の事業承継税制（特例）、贈与税の納税猶予における

Ⅰ　事業承継税制（特例）　　*33*

特例贈与者の死亡については、その死亡が贈与後、早い時期（特例承継期間内、つまり、認定申請後初めの5年間）の場合、下記の方法を検討する必要があると思われます[5]。

　令和元年7月1日からの、改正民法について遺留分額侵害請求については、下記の通りです。

【改正後民法】
（遺留分侵害額請求権の期間の制限）
第1048条　遺留分侵害額の請求権は、遺留分権利者が、相続の開始及び遺留分を侵害する贈与又は遺贈があったことを知った時から1年間行使しないときは、時効によって消滅する。相続開始の時から10年を経過したときも、同様とする。

　改正民法により、贈与税の納税猶予（特例）の適用を受けている贈与者が死亡した場合には、相続税法第32条第3号により、

　　・株数を減少させる贈与税の更正の請求を行う

　　・同時に相続された株式数も相続税の更正の請求を行う

こととされました。

　これらの場合、当該納税猶予制度において、期限確定には該当しません。

【相続税法第32条第3号】
（更正の請求の特則）
第32条　相続税又は贈与税について申告書を提出した者又は決定を受けた者は、次の各号のいずれかに該当する事由により当該申告又は決定に係る課税価格及び相続税額又は贈与税額（当該申告書を提出した後又は当該決

5　https://takeuchitax.com/archives/493を参照している。

定を受けた後修正申告書の提出又は更正があった場合には、当該修正申告又は更正に係る課税価格及び相続税額又は贈与税額）が過大となったときは、当該各号に規定する事由が生じたことを知った日の翌日から４月以内に限り、納税地の所轄税務署長に対し、その課税価格及び相続税額又は贈与税額につき更正の請求（国税通則法第23条第１項（更正の請求）の規定による更正の請求をいう。第33条の２において同じ。）をすることができる。

三　遺留分による減殺の請求に基づき返還すべき、又は弁償すべき額が確定したこと。

受贈者が価額弁償の抗弁をした場合も、遺留分権利者において減殺請求額相当と考えられる株式数は、納税猶予制度においては同様の処理をします。

この株式数は特例対象株式以外となります

旧法における遺留分減殺請求においても、弁償資金捻出のために特例対象株式以外の株式を譲渡するときは、所得税においては譲渡所得となっていました。

令和元年７月１日からの贈与者の死亡より、遺留分侵害額請求となり、遺留分の権利は従前と異なり、金銭債権となっています。

したがって、特例贈与者の死亡が、

・７月１日以後でかつ、

・贈与税の納税猶予において、特例経営承継期間の最後の年度等以後である場合は、

金銭債務の支払いのために、特例対象株式を譲渡した場合は、納税猶予は一部期限確定となります。

一方で、特例贈与者の死亡が、

・特例経営承継期間の中途で、

・金銭債務の支払いのために、特例対象株式の譲渡が、特例経営相続承継期間内になると考えられる場合は、

譲渡した場合、現行制度では全部期限確定になるので、留意が必要となります。

このような特例経営承継期間内の贈与者の死亡とそれに対する遺留分侵害額請求があった場合の対応案として下記が考えられます。

Ⅰ　事業承継税制（特例）　35

　・贈与から相続に切り替わる株式が100株
　・遺留分侵害額請求に対して他の相続人への遺留分支払原資捻出のための自
　　社株譲渡に必要な譲渡株数が10株
を前提とした場合、相続税の納税猶予の選択は90株とします。
　つまり、切替確認後の相続税の納税猶予の特例対象株式は90株となり、10株
は特例株式以外となります。この10株に関しては、期限確定の問題はなく、相
続税課税と譲渡所得課税の課税関係になります。
　負担した遺留分侵害額は、当初相続税申告に織り込むか、更正の請求をする
こととなります。
　この計算は代償分割とほぼ同じとなります。

（参考）
代償分割の場合の課税関係
（タックスアンサー No.4173）　代償分割が行われた場合の相続税の課税価格
の計算
［平成30年4月1日現在法令等］
　代償分割とは、遺産の分割に当たって共同相続人などのうちの1人又は数
人に相続財産を現物で取得させ、その現物を取得した人が他の共同相続人な
どに対して債務を負担するもので現物分割が困難な場合に行われる方法です。
1　この場合の相続税の課税価格の計算は、次のとおりとなります。
　⑴　代償財産を交付した人の課税価格は、相続又は遺贈により取得した現
　　物の財産の価額から交付した代償財産の価額を控除した金額
　⑵　代償財産の交付を受けた人の課税価格は、相続又は遺贈により取得し
　　た現物の財産の価額と交付を受けた代償財産の価額の合計額
2　この場合の代償財産の価額は、代償分割の対象となった財産を現物で取
　得した人が他の共同相続人などに対して負担した債務の額の相続開始の時
　における金額になります。
　　ただし、代償財産の価額については、次の場合には、それぞれ次の通り
　となります。

(1) 代償分割の対象となった財産が特定され、かつ、代償債務の額がその財産の代償分割の時における通常の取引価額を基として決定されている場合には、その代償債務の額に、代償分割の対象となった財産の相続開始の時における相続税評価額が代償分割の対象となった財産の代償分割の時において通常取引されると認められる価額に占める割合を掛けて求めた価額となります。

(2) 共同相続人及び包括受遺者の全員の協議に基づいて、(1)で説明した方法に準じた方法又は他の合理的と認められる方法により代償財産の額を計算して申告する場合には、その申告した額によることが認められます。

3　上記1及び2に関する事例

相続人甲が、相続により土地（相続税評価額4,000万円、代償分割時の時価5,000万円）を取得する代わりに、相続人乙に対し現金2,000万円を支払った場合。

(1) 甲の課税価格

4,000万円 − 2,000万円 ＝ 2,000万円

(2) 乙の課税価格

2,000万円

ただし、代償財産（現金2,000万円）の額が、相続財産である土地の代償分割時の時価5,000万円を基に決定された場合には、甲及び乙の課税価格はそれぞれ以下のように計算します。

(1) 甲の課税価格

4,000万円 − ｛2,000万円 × （4,000万円 ÷ 5,000万円）｝ ＝ 2,400万円

(2) 乙の課税価格

2,000万円 × （4,000万円 ÷ 5,000万円） ＝ 1,600万円

4　なお、代償財産として交付する財産が相続人固有の不動産の場合には、遺産の代償分割により負担した債務を履行するための資産の移転となりますので、その履行した人については、その履行の時における時価によりその資産を譲渡したことになり、所得税が課税されます。

一方、代償財産として不動産を取得した人については、その履行があっ

た時の時価により、その資産を取得したことになります。

（相基通11の2-9、11の2-10、所基通33-1の5、38-7）

（参考）

（下記出典：週間税務通信／税務研究会　令和元年7月29日　No.3566）

遺留分侵害額請求

　　○請求を受けた側（通常、後継者）……更正の請求

　　○請求した側（通常、後継者以外の他の相続人）……期限後申告等

　特例対象株式を請求者に移転（返還）した場合

　　○請求を受けた側（通常、後継者）……納税猶予打切り⇒相続税納付

　　　　　　　　　　　　　　　　　　　　　　譲渡所得税

　　○請求した側（通常、後継者以外の他の相続人）……期限後申告等

　なお、本稿脱稿時点において、令和2年度税制改正に関して、経済産業省より「民法改正（遺留分）を踏まえた確定事由の適正化、その他の所要の見直しを行う。」という改正要望が出ています。上記に対応した打消事由の弾力化について改正が入ると思われます。一刻も早い改正を期待しています。

QI-12　民法特例活用時の実務上の留意事項・現場での所感

表題の件につき、留意事項をご教示ください。

Answer

　事前のアカウンタビリティとして民法特例の適用は実質「生前の遺産分割協議」であること、つまり、自社株評価額が経営に参画しない相続人まで知れてしまう可能性があることが挙げられます。

　また、民法上の時価、すなわち当事者間合意価格の論点もあります。

38

【解説】

＜後継者Ｂが推定相続人である場合＞

＜合意書の一例＞

合　意　書

　　旧代表者Ａの遺留分を有する推定相続人であるＢ、Ｃ及びＤは、中小企業における経営の承継の円滑化に関する法律（以下、単に「法」という）に基づき、以下のとおり合意する。

（目的−法７条１項１号）

第１条　本件合意は、ＢがＡからの贈与により取得したＹ社の株式につき遺留分の算定に係る合意等をすることにより、Ｙ社の経営の承継の円滑化を図ることを目的とする。

（確認−法３条２項及び３項）

第２条　Ｂ、Ｃ及びＤは、次の各事項を相互に確認する。

①　ＡがＹ社の代表取締役であったこと。

②　Ｂ、Ｃ及びＤがいずれもＡの推定相続人であり、かつ、これらの者以外にＡの推定相続人が存在しないこと。

③　Ｂが、現在、Ｙ社の総株主（但し、株主総会において決議をすることができる事項の全部につき議決権を行使することができない株主を除く。）の議決権〇〇個の過半数である〇〇個を保有していること。

④　Ｂが、現在、Ｙ社の代表取締役であること。

（除外合意、固定合意−法４条１項１号及び２号）

第３条　Ｂ、Ｃ及びＤは、ＢがＡからの平成〇〇年〇〇月〇〇日付け贈与により取得したＹ社の株式〇〇株について、次のとおり合意する。

①　上記〇〇株うち□□株について、Ａを被相続人とする相続に際し、その相続開始時の価額を遺留分を算定するための財産の価額に算入しない。

②　上記〇〇株うち△△株について、Ａを被相続人とする相続に際し、遺留分を算定するための財産の価額に算入すべき価額を〇〇〇〇円（１株あたり☆☆☆円。弁護士×××が相当な価額として証明をしたもの。）とする。

I　事業承継税制（特例）　**39**

（後継者以外の推定相続人がとることができる措置−法４条３項）

第４条　Ｂが第３条の合意の対象とした株式を処分したときは、Ｃ及びＤは、Ｂに対し、それぞれ、Ｂが処分した株式数に〇〇〇万円を乗じて得た金額を請求できるものとする。

２　ＢがＡの生存中にＹ社の代表取締役を退任したときは、Ｃ及びＤは、Ｂに対し、それぞれ〇〇〇万円を請求できるものとする。

３　前２項のいずれかに該当したときは、Ｃ及びＤは、共同して、本件合意を解除することができる。

４　前項の規定により本件合意が解除されたときであっても、第１項又は第２項の金員の請求を妨げない。

（法４条１項の株式等以外の財産に関する合意—法５条）

第５条　Ｂ、Ｃ及びＤは、ＢがＡからの平成〇〇年〇〇月〇〇日付け贈与により取得した〇〇について、Ａを被相続人とする相続に際し、その価額を遺留分を算定するための財産の価額に算入しないことを合意する。

（衡平を図るための措置−法６条）

第６条　Ｂ、Ｃ及びＤは、Ａの推定相続人間の衡平を図るための措置として、次の贈与の全部について、Ａを被相続人とする相続に際し、その相続開始時の価額を遺留分を算定するための財産の価額に算入しないことを合意する。

①　ＣがＡから平成〇〇年〇〇月〇〇日付け贈与により取得した現金１，０００万円

②　ＤがＡから平成〇〇年〇〇月〇〇日付け贈与により取得した下記の土地
　　〇〇所在〇〇番〇〇宅地〇〇㎡

（経済産業大臣の確認−法７条）

第７条　Ｂは、本件合意の成立後１ヵ月以内に、法７条所定の経済産業大臣の確認の申請をするものとする。

２　Ｃ及びＤは、前項の確認申請手続に必要な書類の収集、提出等、Ｂの同確認申請手続に協力するものとする。

（家庭裁判所の許可−法８条）

第８条　Ｂは、前条の経済産業大臣の確認を受けたときは、当該確認を受けた日から１ヵ月以内に、第３条ないし第６条の合意につき、管轄家庭裁判所に対し、法８条所定の許可審判の申立をするものとする。

2　C及びDは、前項の許可審判申立手続に必要な書類の収集、提出等、Bの同許可
審判手続に協力するものとする。

以上の合意を証するため、本書を作成し、各推定相続人が署名捺印する。
平成○○年○月○日

本籍
住所
推定相続人　○○　○○　印
本籍
住所
推定相続人　○○　○○　印
本籍
住所
推定相続人　○○　○○　印

（出典：中小企業経営承継円滑化法 申請マニュアル「民法特例」平成28年4月　中小企業庁財務課）

Ⅰ　事業承継税制（特例）　　*41*

　なお、上記マニュアルは「令和元年7月」公表版が最新のものになります。上記マニュアルに個人事業主バージョンが追加されたのが大きな特徴です。個人版事業承継税制に対応したものと思われます。しかし、「令和元年7月」公表版においては、上記のような合意書全体のサンプル書式が削除されてしまったため、本書では敢えて旧バージョンの「平成28年4月」公表版を用い検証します。

　民法特例活用の場合、上記の合意書の作成が必要となります。これは、実質的に生前の遺産分割協議に近いものがあり、現場のコンサルティングの感覚では（私見では）、「（オーナーとしては）経営に参画しない相続人まで自社株評価額や、自身の固有財産を見せたくない」という「親心」が働くといったことが多々あります。

　これが原因で民法特例導入が頓挫してしまうことも往々にしてあります。生前の遺産分割協議と実質的に同様の効果を有するため、相続人同士がもめることも往々にしてあります。

　合意書の内容を見てみると

（除外合意、固定合意－法4条1項1号及び2号）

第3条　B、C及びDは、BがAからの平成○○年○○月○○日付け贈与により取得したY社の株式○○株について、次のとおり合意する。

①　（除外合意）上記○○株うち□□株について、Aを被相続人とする相続に際し、その相続開始時の価額を遺留分を算定するための財産の価額に算入しない。

②　（固定合意）上記○○株うち△△株について、Aを被相続人とする相続に際し、遺留分を算定するための財産の価額に算入すべき価額を○○○○円（1株あたり☆☆☆円。弁護士××××が相当な価額として証明をしたもの。）とする。

とあるため、一見、固定合意ではなく除外合意の場合は自社株の評価額が経営に参画しない他の相続人に分からないとも思われますが、

（後継者以外の推定相続人がとることができる措置－法４条３項）

第４条　Ｂが第３条の合意の対象とした株式を処分したときは、Ｃ及びＤは、Ｂに対し、それぞれ、Ｂが処分した株式数に○○○万円を乗じて得た金額を請求できるものとする。

２　ＢがＡの生存中にＹ社の代表取締役を退任したときは、Ｃ及びＤは、Ｂに対し、それぞれ○○○万円を請求できるものとする。

３　前２項のいずれかに該当したときは、Ｃ及びＤは、共同して、本件合意を解除することができる。

４　前項の規定により本件合意が解除されたときであっても、第１項又は第２項の金員の請求を妨げない。

とあるように、他の相続人は「おおよその」相続財産は把握できます。

　当該条項はマニュアルによると、

　「旧代表者の推定相続人及び後継者は、第１項の規定による合意をする際に、併せて、その全員の合意をもって、書面により、次に掲げる場合に当該後継者以外の推定相続人がとることができる措置に関する定めをしなければならない。

　　一　当該後継者が第１項の規定による合意の対象とした株式等を処分する行為をした場合

　　二　旧代表者の生存中に当該後継者が当該特例中小企業者の代表者として経営に従事しなくなった場合」

　除外合意や固定合意をした後、後継者が当該合意の対象とした株式等を処分したり、特例中小企業者の代表者を退任したりした場合には、当該合意は、本来の趣旨に沿わなくなるということができます。

　しかしながら、こうした場合に当該合意の効力が当然に消滅することとすると、当該合意の対象とした株式等の価値が下落し、当該合意があることによってむしろ不利益を受けると判断した後継者が当該株式等を処分するなど

I　事業承継税制（特例）　**43**

して、容易に当該合意の効力を消滅させることができることになり、当事者間の衡平上問題があると考えられます。

　そこで、法第4条第3項は、予め旧代表者の推定相続人及び後継者間で協議をし、後継者が株式等を処分した場合などに非後継者がとることができる措置を定めるべきことを規定しています。

　その具体的な内容については、法は、特段の基準を設けておらず、当事者間の協議により、個別具体的な状況に応じて定めることができます。具体的には、次のような定めをすることが想定されますが、後継者の経営の自由度を高めるため、後継者が株式等を処分しても非後継者は何ら異議を述べず、一切の金銭を請求しない旨を定めることもできます。

　　・非後継者は、他の非後継者と共同して当該合意を解除することができる。
　　・非後継者は、後継者に対し、一定額の金銭の支払を請求することができる。

とある通り必須の記載事項と考えられるため、当該条項を削除して、合意書作成をするのは不可能です。将来、係争に発展する可能性もあります。

　したがって、上記諸事情によりどうしても民法特例が利用できないといった場合には

　①　税務上不利だが、生前に金庫株し、株式現金化資金を推定被相続人に予めプールしておく
　②　相続開始後、相続金庫株の実施、代償交付金の原資を確保
　③　各種生命保険加入

といった従来型の資金確保についてシミュレーションする必要性があります。

　なお、民法上の時価（当事者間合意価格）については拙著『みなし贈与のすべて』（ロギカ書房）をご参照ください。

Q I-13 業績悪化事由による差額免除制度の実践的留意点：
税務調査との関係・相続時精算課税との関係等

事業承継税制（特例）における業績悪化事由による差額免除制度について留意点を説明してください。

Answer

下記の事項が列挙されます。

【解説】

1．業績悪化事由による差額免除について

定義と計算方法は下記に詳細が掲載されています。

次ページの出典は https://www.nta.go.jp/law/joho-zeikaishaku/sozoku/181219/pdf/01.pdf となります。

Ⅰ　事業承継税制（特例）　*45*

資 産 課 税 課 情 報	第 20 号	平成 30 年 12 月 19 日	国　税　庁 資 産 課 税 課

非上場株式等についての贈与税・相続税の納税猶予及び免除の特例措置等に関する質疑応答事例について（情報）

　　平成 30 年度税制改正において創設された非上場株式等についての贈与税・相続税の納税猶予及び免除の特例措置等に関する質疑応答事例を取りまとめたので、執務の参考として送付する。

　　なお、質疑応答事例は、平成 30 年 4 月 1 日現在の法令に基づくものである。

《事業の継続が困難な事由が生じた場合の免除関係》

(問38) 差額免除等の概要

> (問) 特例措置では、事業の継続が困難な事由が生じた場合に一定の猶予税額が免除される措置
> が設けられているが、具体的にはどのような制度か。

(答)

　特例措置に設けられた新たな免除制度は、特例経営贈与承継期間等の経過後に事業の継続が困難
な一定の事由が生じた場合において特例対象受贈非上場株式等の譲渡等をしたときは、その対価の
額（譲渡等の時の価額の2分の1以下である場合には、当該2分の1に相当する金額）を基に猶予
税額を再計算し、これと一定の配当等の金額との合計額が従前の猶予税額を下回る場合には、その
差額は免除され、当該合計額のみ納付するというものである。

　なお、譲渡等の対価の額がその時の価額の2分の1以下である場合には、譲渡等の後2年を経過
する日において譲渡等の時の雇用の半数が維持されているなど一定の要件を満たす場合には、実際
の対価の額に基づき再計算した税額等との差額が追加で免除される。

(解説)

1　特例措置では、特例経営贈与承継期間等の経過後に特例認定贈与承継会社等の事業の継続が困
　難な一定の事由が生じた場合に、①特例対象受贈非上場株式等を譲渡等したとき、又は特例認定
　贈与承継会社等が②合併により消滅したとき、③株式交換若しくは株式移転（以下「株式交換等」
　という。）により他の会社の株式交換完全子会社等となったとき若しくは④解散をしたときは、一
　定の要件のもと、納税の猶予に係る期限が確定する猶予税額のうち一定の金額を税務署長の通知
　により免除する措置が次のとおり講じられている（措置法70の7の5⑫～⑲等）（以下、(1)又は
　(2)による免除を「差額免除」といい、(3)による免除を「追加免除」という。）。

　(注)　「事業の継続が困難な一定の事由」については、問45参照。

　(1)　時価に相当する金額の2分の1までの部分に対応する猶予税額の免除

　　　特例対象受贈非上場株式等の譲渡の対価の額、合併対価の額若しくは交換等対価の額（これ
　　らの対価の額が当該特例対象受贈非上場株式等の時価に相当する金額の2分の1以下である場
　　合には、当該2分の1に相当する金額）又は解散の時における特例対象受贈非上場株式等の時
　　価に相当する金額を贈与等により取得をした特例対象受贈非上場株式等の当該贈与等の時にお
　　ける価額とみなして計算した猶予税額とこれらの事由が生じた日以前5年以内において特例経
　　営承継受贈者等及びこれと特別の関係のある者が受けた配当等の額との合計額（以下「直前配
　　当等の額」という。）との合計額を納付することとし、従前の猶予税額から当該合計額を控除し
　　た残額を免除する（措置法70の7の5⑫等）。

　(2)　実際の譲渡等の対価の額が時価に相当する金額の2分の1を下回った場合の納税猶予及び免
　　除

　　　特例対象受贈非上場株式等の譲渡等をした場合等（特例認定贈与承継会社が解散をした場合
　　を除き、その対価の額が時価に相当する金額の2分の1に相当する金額を下回る場合に限る。）
　　において、下記(3)の適用を受けようとするときは、担保の提供を条件に、上記(1)の再計算した
　　猶予税額と直前配当等の額との合計額を猶予中贈与税額とすることができる（従前の猶予税額

Ⅰ 事業承継税制（特例） **47**

から当該合計額を控除した残額は免除される。）（措置法 70 の 7 の 5 ⑬等）。

(3) (2)の場合の猶予税額の免除

上記(2)の場合において、上記(2)の特例対象受贈非上場株式等の譲渡等をした後 2 年を経過する日において、特例認定贈与承継会社等の事業が継続している場合^(注)として一定の要件に該当するときには、特例対象受贈非上場株式等の譲渡等の対価の額（時価に相当する金額の 2 分の 1 以下であった実額）を特例対象受贈非上場株式等の贈与等の時における価額とみなして再計算した金額と直前配当等の額との合計額を納付することとし、上記(2)による猶予中贈与税額から当該合計額を控除した残額については、免除する（措置法 70 の 7 の 5 ⑭等）。

ただし、この一定の要件に該当しない場合には、上記(2)による猶予中贈与税額を納付することとなる。

(注) 「事業を継続している場合」とは、譲渡等、合併又は株式交換等に係る会社が、当該 2 年を経過する日において、次の要件の全てを満たす場合をいう（措置法令 40 の 8 の 5 ㉛等、措置法規則 23 の 12 の 2 ㉗等）。

(1) 商品の販売その他の一定の業務を行っていること。

(2) 譲渡等の事由に該当することとなった時の直前における特例認定贈与承継会社の常時使用従業員のうちその総数の 2 分の 1 以上に相当する数（その数に 1 人未満の端数があるときはこれを切り捨てた数とし、当該該当することとなった時における常時使用従業員の数が 1 人のときは 1 人とする。）の者が、当該該当することとなった時から当該 2 年を経過する日まで引き続きその会社の常時使用従業員であること（問 51 参照）。

(3) (2)の常時使用従業員が勤務している事務所、店舗、工場その他これらに類するものを所有し、又は賃借していること。

2 上記 1 の免除の適用を受けようとする者は、差額免除（上記 1(1)又は(2)）については上記 1 ①～④に該当することとなった日から 2 月を経過する日^(注)までに、また、追加免除（上記 1(3)）については上記 1(3)の 2 年を経過する日から 2 月を経過する日^(注)までに、それぞれ免除の申請を行う必要がある（措置法 70 の 7 の 5 ⑫⑬⑯等）。

(注) 当該 2 月を経過する日までに当該特例経営承継贈与者等が死亡した場合には、当該特例経営承継受贈者等の相続人（包括受遺者を含む。）が当該特例経営承継贈与者等の死亡による相続の開始があったことを知った日の翌日から 6 月を経過する日。以下問 43 までにおいて同じ。

3 なお、納付が必要となる猶予税額の納期限は、上記 1(1)の場合は同(1)に該当することとなった日から 2 月を経過する日と、また、上記 1(3)の場合は同(3)の 2 年を経過する日から 2 月を経過する日とされている（措置法 70 の 7 の 5 ⑫⑭等）。

(問39) 差額免除の計算の具体例（その１）：２分の１超の対価で譲渡した場合

（問）Aは、甲から贈与されたX株式会社の株式について「贈与税の納税猶予の特例措置」の適用を受け、特例経営贈与承継期間は経過したが、このたび、X株式会社の業績の悪化に伴い、その有する株式の全てを譲渡した。
　この場合に差額免除により免除される税額等はどのようになるのか。

〔贈与時〕
・　相続税評価額：300（猶予税額：150）

〔譲渡時〕
・　譲渡対価：200（譲渡対価を基に再計算した猶予税額：100）
・　譲渡時におけるX株式会社の株式の相続税評価額：250
・　譲渡以前５年以内にAがX株式会社から受けた配当等はない。

（注）上記の数値は、実際の税額等とは異なる。

（答）
次のとおりとなる。
・　免除される税額　　　　　　：50
・　猶予期限が確定する税額　　：100

（解説）
1　問の事例では、譲渡対価の額（200）が譲渡時の特例対象受贈非上場株式等の価額（250）の２分の１超であるため、譲渡対価の額（200）に基づき猶予税額を再計算することとなる。

2　そして、この譲渡対価の額に基づき再計算した税額（100）と従前の猶予税額150との差額（50）が免除される。
　なお、再計算した猶予税額（100）は、譲渡をした日から２月を経過する日において、納税猶予の期限が確定することとなる。

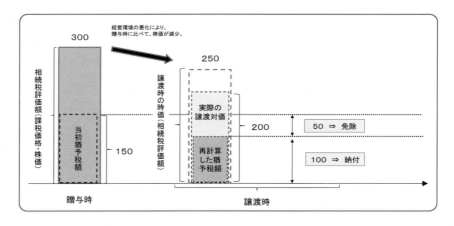

I 事業承継税制（特例） **49**

（問 40）差額免除の計算の具体例（その 2）：2 分の 1 以下の対価で譲渡した場合

（問）Aは、甲から贈与されたX株式会社の株式について「贈与税の納税猶予の特例措置」の適用を受け、特例経営贈与承継期間は経過したが、このたび、X株式会社の業績の悪化に伴い、その有する株式の全てを譲渡した。

この場合に、差額免除及び追加免除により免除される税額等はどのようになるのか。

〔贈与時〕

- ・ 相続税評価額：300（猶予税額：150）

〔譲渡時〕

- ・ 譲渡対価：60（譲渡対価を基に再計算した猶予税額：30）
- ・ 譲渡時におけるX株式会社の株式の相続税評価額：200
  - （相続税評価額の 2 分の 1（100）を基に再計算した猶予税額：50）
- ・ 譲渡以前 5 年以内にAがX株式会社から受けた配当等はない。

（注）上記の数値は、実際の税額等とは異なる。

（答）

次のとおりとなる。

1 譲渡時（差額免除）

- ・ 免除される税額　　　　　　：100
- ・ 納税猶予される税額　　　　：　50

2 譲渡時から 2 年を経過する日（追加免除）

- ・ 免除される税額　　　　　　：　20
- ・ 猶予期限が確定する税額　　：　30

（解説）

1 譲渡時（差額免除）

⑴ 問の事例では、譲渡対価の額（60）が譲渡時の特例対象受贈非上場株式等の価額（200）の 2 分の 1 以下であるため、譲渡時には、その 2 分の 1 に相当する金額（100）に基づき猶予税額を再計算することとなる。

⑵ したがって、譲渡時には、この 2 分の 1 に相当する金額（100）に基づき再計算した税額（50）と従前の猶予税額（150）との差額（100）が免除されることとなる。

また、この際、措置法第 70 条の 7 の 5 第 13 項の規定の適用を受ける場合には、再計算された税額（50）については、納税の猶予が継続される。

（注）措置法第 70 条の 7 の 5 第 13 項の規定の適用を受けない場合には、再計算された税額（50）については、譲渡をした日から 2 月を経過する日において、納税猶予の期限が確定することとなる。

2 譲渡時から 2 年を経過する日（追加免除）

上記 1 ⑵により納税の猶予が継続された税額（50）については、譲渡の日から 2 年を経過する日において、事業を継続している場合として一定の要件を満たしたかどうかの判定を行い、その要件を満たす場合には、実際の譲渡対価（60）に基づき再計算した猶予税額（30）との差額（20）が、追加免除される。

なお、実際の譲渡対価に基づき再計算した猶予税額（30）は、その２年を経過する日から２月を経過する日において、納税猶予の期限が確定することとなる。
(注)　一定の要件を満たさない場合、納税の猶予が継続された税額（50）は、その２年を経過する日から２月を経過する日において、納税猶予の期限が確定することとなる。

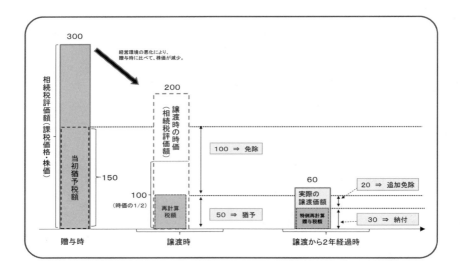

I 事業承継税制（特例）

（問41）差額免除の計算の具体例（その３）：２分の１超の対価で合併した場合

〔問〕Ａは、甲から贈与されたＸ株式会社の株式について「贈与税の納税猶予の特例措置」の適用を受け、特例経営贈与承継期間は経過したが、このたび、Ｘ株式会社は、その業績の悪化に伴い、Ｙ株式会社と合併した。
　この場合に差額免除により免除される税額等はどのようになるのか。

〔贈与時〕
・相続税評価額：300（猶予税額：150）

〔合併時〕
・合併対価：200【現金：50、Ｙ株式会社の株式：150】
　　　　（合併対価を基に再計算した猶予税額：100）
・合併時におけるＸ株式会社の株式の相続税評価額：250
・合併以前５年以内にＡがＸ株式会社から受けた配当等はない。
（注）上記の数値は、実際の税額等とは異なる。

〔答〕
次のとおりとなる。
・免除される税額　　　　　　　：50
・猶予期限が確定する税額　　　：25
・納税の猶予が継続される税額　：75

〔解説〕
1　問の事例では、合併対価の額（200）が合併時の特例対象受贈非上場株式等の価額（250）の２分の１超であるため、合併対価の額（200）に基づき猶予税額を再計算することとなる。

2　そして、この合併対価の額に基づき再計算した税額（100）と従前の猶予税額（150）との差額（50）が免除される。
　なお、再計算した猶予税額（100）のうち、現金対応分（100×50/200＝25）については、合併が効力を生じた日から２月を経過する日において納税猶予の期限が確定し、残額（75：Ｙ株式会社の株式に対応する部分）は納税の猶予が継続される。

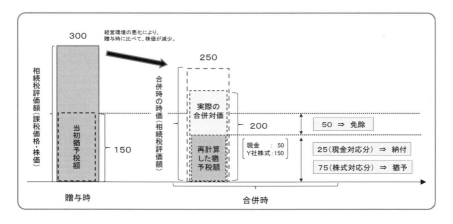

（問42）差額免除の計算の具体例（その4）：2分の1以下の対価で合併した場合

（問）Aは、甲から贈与されたX株式会社の株式について「贈与税の納税猶予の特例措置」の適用を受け、特例経営贈与承継期間は経過したが、このたび、X株式会社は、その業績の悪化に伴い、Y株式会社と合併した。

　　この場合に、差額免除及び追加免除により免除される税額等はどのようになるのか。

〔贈与時〕

・　相続税評価額：300（猶予税額：150）

〔合併時〕

・　合併対価：60【現金：20、Y株式会社の株式：40】

　　　　　　　（合併対価を基に再計算した猶予税額：30）

・　合併時におけるX株式会社の株式の相続税評価額：200

　　　（相続税評価額の2分の1（100）を基に再計算した猶予税額：50）

・　合併以前5年以内にAがX株式会社から受けた配当等はない。

（注）　上記の数値は、実際の税額等とは異なる。

（答）

次のとおりとなる。

1　合併時（差額免除）

・　免除される税額　　　　　　　：100

・　納税猶予される税額　　　　　：50

2　合併時から2年を経過する日（追加免除）

・　免除される税額　　　　　　　：20

・　猶予期限が確定する税額　　　：10

・　納税の猶予が継続される税額：20

（解説）

1　合併時（差額免除）

⑴　問の事例では、合併対価の額（60）が合併時の特例対象受贈非上場株式等の価額（200）の2分の1以下であるため、合併時には、その2分の1に相当する金額（100）に基づき猶予額を再計算することとなる。

⑵　したがって、合併時には、この2分の1に相当する金額（100）に基づき再計算した税額（50）と従前の猶予税額（150）との差額（100）が免除されることとなる。

　　また、この際、措置法第70条の7の5第13項の規定の適用を受ける場合には、再計算された税額（50）については、納税の猶予が継続される。

（注）　措置法第70条の7の5第13項の規定の適用を受けない場合には、再計算された税額（50）のうち、現金対応部分（50×20/60＝16※）については、合併が効力を生じた日から2月を経過する日において納税猶予の期限が確定し、残額（14：Y株式会社の株式に対応する部分）は納税の猶予が継続される。

※　100円未満の端数は切り捨てる。

2 合併時から2年を経過する日（追加免除）

上記1(2)により納税の猶予が継続された税額（50）については、合併が効力を生ずる日から2年を経過する日において、事業を継続している場合として一定の要件を満たすかどうかの判定を行い、その要件を満たす場合には、実際の合併対価（60）に基づき再計算した猶予税額（30）との差額（20）が、追加免除される。

なお、実際の合併対価に基づき再計算した猶予税額（30）のうち、現金対応部分（30×20/60＝10※）については、その2年を経過する日から2月を経過する日において納税猶予の期限が確定し、残額（20：Y株式会社の株式に対応する部分）は納税の猶予が継続される。

※ 100円未満の端数は切り捨てる。

（注）一定の要件を満たさない場合、納税の猶予が継続された税額（50）のうち、現金対応部分（50－30×40/60＝30※）については、その2年を経過する日から2月を経過する日において納税猶予の期限が確定し、残額（20：Y株式会社の株式に対応する部分）は納税の猶予が継続される。

※ 100円未満の端数は切り捨てる。

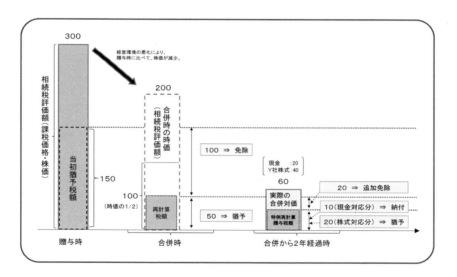

(問43) 差額免除の計算の具体例 (その5):解散をした場合

> (問) Aは、甲から贈与されたX株式会社の株式について「贈与税の納税猶予の特例措置」の適用を受け、特例経営贈与承継期間は経過したが、このたび、X株式会社は、その業績の悪化に伴い解散した。
> この場合に、差額免除により免除される税額等はどのようになるのか。
> 〔贈与時〕
> ・ 相続税評価額:300（猶予税額:150）
> 〔合併時〕
> ・ 解散時におけるX株式会社の株式の相続税評価額:200
> （相続税評価額200を基に再計算した猶予税額:100）
> ・ 解散以前5年以内にAがX株式会社から受けた配当等はない。
> (注) 上記の数値は、実際の税額等とは異なる。

(答)
次のとおりとなる。
・ 免除される税額　　　　　: 50
・ 猶予期限が確定する税額　: 100

(解説)
1 特例認定贈与承継会社が解散した場合の差額免除については、譲渡等の場合における2分の1判定は不要であり、解散時におけるX株式会社の相続税評価額（200）に基づき猶予税額を再計算することとなる。

2 そして、この解散時における相続税評価額に基づき再計算した税額（100）と従前の猶予税額（150）との差額（50）が免除される。
　なお、再計算した猶予税額（100）については、解散の日から2月を経過する日において納税猶予の期限が確定することとなる。

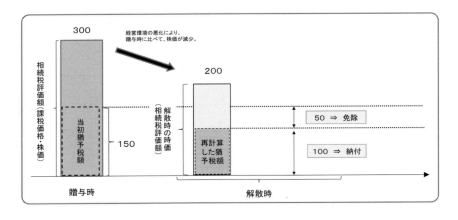

Ⅰ　事業承継税制（特例）　**55**

定義と計算方法は上掲の通りとして、課税実務上、留意すべき点は、

① 当該適用の際には宥恕規定がないこと

② 当該適用の際には「必ず」当局調査があること（「改正税法のすべて」より）

が挙げられます。

この点、一部研修会講師の中には意図的に条文上の業績悪化事由を生じさせ、一部免除を狙おうと指摘する向きもありますが、上記のように当局調査が絶対に入るため、当該行為は非常にリスクが高いと考えます。

なお、差額免除で2分の1の対価で譲渡した場合については、今後の中小企業・零細企業M&Aにおいて

・価額交渉の場面

・PMIの場面

で影響が出てくるものと想定されます。

２．相続時精算課税との関係について

上掲資料により、確定税額は、譲渡対価による猶予税額等となることは分かります。これで暦年贈与についての贈与税納税猶予は確定することになります。

相続時精算課税における贈与税納税猶予適用額については、免除されなかった部分において、贈与税の納税猶予制度は終了します。すなわち、譲渡対価等において、相続税法第21条の14から16の規定が適用されることになります[6]。

【相続税法第21条の14〜16】

第21条の14　特定贈与者から相続又は遺贈により財産を取得した者及び当該特定贈与者に係る相続時精算課税適用者の相続税の計算についての第15条の規定の適用については、同条第1項中「（第19条）」とあるのは「（第19条、

6　https://takeuchitax.com/archives/503を参照している。

第21条の15又は第21条の16）と、「同条」とあるのは「これら」とする。

第21条の15 特定贈与者から相続又は遺贈により財産を取得した相続時精算課税適用者については、当該特定贈与者からの贈与により取得した財産で第21条の9第3項の規定の適用を受けるもの（第21条の2第1項から第3項まで、第21条の3、第21条の4及び第21条の10の規定により当該取得の日の属する年分の贈与税の課税価格計算の基礎に算入されるものに限る。）の価額を相続税の課税価格に加算した価額をもって、相続税の課税価格とする。

2　特定贈与者から相続又は遺贈により財産を取得した相続時精算課税適用者及び他の者に係る相続税の計算についての第13条、第18条、第19条、第19条の3及び第20条の規定の適用については、第13条第1項中「取得した財産」とあるのは「取得した財産及び被相続人が第21条の9第5項に規定する特定贈与者である場合の当該被相続人からの贈与により取得した同条第3項の規定の適用を受ける財産」と、同条第2項中「あるもの」とあるのは「あるもの及び被相続人が第21条の9第5項に規定する特定贈与者である場合の当該被相続人からの贈与により取得した同条第3項の規定の適用を受ける財産」と、第18条第1項中「とする」とあるのは「とする。ただし、贈与により財産を取得した時において当該被相続人の当該一親等の血族であった場合には、当該被相続人から取得した当該財産に対応する相続税額として政令で定めるものについては、この限りでない」と、第19条第1項中「特定贈与財産」とあるのは「特定贈与財産及び第21条の9第3項の規定の適用を受ける財産」と、第19条の3第3項中「財産」とあるのは「財産（当該相続に係る被相続人からの贈与により取得した財産で第21条の9第3項の規定の適用を受けるものを含む。）」と、第20条第1号中「事由により取得した財産」とあるのは「事由により取得した財産（当該被相続人からの贈与により取得した財産で第21条の9第3項の規定の適用を受けるものを含む。）」と、同条第2号中「財産の価額」とあるのは「財産（当該被相続人からの贈与により取得した財産で第21条の9第3項の規定の適用を受けるものを含む。）の価額」とする。

3　第1項の場合において、第21条の9第3項の規定の適用を受ける財産に

つき課せられた贈与税があるときは、相続税額から当該贈与税の税額（第21条の8の規定による控除前の税額とし、延滞税、利子税、過少申告加算税、無申告加算税及び重加算税に相当する税額を除く。）に相当する金額を控除した金額をもって、その納付すべき相続税額とする。

第21条の16　特定贈与者から相続又は遺贈により財産を取得しなかった相続時精算課税適用者については、当該特定贈与者からの贈与により取得した財産で第21条の9第3項の規定の適用を受けるものを当該特定贈与者から相続（当該相続時精算課税適用者が当該特定贈与者の相続人以外の者である場合には、遺贈）により取得したものとみなして第1節の規定を適用する。

2　前項の場合において、特定贈与者から相続又は遺贈により財産を取得しなかった相続時精算課税適用者及び当該特定贈与者から相続又は遺贈により財産を取得した者に係る相続税の計算についての第18条、第19条、第19条の3及び第19条の4の規定の適用については、第18条第1項中「とする」とあるのは「とする。ただし、贈与により財産を取得した時において当該被相続人の当該一親等の血族であった場合には、当該被相続人から取得した当該財産に対応する相続税額として政令で定めるものについては、この限りでない」と、第19条第1項中「特定贈与財産」とあるのは「特定贈与財産及び第21条の9第3項の規定の適用を受ける財産」と、第19条の3第3項中「財産」とあるのは「財産（当該相続に係る被相続人からの贈与により取得した財産で第21条の9第3項の規定の適用を受けるものを含む。）」と、第19条の4第1項中「該当する者」とあるのは「該当する者及び同項第5号の規定に該当する者（当該相続に係る被相続人の相続開始の時においてこの法律の施行地に住所を有しない者に限る。）」とする。

3　第1項の規定により特定贈与者から相続又は遺贈により取得したものとみなされて相続税の課税価格に算入される財産の価額は、同項の贈与の時における価額による。

4　第1項の場合において、第21条の9第3項の規定の適用を受ける財産につき課せられた贈与税があるときは、相続税額から当該贈与税の税額（第21条の8の規定による控除前の税額とし、延滞税、利子税、過少申告加算税、

無申告加算税及び重加算税に相当する税額を除く。）に相当する金額を控除した金額をもって、その納付すべき相続税額とする。

Q I-14 事業承継税制（特例）を利用したM＆A譲渡価格減額要請リクエストの方法・実効性

表題の件につきご教示ください。

Answer

　売主会社が事業承継税制（特例）適用対象会社の場合、将来、中小・零細企業M＆A実務において、下記のような価格交渉手法が定着するかもしれません。

【解説】

　業績悪化事由において株式譲渡の場合は、一定の要件のもと、当該株式譲渡時に一部免除、さらに2年後に上乗せで一部免除が期待できます（措法70の7の5⑭等）。この一定要件は下記です。

　M&Aにおける買主側で当初譲渡後、当該2年を経過する日において、次の要件すべてを満たす場合になります（措令40の85㉛等、措規23の12の2㉗等）。

(1)　一定の業務を行っている。

(2)　（当初）譲渡等の事由に該当することとなった時の直前における特例認定贈与承継会社の常時使用従業員のうちその総数の2分の1以上に相当する数の者が、当該該当することとなった時から当該2年を経過する日まで引き続きその会社の常時使用従業員である。

(3)　事務所、店舗、工場その他を所有し、又は賃借している。

　　　価格交渉で利用できるのは(2)でしょう。当初M&Aにおいて売主会社の従業員を解雇した場合、上記の特典（2年後の税メリット）の恩恵を授かることはできません。売主会社従業員継続雇用コスト（その他の雇用リスクも同時に考慮する必要があります）と2年後の一部免除額との有利・不利判定をし、買主側は最終価額を調整することになります。

I 事業承継税制（特例） **59**

Q I-15 認定申請の実例・現場の所感

　事業承継税制の適用を受けるためには特定特別子会社は、風俗営業会社に該当しないこと（性風俗営業会社に該当しないこと）が要件となります。検討事案について、特定特別子会社が、外観上はラブホテルと見られる施設で下記の営業をしています。

　ただ法的な側面でいうと、

○定款・謄本で記載されている事業目的は旅館業であり

○旅館業としての営業許可を保健所から受けています。性風俗営業に必要な警察署の許可は会社設立以来受けたこともありません。

○検査も保健所から受けており、指導にもすべて従い旅館業として必要な要件はすべて満たして営業しています。18歳未満の方の宿泊も可能です。すなわち、子供連れが宿泊しても営業停止にはなりません。フロントには人が常駐しており、対面での料金決済です。ラブホテル営業で認められている自動精算機などの設備等は置いておられません。

　このような場合、この会社は性風俗営業会社に該当するとみられますか。

Answer

　該当しません。

　認定申請において各都道府県の申請窓口（担当部署）は、上記実態が法律文言に該当するか、提出書類「だけ」をみて判断します。税務調査のように実地調査はあり得ません。

　実態が旅館業であれば、外観について全く問題になりません。

【解説】

　上記の実態、法的側面から勘案するにいわゆる偽装ラブホテルにも全く該当しませんし、性風俗営業の下記の条文にも全く抵触しないものと考えます。

【風俗営業等の規制及び業務の適正化等に関する法律（風営法）第2条第5項】

5　この法律において「性風俗関連特殊営業」とは、店舗型性風俗特殊営業、無店舗型性風俗特殊営業、映像送信型性風俗特殊営業、店舗型電話異性紹介営業及び無店舗型電話異性紹介営業をいう。

　質問の法的側面及び各種書類のエビデンス、事情から総合勘案するに上記の条文には全く抵触しないものと考えられます。担当部署による判断は、書類のみの実質判定です。提出書類だけをみて、上記の性風俗規制に該当するかどうかを判断するのが実務のため、余計なエビデンスの添付は不要です。

QI-16 特例承継会社が外国会社株式等を有する場合：納税猶予適用時の株価調整計算

表題の件につきご教示ください。

Answer

　納税猶予額が0になりません。また子会社、孫会社等の資本構成によっても調整計算結果が変わります。

【解説】

　外国会社株式等を有していなかったものとして計算した株価を基に納税猶予額を算定します。実務では当該判定の間違いが多いところです。特例承継会社（対象会社・本体会社）との間に支配関係がある法人（特別関係会社に限ります）が外国会社株式等を有する場合においても、外国会社株式等を有していなかったものとして計算した株価を基に納税猶予額を算定します。この特別関係会社とは対象会社（本体会社）の曾孫会社まで含まれるため、当該曾孫会社が外国会社株式等を有していた場合には上記の除外計算が必要となります。

Ⅰ　事業承継税制（特例）　*61*

当該除外計算は、

○類似業種比準方式……認定会社の１株当たりの利益Ⓒ－認定会社が外国会社から受領した配当額

認定会社の１株当たりの純資産Ⓓ－認定会社が所有（直接のみならず間接も含みます）する外国会社株式等の価額相当額（帳簿価額となります）

上記の調整計算後の株価で納税猶予額を算定します。

○純資産価額方式……認定会社の株価－認定会社所有（直接のみならず間接も含みます）外国会社株式等の時価純資産額

上記の調整計算後の株価で納税猶予額を算定します。

したがって資本構成如何によっては、認定会社に対するインパクトが下記のように変わります。

認定会社→外国子会社→外国孫会社という数珠繋ぎ構成では、上記の計算を施すだけです。一方、認定会社→国内子会社→外国孫会社という数珠繋ぎ構成では、国内子会社は上記の調整計算の洗礼を受け、その結果の株価を認定会社に取り込むことになりますので、結果として類似業種比準方式においては外国孫会社の調整計算の影響はないことになります。

なお、類似業種比準価額計算における具体例は明らかにされていません（措法70の７②五等）。

Q Ⅰ-17　特例承継会社が外国会社株式等を有する場合：切替確認ＶＳ相続税納税猶予スタートの有利・不利判定

表題の件につきご教示ください。

Answer

切替確認（当初、贈与税の納税猶予スタート）の場合と、相続税納税猶予スタートの場合とで納税猶予額が変動することがあります。シミュレーションが必要です。

【解説】

　贈与税の納税猶予から相続税の納税猶予へ切替確認した場合、相続税の納税猶予額の算定基礎となる特定適用対象株式の株価を再計算します。

　当該再計算株価は以下の株価を計算し、小さい方の株価を基に相続税の納税猶予額を算定することになります。

○贈与税納税猶予額の算定基礎となった株価、つまり、当初算定時、外国株式等の除外計算をしているはずなので、その除外計算後の当初贈与時株価

○当初贈与時株価（当初算定時、外国株式等の除外計算をしているはずなので、その除外計算後）×（分子）認定会社の相続時点の純資産価額－認定会社所有（直接のみならず間接も含みます）外国会社株式等の時価純資産額／（分母）認定会社の相続時点の純資産価額

　切替確認において、当初贈与時、認定会社が大会社に該当していた場合においては、当初贈与時の（除外計算後）類似業種比準方式価額に、上記の算式の相続時純資産価額による修正計算を行うことになります（措通70の7の4-6、措規23の12③等）。

　上記の計算式から分かることは、当初贈与時よりも相続時の外国子会社株式割合が増加する場合には、その増加割合に応じた分は相続税の納税猶予対象外となってしまうということです。

　ということは、現時点の外国子会社の業績と相続時点である将来の業績とを予測する必要が生じます。業績好調であり、外国子会社の内部留保が今後順調にたまっていく状況が明らかに予測される場合には、贈与税の納税猶予スタートより相続税の納税猶予スタートの方に有利になるケースも想定されます。

I 事業承継税制（特例） *63*

Q I–18 「非上場株式等についての贈与税・相続税の納税猶予及び免除の特例措置等に関する質疑応答事例について（情報）」

　「非上場株式等についての贈与税・相続税の納税猶予及び免除の特例措置等に関する質疑応答事例について（情報）」について特に留意すべき事項を説明してください。

Answer

　重要な FAQ を厳選して下掲しました。ご参照ください。

【解説】

（問 14） 特例贈与者の要件（その３）：「既に贈与をしているもの」の意義

> （問）「贈与税の納税猶予の特例措置」に係る特例贈与者からは、既に措置法第 70 条の７の５第
> 　１項の規定の適用に係る贈与をしている者が除かれている。
> 　　×１年に甲がＡにＸ株式会社の株式につき特例措置の適用に係る贈与（第一贈与）をした
> 後に、次の贈与（第二贈与）が行われた場合、各事例の第二贈与に係る贈与者（甲又は乙）
> は、「既に贈与をしているもの」に該当するか。
> 　①　甲が、Ｘ株式会社の株式を、追加でＡに贈与する場合
> 　②　甲が、×２年に、Ｘ株式会社の株式をＢに贈与する場合
> 　③　甲が、×１年に、Ｘ株式会社の株式をＢに贈与する場合
> 　④　甲が、Ｙ株式会社の株式をＡに贈与する場合
> 　⑤　乙が、Ｘ株式会社の株式をＡに贈与する場合
> 　⑥　乙が、Ｙ株式会社の株式をＡに贈与する場合

（答）
①及び②の事例の甲のみ、「既に贈与をしているもの」に該当する。

（解説）

1　措置法第 70 条の７の５第１項は、特例贈与者について、「当該特例認定贈与承継会社の非上場
　株式等について既にこの項の規定の適用に係る贈与をしているものを除く」と規定している。
　　ただし、特例経営承継受贈者が２人又は３人以上ある場合において、同一年中に、これらの特
　例経営承継受贈者に特例認定贈与承継会社の非上場株式等の贈与を行うものは「既に同条第１項
　の規定の適用に係る贈与をしているもの」に含まれないこととされている（措置通 70 の７の５―
　２）。

2　つまり、同一の者が、同一の会社（特例認定贈与承継会社）の株式について特例措置の適用に係
　る贈与を複数回行うことは、特例経営承継受贈者が複数ある場合に各受贈者に同一年中に贈与を
　行うときを除き、できないこととなる。

3　したがって、同一の会社の株式を同一の者に贈与する①の事例の甲、及び、同一の会社の株式
　を異なる者に異なる年中に贈与する②の事例の甲については、「既に贈与をしているもの」に該当
　することとなる。

4　他方、
　③については、同一の会社の株式を異なる者に贈与しているが、同一年中の贈与であるため、
　④については、異なる会社の株式の贈与であるため、
　⑤については、同一の会社の株式の贈与であるが、贈与者が異なるため、
　⑥については、異なる会社の株式の贈与であり、また、贈与者も異なるため、
　それぞれ、「既に贈与をしているもの」には該当しないこととなる。

Ⅰ　事業承継税制（特例）　65

（参考）「既に贈与をしているもの」の判定

　　×1年に、甲がAにX社株式の贈与（①）をした後に、以下の贈与（②）が行われた場合の、②の贈与に係る判定

1　「既に贈与をしているもの」に該当するもの

【事例①】同じ会社の株式を、同じ者に贈与した場合　　【事例②】同じ会社の株式を、別の者に、異なる年中に贈与した場合

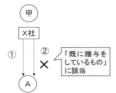
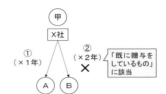

2　「既に贈与をしているもの」に該当しないもの

【事例③】同じ会社の株式を、別の者に、同一年中に贈与した場合　　【事例④】別の会社の株式を、贈与した場合

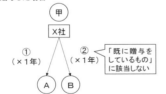

【事例⑤】別の贈与者が、同じ会社の株式を贈与した場合　　【事例⑥】別の贈与者が、別の会社の株式を贈与した場合

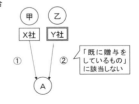

（問 15）「贈与税の納税猶予の特例措置」の適用を受けるための期間

> （問）　Aは、平成 30 年に X 株式会社の株式を甲から贈与され、「贈与税の納税猶予の特例措置」の適用を受けている。
>
> 　　この贈与後に次の贈与を行うこととした場合、受贈者が「贈与税の納税猶予の特例措置」の適用を受けるためには、平成 39 年 12 月 31 日までに行えばよいのか。
>
> ①　乙が、Aに、X 株式会社の株式を贈与する場合
>
> ②　甲が、Aに、Y 株式会社の株式を贈与する場合
>
> ③　乙が、Bに、X 株式会社の株式を贈与する場合
>
> ④　甲が、Bに、X 株式会社の株式を贈与する場合
>
> （注）　上記以外の贈与又は相続等による取得がないことを前提とする。

（答）

　②及び③については平成 39 年 12 月 31 日までに贈与を行えばよいが、①及び④については平成 39 年 12 月 31 日までではなく、①については平成 35 年 12 月 31 日まで、④については平成 30 年 12 月 31 日までに贈与を行う必要がある。

（解説）

1　「贈与税の納税猶予の特例措置」は、

　①　平成 30 年 1 月 1 日から平成 39 年 12 月 31 日までの間の最初の措置法第 70 条の 7 の 5 第 1 項の規定の適用に係る贈与

　②　上記①の贈与の日から特例経営贈与承継期間の末日までの間に贈与税の申告書の提出期限が到来する贈与

が対象となる（措置法 70 の 7 の 5 ①）。

　（注）1　上記①の贈与前に相続又は遺贈により取得した特例認定贈与承継会社の株式について「相続税の納税猶予の特例措置」の適用を受けている場合には、「当該相続又は遺贈に係る相続開始の日から特例経営贈与承継期間の末日までの間に贈与税の申告書の提出期限が到来する贈与」が対象となる。

　　　　2　「特例経営贈与承継期間」とは、贈与の日の属する年分の贈与税の申告書の提出期限の翌日から、次の(1)又は(2)のいずれか早い日までの期間をいう（措置法 70 の 7 の 5 ②七）。

　　　　　(1)　次のいずれか早い日

　　　　　　イ　特例経営承継受贈者の最初の特例対象贈与の日の属する年分の贈与税の申告書の提出期限の翌日以後 5 年を経過する日

　　　　　　ロ　特例経営承継受贈者の最初の措置法第 70 条の 7 の 6 第 1 項の規定の適用に係る相続に係る相続税の申告書の提出期限の翌日以後 5 年を経過する日

　　　　　(2)　特例経営承継受贈者又は当該特例経営承継受贈者に係る特例贈与者の死亡の日の前日

2　つまり、平成 30 年 1 月 1 日から平成 39 年 12 月 31 日までの期間は、最初の贈与（上記 1（注）1 の場合は最初の相続又は遺贈）についてのみ設けられているものであり、当該最初の贈与後に当該最初の贈与に係る特例認定贈与承継会社の非上場株式等の贈与を受ける場合には、上記 1 ②の贈与が対象となることになる。

　　したがって、「最初の贈与」の時期によっては、平成 30 年 1 月 1 日から平成 39 年 12 月 31 日までの期間内に贈与を受けるものであっても特例措置の適用対象とならないものがある一方、平成 39 年 12 月 31 日後の贈与であっても特例措置の適用対象となるものが生じることとなる。

3 このように、特例経営承継受贈者が受ける贈与が「最初の贈与」であるかどうかにより、適用対象となる期間が異なることとなるが、この「最初の贈与」であるかどうかの判定は、当該特例経営承継受贈者が贈与を受けた会社の株式等につき、特例措置の適用に係る贈与又は相続若しくは遺贈を受けていないかどうかにより行うこととなる。

4 問の事例では、②の場合は会社（Y株式会社）が異なるため、また、③は受贈者（B）が異なるため、それぞれ「最初の贈与」に該当し、上記１①の期間に行われるものが対象となる。

　他方、AはX株式会社の株式につき特例措置の適用に係る贈与を受けているため、AがX株式会社の株式につき贈与を受ける①の場合は「最初の贈与」に該当せず、上記１②の期間に行われるものが対象となる。

　また、④の場合も受贈者（B）が異なるため、「最初の贈与」に該当するが、同一の贈与者（甲）が、同一の会社（X株式会社）の株式を贈与しているため、Aへの贈与と同一年中に行われるものが対象となる（問14参照）。

5 なお、上記は、「相続税の納税猶予の特例措置」の適用についても同様である。

（参考）適用対象となる贈与の期間について

　　【ケース１】最初の贈与が平成30年中の場合
　　　　　　　⇒　最初の贈与の日から平成36年３月15日までに贈与税の申告書の提出期限が到来する贈与（平成35年12月31日までに受ける贈与）が適用対象

　　【ケース２】最初の贈与が平成39年中の場合
　　　　　　　⇒　最初の贈与の日から平成45年３月15日までに贈与税の申告書の提出期限が到来する贈与（平成44年12月31日までに受ける贈与）が適用対象

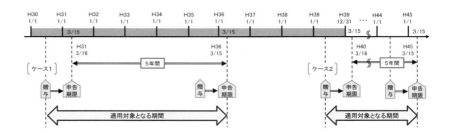

(問 16) 複数の者からの承継に係る経営承継期間

> (問) Aは、×1年に甲からX株式会社の株式の贈与を受け「贈与税の納税猶予の特例措置」の適用を受けているが、×4年に乙からもX株式会社の株式の贈与を受けた。
> 　贈与税の納税猶予の特例措置では、特例経営承継受贈者による事業の継続が贈与税の申告期限の翌日から5年間、必要であると聞いているが、甲・乙いずれの贈与についても、それぞれ5年間の事業継続が必要となるのか。

（答）

　甲からの贈与についてはその申告期限の翌日から5年間（×2年3月16日から×7年3月15日まで）の事業継続が必要となるが、乙からの贈与について事業継続が必要な期間は5年間ではなく、その贈与に係る贈与税の申告期限の翌日（×5年3月16日）から×7年3月15日（甲から受けた贈与に係る事業継続が必要な期間の末日）までとなる。

（解説）

1　「贈与税の納税猶予の特例措置」では、特例経営承継受贈者が特例認定贈与承継会社の事業を継続する期間として原則5年間の「特例経営贈与承継期間」が設けられており、具体的には、贈与税の申告書の提出期限の翌日から、次の(1)又は(2)のいずれか早い日までの期間となる（措置法70の7の5②七）。
　(1)　次のいずれか早い日
　　イ　特例経営承継受贈者の最初の「贈与税の納税猶予の特例措置」の適用に係る贈与の日の属する年分の贈与税の申告書の提出期限の翌日以後5年を経過する日
　　ロ　特例経営承継受贈者の最初の「相続税の納税猶予の特例措置」の適用に係る相続に係る相続税の申告書の提出期限の翌日以後5年を経過する日
　(2)　経営承継受贈者又は当該経営承継受贈者に係る贈与者の死亡の日の前日

2　問の事例では、甲からの贈与がX株式会社の株式に係る「最初」の「贈与税の納税猶予の特例措置」の適用に係る贈与であるため、その特例経営贈与承継期間は×2年3月16日から×7年3月15日までの5年間となる。
　他方、乙からの贈与については、既にX株式会社の株式について納税猶予の適用を受けているため、その特例経営贈与承継期間の末日は、最初の贈与に係る贈与の日の属する年分の贈与税の申告書の提出期限の翌日以後5年を経過する日（×7年3月15日）となるため、その期間は×5年3月16日から×7年3月15日までとなり、5年間とはならない。

3　なお、上記は、次の各措置に係る経営承継期間等についても同様である。
　(1)　「相続税の納税猶予の特例措置」に係る特例経営承継期間
　(2)　「贈与者が死亡した場合の相続税の納税猶予の特例措置」に係る特例経営相続承継期間
　(3)　「贈与税の納税猶予の一般措置」に係る経営贈与承継期間
　(4)　「相続税の納税猶予の一般措置」に係る経営承継期間
　(5)　「贈与者が死亡した場合の相続税の納税猶予の一般措置」に係る経営相続承継期間

Ⅰ 事業承継税制（特例） 69

（参考）特例経営贈与承継期間等の具体例（原則）

【ケース1】×1年に甲から贈与、×4年に乙から贈与された場合
　⇒　甲からの贈与に係る特例経営贈与承継期間：×2年3月16日～×7年3月15日
　　　乙からの贈与に係る特例経営贈与承継期間：×5年3月16日～×7年3月15日

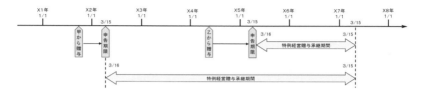

【ケース2】×1年8月1日に甲から相続し、×4年に乙から贈与された場合
　⇒　甲からの相続に係る特例経営承継期間　　　：×2年6月2日～×7年6月1日
　　　乙からの贈与に係る特例経営贈与承継期間：×5年3月16日～×7年6月1日

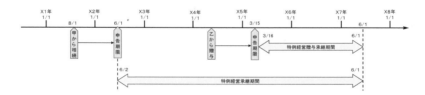

【ケース3】×1年に甲から贈与され、×3年に乙から贈与された後、×5年6月1日に甲が死亡した場合（措置法第70条の7の8第1項を適用）
　⇒　甲からの贈与に係る特例経営贈与承継期間　：×2年3月16日～×5年5月31日
　　　甲からの承継に係る特例経営相続承継期間　：×5年6月1日～×7年3月15日
　　　乙からの贈与に係る特例経営贈与承継期間：×4年3月16日～×7年3月15日

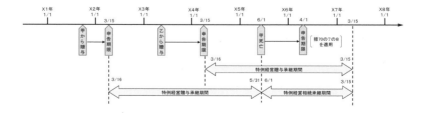

（問 18）贈与株数等の要件の判定（その２）：既に特例措置の適用を受けている者が贈与を受ける場合

（問）X株式会社の発行済株式総数は 1,000 株（全て議決権に制限のない株式に該当する。）であるところ、丙は、甲からX株式会社の株式 700 株の贈与を受け、「贈与税の納税猶予の特例措置」の適用を受けている。

X株式会社の他の株式は乙が有していることから、丙は、乙からも当該株式の贈与を受け、「贈与税の納税猶予の特例措置」の適用を受けたいと考えている。

この場合、丙は何株以上の贈与を受ければいいのか。

（答）

１株以上の贈与を受ける必要がある。

（解説）

1　「贈与税の納税猶予の特例措置」の適用を受けるための贈与株数等の要件は、問 17 の解説のとおりであるところ、問の事例では、乙から贈与を受ける者が丙１人であることから、「特例経営承継受贈者が１人の場合」に該当する。

2　そして、贈与の直前に乙及び丙が有するX社株式の合計（300 株＋700 株＝1,000 株）が発行済株式等の総数の３分の２（1,000 株×２／３＝666.6…株）を上回るため、贈与が必要な株数は、「発行済株式等の総数の３分の２－受贈者が贈与の直前に有していた株数」以上の株数となるが、問の事例の場合、これにより計算される値はマイナスとなる（1,000 株×２／３－700 株＝△33.3…株）。

3　一般措置については、その対象となる株式等について発行済株式等（議決権に制限のないものに限る。）の総数又は総額の３分の２までという上限が設けられているため、上記２の算式により計算される値がマイナスとなる場合には、その適用を受けることはできないこととなるが、特例措置については発行済株式等（議決権に制限のないものに限る。）の全てが対象となり、このような上限はない。

4　したがって、問の事例では、マイナスの値以上の贈与、すなわち１株以上の贈与を受けることで、「贈与税の納税猶予の特例措置」の適用を受けることができることとなる[注]。

（注）　特例経営贈与承継期間の末日までに贈与税の申告書の提出期限が到来する贈与に係るものに限られる（問 15 参照）。

I 事業承継税制（特例） **71**

(問 22) 贈与株数等の要件の判定（その 6）：贈与の時期が異なる場合における特例贈与者の有する株式等の数

（問）甲は X 株式会社の発行済株式 100 株のうち、90 株を有していたが、次のとおり、乙・丙・丁の 3 人に贈与をした。

「特例経営承継受贈者が 2 人又は 3 人の場合」には、「贈与直後における特例経営承継受贈者の有する特例認定贈与承継会社の非上場株式等の数又は金額が特例贈与者の有する当該特例認定贈与承継会社の非上場株式等の数又は金額を上回る」ことが要件となるところ、丁がこの要件を満たすことは明らかであるが、乙及び丙は、この要件を満たすか。

① ×1 年 3 月 1 日 ：乙に 35 株贈与（甲の残株数は 55 株）

② ×1 年 6 月 1 日 ：丙に 25 株贈与（甲の残株数は 30 株）

③ ×1 年 10 月 1 日：丁に 20 株贈与（甲の残株数は 10 株）

（注）X 株式会社の株式は、全て議決権に制限のないものである。

（答）

乙及び丙は、この要件を満たす。

（解説）

1 問 17 の解説のとおり、「特例経営承継受贈者が 2 人又は 3 人の場合」の贈与株数等の要件は、次の算式のとおりである。

(1) $D \geqq C \times \dfrac{1}{10}$

(2) $D > E$

（注）C： 当該贈与の時における特例認定贈与承継会社の発行済株式等の総数又は総額

　　　D： 当該贈与直後におけるそれぞれの特例経営承継受贈者の有する特例認定贈与承継会社の非上場株式等の数等

　　　E： 当該贈与直後における特例贈与者の有する特例認定贈与承継会社の非上場株式等の数等

2 ところで、問の事例では、乙及び丙がそれぞれ贈与を受けた直後においては、その有する X 株式会社の株式数は、特例贈与者である甲が有する X 株式会社の株式数以下となっている。

このため、乙及び丙は、問の要件（上記 1(2)の要件）を満たさないのではないか、との疑問も生じるが、問の事例のように、同一年中に同一の特例贈与者が同一の特例認定贈与承継会社の非上場株式等を 2 人又は 3 人の特例経営承継受贈者に贈与をした場合において、その贈与が異なる時期に行われたときは、「特例贈与者の有する当該特例認定贈与承継会社の非上場株式等の数等」（上記 1 の算式の E）については、その贈与のうち、最後に行われた贈与直後の数等によることとされている（措置通 70 の 7 の 5—3）。

（注）最後の贈与直後における株式等の数等によるのは特例贈与者の有する株式等についてのみであり、各特例経営承継受贈者の有する株式等の数等は、それぞれが贈与を受けた直後の株式等の数等によることとなる。

　　　また、上記 1(1)の要件の判定も、それぞれが贈与を受けた時点における株式等の数等により行うこととなる。

3 問の事例では、丁への贈与が最後の贈与となり、その贈与直後において甲が有するX株式会社の株式数は10株となる。そして、乙及び丙がそれぞれ贈与を受けた直後に有する株式数（乙：35株、丙：25株）は、これを上回ることから、乙及び丙は、問の要件を満たすこととなる。

4 なお、上記は、措置法第70条の7の5第2項第6号に規定する特例経営承継受贈者に係る要件のうち同号ニ(2)の「当該個人とハに規定する政令で定める特別の関係がある者のうちいずれの者が有する当該特例認定贈与承継会社の非上場株式等に係る議決権の数をも下回らないこと」を判定する場合における特例贈与者の有する議決権の数についても同様である。

(参考) 所有株式数の推移

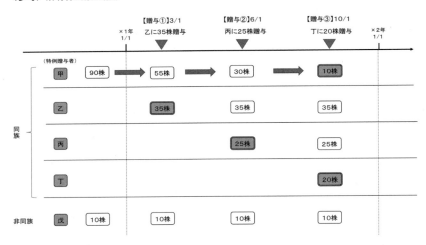

I　事業承継税制（特例）

(問 23)「贈与税の納税猶予の特例措置」に係る受贈者の数

> (問) 同一年中に次の贈与が行われた場合、「贈与税の納税猶予の特例措置」の適用に当たっては、受贈者が「1人である場合」と「2人又は3人である場合」のいずれに該当するのか。
> ① 甲が、X株式会社の株式をA及びBに、それぞれ贈与した場合
> ② 甲が、X株式会社の株式をAに、Y株式会社の株式をBに、それぞれ贈与した場合
> ③ 甲が、X株式会社の株式をAに、乙が、X株式会社の株式をBに、それぞれ贈与した場合
> ④ 甲が、X株式会社の株式をAに、乙が、Y株式会社の株式をBに、それぞれ贈与した場合

(答)

　①の場合は、受贈者が「2人又は3人である場合」に該当し、②～④の場合は、受贈者が「1人である場合」に該当する。

(解説)

1　「贈与税の納税猶予の特例措置」では、受贈者が「1人である場合」と「2人又は3人である場合」とで、①特例贈与者が贈与すべき非上場株式等の数等の要件（措置法70の7の5①。問17参照）、及び②特例経営承継受贈者の要件（同②六ニ）が異なっているが、この場合のいずれに該当するかは、同一年中に同一の特例贈与者から同一の特例認定贈与承継会社の非上場株式等を措置法第70条の7の5第1項の規定の適用に係る贈与により取得した特例経営承継受贈者の数によることとなる。

2　したがって、上記の各事例のうち①の場合のみ、特例経営承継受贈者が「2人又は3人である場合」に該当することとなる。

3　なお、上記は「相続税の納税猶予の特例措置」（措置法70の7の6）における特例経営承継相続人等の要件（同②七ハ）についても同様である。

(参考)「特例経営承継受贈者」の数の判定

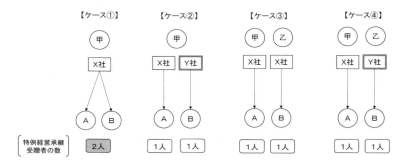

《非上場株式等についての相続税の納税猶予の特例関係》

(問 31) 相続税の納税猶予の特例措置の適用を受けることができる相続の態様

（問）甲の死亡により、子A及び子Bは、それぞれ次に掲げる株式を相続により取得した。
これらは、「相続税の納税猶予の特例措置」の適用が可能な相続の態様に該当するか。
① X株式会社の株式をAが、Y株式会社の株式をBが相続により取得をした場合
② X株式会社及びY株式会社の株式をAが相続により取得をした場合
③ X株式会社の株式をA及びBが相続により取得をした場合
（注）X株式会社及びY株式会社について、一般措置及び特例措置の適用を受けている者はいない。

（答）
いずれも、「相続税の納税猶予の特例措置」の適用が可能な相続の態様に該当する。

（解説）

1　被相続人に係る特例認定承継会社が複数ある場合の「相続税の納税猶予の特例措置」の適用要件の判定は特例認定承継会社ごとに行うため、異なる会社の株式をそれぞれ別の者が相続する場合（問の①の事例）や、異なる会社の株式を同一の者が相続する場合（問の②の事例）は、「相続税の納税猶予の特例措置」の適用が可能な相続の態様に該当することとなる。

2　また、「相続税の納税猶予の特例措置」については、特例認定承継会社の非上場株式等を相続又は遺贈により取得した個人のうちに特例経営承継相続人等としての要件を満たす者が2人又は3人以上ある場合には、当該特例認定承継会社が定めた2人又は3人までの者については、その適用を受けることができることとされている（措置法70の7の6②七）。
　　したがって、同一の会社の株式を2人の者が相続する場合（問の③の事例）も、その適用が可能な相続の態様に該当することとなる。

3　なお、「相続税の納税猶予の一般措置」（措置法70の7の2）では、認定承継会社の非上場株式等を相続又は遺贈により取得した個人のうちに経営承継相続人等としての要件を満たす者が2人以上ある場合に、その適用を受けることができる者は、当該認定相続承継会社が定めた一の者に限られている（措置法70の7の2②三）。
　　このため、問の③の事例について「相続税の納税猶予の一般措置」の適用を受けようとする場合には、A又はBのいずれか1人しかその適用を受けることはできない。

Ⅰ　事業承継税制（特例）　**75**

（問 32）特例経営承継相続人等の要件判定：特例認定承継会社の非上場株式等を相続等により取得した者のうちに、特例措置の適用を受けない者がある場合

（問）　X株式会社の発行済株式（100 株。全て議決権に制限のない株式に該当する。）は、甲がその全てを有していたところ、甲の死亡により、Aが95 株、Bが5 株、それぞれ取得した。
　　　ところで、「相続税の納税猶予の特例措置」に係る特例経営承継相続人等については、一定の議決権数を保有することが要件の一つとされているが、この要件は、その者が1 人の場合と、2 人又は3 人の場合とで、異なっている。
　　　Aは「相続税の納税猶予の特例措置」の適用を受けたいと考えているが、Bはその適用を受けるつもりはない。この場合、議決権数に係る要件の判定はいずれによるのか。

（答）
　1 人の場合による。

（解説）
1　特例経営承継相続人等とは、その適用に係る相続又は遺贈により特例認定承継会社の非上場株式等の取得をした個人で一定の要件を満たす者をいうところ（措置法70の7の6②七）、その要件の一つとして、措置法第70条の7の6第2項第7号ハにおいて、次に掲げる場合の区分に応じ、それぞれ次に定める要件を満たしていることが規定されている。
　⑴　当該個人が1 人の場合　当該相続の開始の時において、当該個人が有する当該特例認定承継会社の非上場株式等に係る議決権の数が、当該個人と特別の関係がある者のうちいずれの者※が有する当該特例認定承継会社の非上場株式等に係る議決権の数をも下回らないこと。
　⑵　当該個人が2 人又は3 人の場合　当該相続の開始の時において、当該個人が有する当該特例認定承継会社の非上場株式等に係る議決権の数が、当該特例認定承継会社の総株主等議決権数の100分の10以上であること及び当該個人と特別の関係がある者のうちいずれの者※が有する当該特例認定承継会社の非上場株式等に係る議決権の数をも下回らないこと。
　※　当該個人以外の措置法第70条の7の5第1項、第70条の7の6第1項又は第70条の7の8第1項の規定の適用を受ける者を除く。

2　ところで、問の事例のように、被相続人から特例認定承継会社の非上場株式等を相続等により取得した者が複数ある場合において、「相続税の納税猶予の特例措置」の適用を受ける者はそのうちの1 人のみであるときは、上記1 のいずれの要件によるのか疑問も生じる。

3　この点、上記1 の「個人」とは、「被相続人から措置法第70条の7の6第1項の規定の適用に係る相続又は遺贈により特例認定承継会社の非上場株式等の取得をした個人」をいうことから（措置法70の7の6②七）、その「個人」が1 人の場合であるか、2 人又は3 人の場合であるかは、被相続人から特例認定承継会社の非上場株式等を相続等により取得した者のうち、「相続税の納税猶予の特例措置」の適用を受ける者の数によることとなる。

4　問の事例においては、Aのみが「相続税の納税猶予の特例措置」の適用を受けることから、上記1 ⑴の「当該個人が1 人の場合」の基準により、議決権数に係る要件の判定を行う。

《相続時精算課税の特例関係》

(問 54) 納税猶予分の贈与税額が算出されない場合

> （問）Aは、叔父である甲からX株式会社の株式の贈与を受けたが、当該株式の価額は2,000万円である。
>   Aは当該贈与について、措置法第70条の2の7第1項の規定に基づき相続時精算課税制度を選択することができるか。

（答）

Aは、相続時精算課税制度を選択することができない。

（解説）

1　相続時精算課税適用者に係る特例である措置法第70条の2の7第1項は、その適用を受けることができる者について「贈与により第70条の7の5第1項の規定の適用に係る特例対象受贈非上場株式等・・・を取得した同条第1項の規定の適用を受ける特例経営承継受贈者」と規定している。

　　つまり、措置法第70条の2の7第1項の規定は、措置法第70条の7の5第1項の規定の適用を受けることが前提とされているものである。

2　問の事例の場合、Aが贈与により取得した株式の価額（2,000万円）は相続時精算課税の特別控除額（2,500万円）以下であり、相続時精算課税制度の適用を受けたものとして計算した場合の納税猶予分の贈与税額は「ゼロ」となり、猶予される税額は算出されないことから、Aは措置法第70条の7の5第1項の規定の適用を受けることはなく、したがって、措置法第70条の2の7第1項の規定の適用を受けることができないこととなる。

3　なお、Aは、措置法第70条の2の7第1項の規定による相続時精算課税の適用を受けることができないだけであり、暦年課税により計算した納税猶予分の贈与税額が算出される場合には、所要の要件を満たすことで措置法第70条の7の5第1項の規定の適用を受けることができる。

Ⅰ 事業承継税制（特例） 77

(問55) 直系卑属以外の推定相続人が贈与を受ける場合

(問) Aは、叔父である甲から贈与を受けたX株式会社の株式につき「贈与税の納税猶予の特例措置」の適用を受けるとともに、措置法第70条の2の7第1項の規定に基づき、相続時精算課税制度を選択したいと考えている。

Aは甲の推定相続人（直系卑属には該当しない。）であるところ、Aは当該贈与につき、相続時精算課税制度の適用を受けることができるか。なお、その年1月1日において、Aは40歳、甲は70歳である。

(参考) 親族関係図

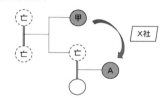

(答)
Aは、相続時精算課税制度を選択することができる。

(解説)
1　相続時精算課税適用者に係る特例である措置法第70条の2の7第1項は、その適用を受けることができる者について「特例贈与者・・・の推定相続人以外の者（その特例贈与者の孫を除き、その年1月1日において20歳以上である者に限る。）」と規定している。

2　この措置法第70条の2の7第1項の「推定相続人」とは、相続税法第21条の9第1項に規定する推定相続人、すなわち、「贈与をした者の推定相続人であって、その贈与をした者の直系卑属である者のうちその年1月1日において20歳以上であるもの」をいうものと解されている（措置通70の2の7-2）。

3　したがって、甲の「直系卑属である推定相続人」に該当しないAは、措置法第70条の2の7第1項の規定に基づき、相続時精算課税制度を選択することができる。

(参考) 各規定における相続時精算課税制度の適用対象者

規定	相続税法第21条の9	措置法第70条の2の6	措置法第70条の2の7
対象者	贈与者の20歳以上の推定相続人（直系卑属に限る）	贈与者の20歳以上の孫	20歳以上の者（左記を除く）

事業承継スキーム

Q Ⅱ-1 資産管理会社組成上の留意点

持株会社（資産管理会社）組成上の留意点の基本を何点かご教示ください。

Answer

下記の新聞報道記事が参考になります。

【解説】

「「CoCo 壱」創業者20億円申告漏れ「ストラディバリウス」など減価償却」
https://www.zakzak.co.jp/eco/news/190606/ecn1906060007-n1.
html?fbclid=IwAR3lHF4-uEcUAOainFBGvB10xydk-cAKhFxfUTDkuix-
8cBYlLyfAiWNtCVU

この案件で推察を含めた事案の前提は下記と考えています。

○個人所有のストラディバリウスを法人に譲渡

○譲渡対価を法人側では借入計上、この借入金は創業者からのもの、すなわち社長借入金

○本借入金は相続財産になることから、この対策として下記のスキームを実施

○借入金を個人から債務免除

○債務免除益を減価償却費で充てる（見込み）

○ストラディバリウスは価値が減価しないことを根拠に減価償却費が否認された（法令13）

○1人の株主による債務免除益で株価が上がったため、他の株主にみなし贈与があったものとして課税

仮に当該スキームが上記の前提だったとして、私の意見は下記の通りです。

✓個人所有のストラディバリウスを法人に譲渡

⇒ここがこのスキームでもっともおかしいところです。

通常、オーナーが「公益目的事業」を「本当に行い」かつ「相続財産」

Ⅱ　事業承継スキーム　*81*

を切り離したいというのであれば、公益財団法人を別途設立、そちらへ売却、いわゆる「公益財団法人スキーム」「措置法40条スキーム」といわれるものを実行します。

✓譲渡対価を法人側では借入計上

　創業者が法人に貸し付けたということです。ここも大事なポイントですが、資産管理会社に個人相続財産を持たせてはいけません。

　本件の場合、借方のバイオリンは美術骨董品として、株価に反映されますし、オーナー貸付金は券面額で相続財産評価額です。

✓ストラディバリウスは価値が減価しないことを根拠に減価償却費が否認された（法令13）

　⇒美術骨董品の減価償却については下記ご参照のこと。

　　当該ケースは下記リンク先より減価償却できません。

　　https://www.nta.go.jp/law/joho-zeikaishaku/hojin/bijutsuhin_FAQ/index.htm

✓1人の株主による債務免除益で株価が上がったため、他の株主にみなし贈与があったものとして課税

　⇒債務免除した場合は原則としてみなし贈与課税されます。

　　課税標準の算定方法は

　　　債務免除益後の株価－その前の株価＝差額が1株当たりの課税標準

　　これに株数を乗じて各人の贈与税の課税標準額算定。

　※債務免除益後の比準要素においてⒷ、Ⓒは考慮なしですが、Ⓓは債務免除益をプラスします。

では、この場合、どうすればよかったのでしょう。

1）個人から法人に対する低額譲渡を行う（法人で30％程度の課税をあえて受け入れる）

　⇒個人的には反対です。理由は下記の通りです。

　・低額譲渡でも株主間におけるみなし贈与（相法9）は発動

　・時価の問題

　　今回のような骨董品は時価の見解が国税と大きく分かれる可能性があ

ります。鑑定評価書合戦になる可能性が100％ないと限りません。

となると以下の論点が生じます。

・みなし譲渡発動可能性

　　上記の評価書合戦で万が一、時価の１/２となると発動されるおそれがあると思います。

・たとえ低額でも譲渡金額の決済は必要

　　通常、当該ケースのように管理会社に相続財産を持たせることはないでのすが、本ケースではその譲渡代金額を創業者が貸しています。後々の相続税を考えると絶対このような金銭取引はしません。

・さらに債務免除ではなく、DES を実行する必要性がある可能性あり、本ケースのように社長貸付を課税なく実行するには DES しかありません（外形標準課税や欠損填補目的の DES に該当し均等割が増加することを除く）。

　　仮に本スキームでバイオリン等の時価＜オーナー貸付金だった場合、債務超過 DES という別の論点が生じます。

　　債務超過 DES の場合、貸付金の税務上評価額は０ですから、債務免除益が計上されます（債務超過 DES の場合には債務免除と異なり、通常はみなし贈与は生じません）。

２）公益財団法人を設立して別途対応する

　⇒多くの上場企業で実施されているスキームですが、今回のような場合はこれがベストな方法だったといえます。

総括して

・譲渡代金の金額の大きさ

・母体が上場会社でキャッシュの確保は容易

ということから総合的に勘案すると公益財団法人スキーム（措法40）スキームでしょう。

　なお、日経ビジネス2019年８月16日号によると、担当税理士は税務署に照会したが日時場所応対者を記録していなかったとのことです。こういった重要な記録は絶対にエビデンスを残しておく必要があります。

Q Ⅱ-2 事業承継ストックオプションによる株主間利益移転は可能か？

事業承継ストックオプションスキームの問題点をご教示ください。

Answer

下記のような典型的なスキームがあります。非上場株式を前提としています。

【解説】

下記数値はすべて仮値です。

1. 設立時
   - 発行済株式　2,000株
   - １株当たりの発行価額　50,000円
   - 資本金　10,000万円
   - 出資者：父
2. 設立直後の新株予約権の発行
   - 新株予約権の口数　2,000口
   - 権利行使により取得可能な株式数　2,000株
   - 新株予約権の発行価額１口　5,000円（時価の10％）
   - 権利行使価格１口　50,000円
   - 権利取得者：子
3. ５年後のB/S

   利益積立金額　80,000万円
4. ５年後、同時に権利行使

   権利行使により子が10,000万円払込み、50％株式所有。

   すなわち、父50％、子50％で各々50,500万円の価値を取得した。

さて問題提起です。

1）上記スキームは問題ないとする説

この法人はたまたま業績好調であっただけで、だめだったら新株予約権の価値は0である。

また、当局から見ても新株予約権の発行状況は毎年の申告書附属資料で分かり得たから問題ない。

2）問題があるとする説

所得税法施行令第84条に権利行使時に取得した株式の時価を基礎として所得税課税を行うとしていること、新株予約権の発行価額が5,000円であったという保証（根拠）はないのだから権利行使時に贈与税課税すべきであるということを論拠として否認。

では、2）に対してはどう反論すべきでしょうか。

一番簡単なのは第三者による公正な価値評価をすべきことです。

非上場株式の新株予約権の付与は原則として、10％〜20％ぐらいが相場といわれていますが、それでは上記2）に対して明確な反論ができません。

この場合、ブラック・ショールズ・モデル等、第三者による算定書を（できれば数か所で）とれば対当局でも反論できるのではないかと思われます[7]。

なお、非上場株式におけるストックオプションの評価額について、IPOを予定してない会社の場合、便宜的にその時点（付与時）の時価の10％程度で決定する課税実務が散見されます。何の根拠もないという素朴な理由で当局調査では指摘されやすい事項になると考えます。専門の価格算定業者に依頼する方が無難です。

7　税理士法人山田＆パートナーズ、優成監査法人、山田ビジネスコンサルティング会社編著者『新株予約権の税・会計・法律の実務Q&A 第7版』（中央経済社　2017年）35〜40頁参照。

II　事業承継スキーム　　*85*

Q II-3 所有と経営が分離している場合の持株会社スキームの留意点

【前提】
- 被相続人甲は、法人Aの創業者であり会長職についていました。
- 甲亡き後、株式相続者は相続人　長女乙です。
- 相続人乙は法人Aの運営には全く関与していません。法人Aの現在の代表取締役及び役員はすべて第三者で構成されています。
- H28.10.1に相続が発生しています。
- 現在の法人Aの株主構成：法人B　98％（持株会社）、乙2％
- 現在の法人Bの株主構成：乙　100％
- 相続人乙はこれまで法人には全く関与していません。身内に後継者もいません。
- 被相続人が生前中は配当を毎期もらえていたが、相続発生により役員退職金を支払ったことで法人が繰越欠損金を抱えている間は配当も出せないといわれています。
- 配当が出せないなら株式の一部買取りだけでも考えてもらえないかと話を持って行っても、購入するための資金がないためすぐには買えないから時間がほしいといわれています。
- 現状の役員たちに購入意思がないならば、M&Aも考えないといけないのではと考えています。

【質問】
　乙2％の株式現金化又は法人Aからの配当作出等、所有と経営の分離スキームを将来的に円滑に進めたい場合、どのような方策があるでしょうか。

Answer

　持株会社スキームが既に組成されており、法人Aは法人Bがほぼ100％所

有、法人Ｂは所有者一族が持っているという、中小企業には珍しい「所有と経営が分離」されている状態での資本戦略に関するご相談です。

【解説】

１．乙所有２％株式の現金化について

株式の現金化手法は本ケースでは、

・乙所有２％株式を法人Ａの役員に相対取引で売買する。

支配株主に対する売却のため、税務上適正株価は相続税評価原則となります。法人Ａの役員にキャッシュがなければ、外部調達か、法人Ａから貸し付けるほか、手立てはありません。

・乙所有２％株式を法人Ａで金庫株する。

税務上の適正評価額は所得税基本通達59-6になります。この場合の買取資金の融通は上記相対取引の場合と同じです。

２．法人Ａ⇒法人Ｂへの配当

受取配当等の益金不算入規定により、原則として法人Ａは配当を（ほぼ全額）非課税で受け取ることが可能です。

所有と経営が分離する場合は、この受取配当の（ほぼ）全額非課税が「できるかできないか」が肝となりますので、これができるか最初にチェックします。

本ケースの場合、法人Ａは税務上の欠損が生じていることを理由に配当したくないと言っています。

当然ですが、税務上欠損が生じていても会社決算報告書上、分配可能額があれば配当可能です。

３．上記１．２．ともに法人Ａ側で拒否、ではどうする？

非現実的な方法も含めて下記の方法が列挙されます。

・合併

せっかく所有と経営が分離しているので現実的ではない。

・従業員持株会、役員持株会を設立、そこで配当させるインセンティブを役員、従業員にも与える。

Ⅱ　事業承継スキーム　　**87**

　　基本的な考え方として、中小企業・零細企業では持株会は機能しませ
ん。将来的な幽霊持株会になる可能性は極めて高く、今から導入するのは
慎重を期します。
・オーナーの相続人が法人Ａの非常勤役員・監査役に就任し、役員報酬＋将
　来の役員退職金を受け取る。
　　下記のような流れになると思います。
（STEP１）オーナーの相続人が法人Ａの非常勤役員・監査役に就任し、
　　　　　　役員報酬、将来の役員退職金の設計を行う。
　　　　　　　　ここで想定在任期間における報酬受取額の算定シミュレー
　　　　　　ションが必要。
　　　　　　　　また、当然のことながら過大役員報酬について留意が必要。
（STEP２）通常、上記は法人Ａが嫌がる。そこで、法人Ａ側で「配当を
　　　　　　拠出するまでの期間」として条件を定めた契約書を交わす。
　　　　　　　　当該契約書には、これらが履行されない場合、直ちに１．
　　　　　　の株式現金化金額を法人Ａから乙へ支払う条項もつけておく。
　なお、M&Aにおける中小・零細企業版アーンアウトも考慮できます。下記
がM&Aにおけるアーンアウトの一例です。
　代金分割払いは、株式譲渡M&Aでも事業譲渡M&Aでも非常に有効だと
思います。例えば株式譲渡スキームなら、
・株式譲渡予定時期
・１株当たりの譲渡価額、あるいは、譲渡価額を決定する計算方法
　　※この際、役員報酬を業績連動型（税務上の利益連動給与ではありません。会社が任意
　　　に決定すればよいと思います）として、株式譲渡対価の一部にその当該報酬を充当す
　　　るなどの交渉も行ったりします。こうすることで、１株当たりの譲渡価額の計算に過
　　　去３期分それぞれの経常利益増加割合等を反映させることが可能となり、譲渡価額を
　　　大きくすることも可能です。ただし、上記各種エビデンスの整理は必須となります。

だけを決定しておけば、後は段階取得（段階譲渡、すなわち、代金分割払い）が
可能となります。
　設計次第では上記スキームは事業譲渡M&Aでも可能です。
　表明保証違反の場合、代金分割払いをストップさせればよいだけの話になり

88

ます。

Q Ⅱ-4　会計事務所自身の事業承継戦略

【前提】

・個人税理士事務所

・売上額：1億円

・従業員数：5名

・税理士の事業所得：約3,000万円

・税理士事務所を売却する場合、概ね1年分の売上額が売却額の大きな基準になります。上記の例では、1億円で売却した場合、雑所得で総合課税となります。

一方で、同じ税理士事務所が会計法人を保有していた場合、

(例)　会計法人＋個人事務所

○会計法人

　・売上額：1億円

　・従業員数：5名

　・税理士（代表）の役員報酬：1,500万円

　・税理士事務所への外注費：1,000万円

　・法人所得：0円

○個人事務所

　・売上額：1,000万円

　・従業員数：0人

　・税理士の事業所得：700万円

のようになります。

【質問】

　この場合で、会計法人＋個人事務所を併せて1億円で売却する場合の内訳

は

　　○会計法人：9,000万円

　　○個人事務所：1,000万円

などに分解することになるのでしょうか。

　そうだとすれば、会計法人は株式譲渡で20％課税で済み、雑所得は低額で済むことになり、税理士が将来のイグジットを考えた場合、会計法人を保有し、そちらで顧客と契約していた方が良いという理解でしょうか。

【質問者の私見】

　税理士事務所⇒会計法人というお金（と契約）の流れ自体に問題があると考えています。

　税理士（事務所）が自身の会計法人に支払うには、必要経費の相当性と必要性が求められることになり、全額否認される可能性すらあると考えています。

　ですから、出口戦略も踏まえたうえで考えるに、

　　会計法人側で顧問先と契約 ⇒ 税理士の独占業務部分のみ外注

というのが否認されにくい方法だと考えます。

　法人には必要経費のような要件はありませんので、否認されるなら行為計算否認のみが根拠になります。

　また、会計法人で全契約（対顧問先・対従業員）をしている場合、会計法人だけを売却することで済みます（M＆A後は買収側の税理士事務所が外注を受ければいい）ので、手残り額の増加に加えて、契約の変更等を行う必要がないというメリットもあります。

Answer

　一般的には下記のようになると思います。

【解説】

1．回答の前提

　出口戦略を下記だと限定して前提を列挙します。税理士法と対調査のバランスで総合勘案すると下記が一般的ではないでしょうか。

・会計法人と税理士事務所は「直列型」ではなく「並列型」が望ましい。

・よって

　⇒契約書は三者間契約

　⇒入金はそれぞれ

　⇒税理士事務所契約書の記載事項……税理士法第2条第1項業務

　　会計法人契約書の記載事項……上記以外の付随業務

・従業員は

　⇒会計法人……無資格者

　⇒税理士事務所……有資格者

　　これは税理士法のみならず、社保対策も兼ねています。

・毎期の所得は

　⇒会計法人……代表者親族で役員報酬（＋その後の役員退職慰労金）、過大性指摘を避ける場合は配当すればよい（配当は税務上、不利だが対調査対策のため）こうすることで限りなく0、つまり内部留保を0にしておく。

　　※これは税理士法人でも同じ論点です。

　⇒税理士事務所……そのまま

・会計法人の株主は代表者親族、これにより税理士事務所の後継者いかんによって

　⇒親族内……株式贈与、譲渡

　⇒親族外……そのまま所有していてもよいし（所有と経営の分離）、M&Aしても可能

上記の最大のデメリットは対外的契約等の書換えの煩雑さ等です。

2．必要経費（直接関連性）について

会計法人で窓口を一本化すると、一般的には

「一方で、会計法人を業務受託の窓口として、報酬の一部を税理士事務所に付替えしているケースもありますが、このケースは、税務調査の対象となる確立が非常に高くなるようです。当局サイドの見方として、「税理士事務所という看板があるから業務を受注できる」という意識があるためです。」

とされる可能性は高いのではないかと思われます。

※上記出典 URL

　https://www.career-adv.jp/impressions/1571/

　ここで必要経費の「直接関連性」について裁判例をあげてみます。

大阪地方裁判所平成24年（行ウ）第237号所得税更正処分等取消請求事件
（却下・一部認容）（控訴）国側当事者・国（東税務署長）
平成27年1月23日判決【税務訴訟資料　第265号－9（順号12592）】
【税理士業の必要経費／業務提携した社会保険労務士への支援料等】
（TAINZ コード　Z265-12592）

1　原告は、ビル内の事務所を賃借し税理士業を営む個人事業者である。原
　告は、同族会社B社に事務所の一部を無償で提供し、業務の一部を委託し
　ていた。また、社会保険労務士である乙と業務提携し、事務所の一部を無
　償提供して乙の開業支援等を目的として支援料を支払っていた。

　　本件は、原告が、B社及び乙に係る賃料等相当額や支援料を事業所得の
　必要経費に算入して申告したところ更正処分等を受けた事案である。

2　（省略）

3　ある費用が事業所得の金額の計算上必要経費として控除されるために
　は、直接か、間接かといった関連性の程度はさておき、当該費用が所得を
　生ずべき事業ないし業務と関連し、かつその遂行上必要なものであること
　を要するものと解される。

4　上記3の事業ないし業務との関連性の有無、事業ないし業務遂行上の必
　要性の有無については、当該事業や業務の性質、内容等をも踏まえ、事業
　者による当該費用の支出、負担がその事業ないし業務の維持、拡大等によ
　る経済的利益の獲得を目的として行われたものであるか、当該費用の支
　出、負担が客観的にも経済的利益の獲得につながるようなものであったか
　（当該費用の支出、負担による業務上の成果、経済的利益の獲得への寄与の程
　度。この点は、上記の目的の有無を客観的に判断する上でも必要となる）等の
　諸事情を総合的に考慮して判断することが相当である。

5　認定事実によれば、原告にとって、Ｂ社をして事務所の一部を無償使用させて業務を行わせる必要があったものとは容易に認め難い。したがって、Ｂ社による事務所の一部の無償使用は、原告が、自身の業務とは無関係に、Ｂ社との関係を背景に個人的に使用させていたものと認められるのであり、被告が主張するような事業ないし業務との直接関連性の要否にかかわらず、Ｂ社賃料等相当額は、原告の事業所得の計算上必要経費に算入すべき金額に当たらないものというべきである。

6　原告が社会保険労務士乙と業務提携をした目的は、介護保険事業に将来性を見いだし、介護保険事業者を新たな顧客として獲得する上で、乙の営業力を利用するとともに、乙との業務提携により実現されるワンストップサービスという特色をもって、より効果的に集客を可能とすることにあったのであり、その目的が、自らの税理士業の顧客獲得、それによる経済的利益の拡大を図ることにあったことは明らかであって、その目的自体、原告が営む税理士業という事業や業務に直接関連するものということができる。

7　原告は、業務提携に当たり、乙と提携条件について協議し、原告においても業務提携により集客力を高めることができ、乙から顧客を紹介してもらえるといった利益を受けることを考慮して、乙に事務所の一部を無償で使用（水道光熱費の使用を含む）させることや原告が当面６か月間支援料を乙に支払うことを合意し、本件覚書に調印したものであることからすると、乙賃料等相当額の負担や支援料の支出も業務提携の内容、条件を構成し、その履行として行われたものということができるから、それらの負担、支出も、上記６と同様の目的をもって行われたものと認めることができる。

8　以上のとおり、乙賃料等相当額及び支援料の額は、原告の事業所得の計算上必要経費に算入すべき金額に当たるものと認められる。

9　（省略）

主　　文

Ⅱ　事業承継スキーム　　*93*

（省略）

事実及び理由

第1　（省略）

第2　事案の概要

1　要旨税理士業等を営む原告は、東税務署長から、本件各係争年分の所得税や本件各課税期間の消費税等に係る原告の確定申告において必要経費や課税仕入れに算入されていた原告の事務所（以下「本件事務所」という。）の賃料及び水道光熱費並びに本件事務所内で開業していた社会保険労務士の乙（以下「訴外人」という。）に対して支払われた支援料（以下「本件支援料」という。）について、本件事務所の一部を原告が代表者を務める有限会社B（以下「訴外会社」という。）や訴外人が無償で使用しており、上記賃料及び水道光熱費のうち訴外会社及び訴外人の使用部分に係る賃料等相当額（以下「本件賃料等相当額」という。）は必要経費や課税仕入れに当たらず、また、本件支援料も必要経費や課税仕入れに当たらないとして、上記所得税及び消費税等に係る各更正処分並びに各過少申告加算税賦課決定処分を受けた。本件は、原告が、本件賃料等相当額や本件支援料はいずれも必要経費や課税仕入れに当たる旨主張して、被告に対し、上記各処分の取消しを求める（前記第1の1～6の請求）ほか、東税務署長から、平成21年分の所得税に係る更正請求について、更正すべき理由がない旨の通知処分を受けたことから、その取消しを求める（前記第1の7の請求）事案である。

2　関係法令の定め

（1）　所得税法等（省略）

（2）　消費税法（平成24年法律第68号による改正前のもの。以下同じ。）等（省略）

3　（省略）

4　（省略）

5　本件の争点

（1）　（省略）

(2) 本案の争点

　　ア　原告が本件事務所の賃料及び水道光熱費として支払った本件原告支払賃料等のうち、訴外会社及び訴外人の使用部分に係る本件賃料等相当額（以下、本件賃料等相当額のうち訴外会社の使用部分に係るものを「本件訴外会社賃料等相当額」といい、訴外人の使用部分に係るものを「本件訴外人賃料等相当額」という。）及び本件支援料の額は、原告の事業所得の金額の計算上、所得税法27条2項に規定する必要経費に算入すべき金額に当たるか（争点2）。

　　イ　（省略）

6　当事者の主張（省略）

第3　当裁判所の判断

1　争点1（本件通知処分の取消請求に係る訴えの利益）について（省略）

2　認定事実前記前提となる事実、証拠（後掲のもののほか、甲20、乙1、証人乙、原告本人）及び弁論の全趣旨を総合すれば、以下の事実が認められる。

(1) 原告と訴外会社の関係等

　　ア　原告は、平成2年2月、株式会社として訴外会社を設立し、以後、訴外会社は、原告から受託する記帳代行に係るパソコン入力等の業務を行っていた。なお、訴外会社は、平成14年12月、有限会社に組織変更されたが、現在まで、原告が訴外会社の持分を全部保有している。

　　イ　原告と訴外会社との間の上記アの業務委託関係は書面化されていなかったが、原告は、平成17年10月1日付けで、本件業務委託契約に係る契約書を作成した。訴外会社では、平成19年ないし平成21年当時、代表者である原告のほか、原告の妻及び丙が従業員として勤務し、同人らは本件事務所内で本件業務委託契約に基づく訴外会社の受託業務に従事していた（甲1の1～3）。

　　ウ　その後、本件業務委託契約は平成21年12月末をもって終了し、これに伴い、原告の妻と丙はいずれも訴外会社を退職した。その頃、後記(2)のとおり、原告は、介護の分野に興味を持ち始めていたことから、

訴外会社の業務内容を転換して、介護職員人材育成事業を中心として行っていくこととし、平成22年5月7日付けで商号を有限会社Dに変更した上、同年12月頃、本店所在地を本件事務所の所在地から原告の住所地に移した。

(2) 原告と訴外人との関係等

ア 原告と訴外人が業務提携に至る経緯

(ア) 原告は、我が国が高齢化社会を迎えるに当たり、将来介護事業所の増加が見込まれることに着目し、平成21年頃から、介護事業所の顧客（税務顧問等）を増やすべく、介護業界への業務展開を企図していた。しかし、介護事業所の中には既に決まった税理士と顧問契約を締結している事業所や税理士との顧問契約締結の必要性を感じていない事業所も多く、自らの事務所に何らかの特色を備える必要があると考えた。そして、介護事業所の開設者が介護保険事業者の指定手続を社会保険労務士に依頼することが多いことに着目し、介護保険事業者の指定手続を行う社会保険労務士と業務提携すれば、当該社会保険労務士からその顧客を紹介してもらうことで、原告においても介護事業所の顧客を増やすことができるのではないかと考えるようになった。もっとも、単なる緩やかな業務提携だけでは、顧客へのアピールとして不十分であり、また、提携した社会保険労務士が他の税理士を紹介してしまうことも危惧されたため、原告は、提携先として、当該社会保険労務士がその顧客に税理士を紹介するときは必ず原告を紹介してもらえるよう、原告の事務所内で独立開業するなど、緊密な提携関係を構築することができるような社会保険労務士を探すこととした。また、原告は、介護保険事業を開業しようと考えている顧客にとっては、会社の設立や介護保険事業者の指定申請手続が最大の関心事となるため、そのような顧客に対し、会計・税務に関する顧問契約の重要性や必要性を説明しても、すぐに顧問契約につながるわけではないと考え、社会保険労務士のほか、司法書士とも提携した上で、本件事務所において介護保険事

業の開業支援についていわゆるワンストップサービスを受け得ることをアピールすることで、本件事務所の集客力を高めることを考え、そのようなワンストップサービスを実現する上でも、本件事務所内で開業する意志のある社会保険労務士を提携先として考えるようになった。

(イ)　原告は、当初、訴外人とは別の社会保険労務士との提携を模索したが、同人は、既に独立開業し、原告の事務所内での開業ができず、前記(ア)のような原告の希望に合わなかったため、提携を断念した。その後、原告は、平成21年7月下旬頃、上記社会保険労務士から、訴外人を紹介された。原告は、それまで訴外人と面識はなく、原告と訴外人との間に親族関係等はなかった。

(ウ)　訴外人は、保険会社等において営業を担当した経験があり、平成20年9月には保険会社から他社に転職し、同社において社会保険労務士の補助業務に従事し、同年11月に社会保険労務士の資格登録をした後は、平成21年8月に退社するまで社会保険労務士の業務を行っていた。原告は、訴外人について、社会保険労務士としての業務経験は長くはなかったものの、営業を担当していた期間が長く、営業力があるものと考え、本件事務所内で独立、開業する意向を示した訴外人と業務提携することとした（以下「本件業務提携」という。）。本件業務提携に当たり、原告と訴外人は、その条件を協議し、両名は、訴外人が本件事務所内での開業に伴い当時勤務していた会社を退職することになり、また、開業当初は様々な諸費用がかかること、他方、原告は本件事務所内で開業する訴外人との業務提携によりワンストップサービスを実現して集客力を高めることができ、訴外人からも顧客を紹介してもらえるといった利益を受けることを考慮して、原告が本件事務所内で訴外人が利用するスペースを無償で使用（水道光熱費の負担を含む。）させることや原告が当面6か月間支援料を訴外人に支払うこと等を合意し、両名は、訴外人においてその合意内容を文書化した本件覚書にそれぞれ調印した。

イ　本件業務提携後の経緯等

(ア)　訴外人は、平成21年9月頃、本件事務所内で社会保険労務士業を開業し、本件事務所の一部の利用を開始した（甲16）。

(イ)　訴外人は、開業後、介護事業所を対象としたセミナーを開催するなどし、このセミナーの案内資料には、「会計事務所、社労士事務所、行政書士事務所が、それぞれの得意分野でタッグを組んで、介護ビジネスに特化した各種サービスを万全にサポート」、「介護業界のワンストップサービスを提供します」などと記載されていたほか、経営情報誌のインタビューを受けた際には、原告との提携や原告の業務についての紹介も行った（甲6の1～3、甲7）。

(ウ)　原告は、本件業務提携後、訴外人からの紹介で、新たに、有限会社E（月額顧問料2万6250円、決算料19万3725円）、株式会社F（月額顧問料3万1500円、決算料15万7500円）及び株式会社G（年間顧問料31万5000円）との間でそれぞれ顧問契約を締結した。また、原告は、訴外人のほか行政書士とも提携して、介護保険事業の開業支援から税務顧問契約まで、ワンストップサービスが可能な環境を整え、その後、「H」というホームページを立ち上げ、その中で、介護事業の開業支援についてワンストップサービスが受けられる旨を宣伝している。なお、上記ホームページを見た顧客が原告と最終的に税務顧問契約を締結するに至ったケースは54件に上った（甲15、17）。さらに、原告は、経営情報誌や会計士情報に関する書籍中の原告の事業や事務所の紹介記事において、訴外人との業務提携を始め、介護事業に特化したワンストップサービスを実施していることをアピールしていた（甲9、10）。

(エ)　訴外人は、平成25年12月、本件事務所から出て他の場所に事務所を構える一方、訴外人の紹介した別の社会保険労務士が本件事務所内で開業したが、その後も、原告と訴外人は、互いに顧客を紹介するといった関係を維持している。

3　争点2（本件賃料等相当額及び本件支援料の必要経費該当性）について

(1)　必要経費の意義等所得税法37条１項は、事業所得の金額の計算上必要経費に算入すべき金額は、別段の定めがあるものを除き、①所得の総収入金額に係る売上原価その他当該総収入金額を得るため直接に要した費用の額及び②販売費、一般管理費その他所得を生ずべき業務について生じた費用（償却費以外の費用でその年において債務の確定しないものを除く。）の額とする旨定めている。そして、前提となる事実のとおり、原告は、税理士業等を営んで事業所得を得ているところ、本件賃料等相当額及び本件支援料は、いずれも上記①の原告の税理士業等による収入を得るため直接に要した費用でないことは明らかであるから、これらが上記②の所得を生ずべき業務について生じた費用（一般対応の必要経費）に該当するか否かが問題となる。ところで、事業所得の金額の計算上必要経費が総収入金額から控除される趣旨は、投下資本の回収部分に課税が及ぶことを避けることにあると解されるところ、個人の事業主は、日常生活において事業による所得の獲得活動のみならず、所得の処分としての私的な消費活動も行っており、事業とは無関係に個人的な欲求、興味、情誼等といった動機、目的から消費活動を行うこともあり、そのようなものは投下資本の回収部分とは無関係であるから、事業所得の金額の計算に当たっては、事業上の必要経費と上記のような所得の処分である家事費とを明確に区分する必要がある。そして、所得税法37条１項は、上記のとおり、一般対応の必要経費について「所得を生ずべき業務について生じた費用」であると規定している。また、同法45条１項は、家事費及び家事関連費で政令に定めるものは必要経費に算入しない旨を定めているところ、同項を受けた所得税法施行令96条１号は、家事関連費のうち必要経費に算入することができるものについて、経費の主たる部分が「事業所得‥を生ずべき業務の遂行上必要」であることを要すると規定している。上記のような事業所得の金額の計算上必要経費が総収入金額から控除される趣旨や所得税法等の文言に照らすと、ある費用が事業所得の金額の計算上必要経費として控除されるためには、直接か、間接かといった関連性の程度はさておき、当該費用が所得を生ずべき事

業ないし業務と関連し、かつその遂行上必要なものであることを要するものと解される。そして、上記の事業ないし業務との関連性の有無、事業ないし業務遂行上の必要性の有無については、当該事業や業務の性質、内容等をも踏まえ、事業者による当該費用の支出、負担がその事業ないし業務の維持、拡大等による経済的利益の獲得を目的として行われたものであるか、当該費用の支出、負担が客観的にも経済的利益の獲得につながるようなものであったか（当該費用の支出、負担による業務上の成果、経済的利益の獲得への寄与の程度。この点は、上記の目的の有無を客観的に判断する上でも必要となる。）等の諸事情を総合的に考慮して判断することが相当である。以上を踏まえ、以下、本件訴外会社賃料等相当額、本件訴外人賃料等相当額及び本件支援料の額について、原告の事業所得の計算上、必要経費に算入すべき金額に当たるかについて検討する。

(2) 本件訴外会社賃料等相当額について

ア　原告は、訴外会社がその事業のために本件事務所の一部を使用できることを前提として、訴外会社との間で本件業務委託契約を締結し、原告の業務の一部を委託していたものであり、本件訴外会社賃料等相当額も必要経費に算入すべき金額に当たる旨主張する。

イ　しかしながら、本件業務委託契約に係る契約書上には、訴外会社による本件事務所内のスペースの使用等、本件訴外会社賃料等相当額の負担に関係する記載はなく（乙２）、そのような事情は、原告の業務上、訴外会社が本件事務所内で業務を行うことを必要としていたかについて疑いを生じさせる。そもそも、原告が主張するように、訴外会社との間の本件業務委託契約が本件事務所の無償使用を前提として締結されているのであれば、本件業務委託契約が終了した平成21年12月末時点で本件事務所の無償使用も終了するはずであるところ、訴外会社は、それ以降も平成22年12月15日に訴外会社の本店所在地を移転するまでの間、引き続き、本件事務所を使用し、訴外会社は、その使用の対価を原告に支払っていない（原告本人、弁論の全趣旨）。このよう

な事情は、原告と訴外会社との間の本件業務委託契約の内容あるいは
前提として、本件事務所の無償使用が認められていたわけではないこ
とを裏付けるものということができ、原告会社（ママ）にとって、訴
外会社をして本件事務所の一部を無償使用させて業務を行わせる必要
があったものとは容易に認め難い（そもそも、原告と訴外会社とは別の
権利主体であるとはいえ、原告が訴外会社の持分全部を保有し、その代表
者を務め、訴外会社は、平成19年ないし平成21年当時、従業員が原告の妻
のほかには一人だけという小規模な同族会社であったことからすると、原
告は、その一存で自らの資産等を自由に訴外会社の利用に供することがで
きる状況にあったものと推認され、そのような状況の下で、原告が自らの
業務上、格別、訴外会社に本件事務所内で業務を行わせる必要もないの
に、これを行わせた可能性も十分に考えられる。）。

ウ　したがって、上記アの原告の主張は、採用することができず、上記
イの諸事情に照らすと、訴外会社による本件事務所の一部の無償使用
は、原告が、自身の業務とは無関係に、訴外会社との前示のような関
係を背景に個人的に使用させていたものと認められるのであり、被告
が主張するような事業ないし業務との直接関連性の要否にかかわら
ず、本件訴外会社賃料等相当額は、原告の事業所得の計算上必要経費
に算入すべき金額に当たらないものというべきである。なお、原告
は、課税実務上、いわゆる構内請負において、外注先に使用させてい
る部分も含めて賃料を必要経費として計上することが認められてお
り、原告と訴外会社との関係は構内請負と同じである旨主張する。し
かし、仮に、課税実務上、原告が主張するような取扱いがあったとし
ても、上記イの諸事情に照らせば、本件にそれと同様の取扱いが妥当
するものとは考えられず、原告の上記主張は採用することができな
い。

(3)　本件訴外人賃料等相当額及び本件支援料について

ア　前記2(2)アのとおり、原告が訴外人と本件業務提携をした目的は、
介護保険事業に将来性を見いだし、介護保険事業者を新たな顧客とし

て獲得する上で、訴外人の営業力を利用するとともに、訴外人との業務提携により実現されるワンストップサービスという特色をもって、より効果的に集客を可能とすることにあったのであり、その目的が、自らの税理士業の顧客獲得、それによる経済的利益の拡大を図ることにあったことは明らかであって、その目的自体、原告が営む税理士業という事業や業務に直接関連するものということができる（介護保険事業の将来見通しやワンストップサービスの提供による集客力の増加という発想は、それ自体、相応の合理性があり、本件業務提携に至る原告の発想、行動の中に、上記目的の存在を疑わせるような不合理な点はうかがわれない。）。そして、前記2(2)ア(ウ)のとおり、原告は、本件業務提携に当たり、訴外人と提携条件について協議し、原告においても本件業務提携によりワンストップサービスを実現して集客力を高めることができ、訴外人から顧客を紹介してもらえるといった利益を受けることを考慮して、訴外人に本件事務所の一部を無償で使用（水道光熱費の使用を含む。）させることや原告が当面6か月間支援料を訴外人に支払うことを合意し、本件覚書に調印したものであることからすると、本件訴外人賃料等相当額の負担や本件支援料の支出も本件業務提携の内容、条件を構成し、その履行として行われたものということができるから、それらの負担、支出も、上記と同様の目的をもって行われたものと認めることができる。そもそも、前記認定のとおり、原告は、平成21年7月下旬頃に別の社会保険労務士から訴外人を紹介されるまで、訴外人とは面識がなく、親族関係等もなかったのであり、原告が、訴外人に対する個人的な情誼により事務所の一部の無償の提供や支援料の支払を行うことは容易に想定し難く、本件において、原告が個人的な情誼により上記行動に出たことを疑わせるような事情（その支出、負担が家事費や家事関連費としての性格を帯び得るような事情）はうかがわれない。むしろ、本件支援料の支払をみると、本件覚書で定められた当初の期限である平成22年2月末で終了し、同年3月以降、本件支援料は支払われていない（証人乙、原告本人）ところ、原告が

そのような対応に出たのは、当初期待したほどには成果が上がらなかったためであり（原告本人）、このような事情は、原告が、個人的な情誼から訴外人との本件業務提携やそれに伴う支援料の支払に及んだのではなく、あくまでも自らの税理士業等に係る利益獲得のためにその支払を行ったことを裏付けるものということができる（個人的情誼から行われたものではない以上、本件支援料の支出や併せて行われた本件訴外人賃料等相当額の負担について、これを家事費や家事関連費として評価することはむしろ困難であるというべきである。）。客観的にみても、前記2(2)イの認定事実によれば、本件業務提携により上記目的に沿う相応の成果、寄与があったものと認められる。すなわち、確かに、上記のとおり当初期待したほどには成果が上がらなかったとして本件支援料の支払が6か月で打ち切られていることからすると、本件業務提携により多大な成果が上がったとまでは認め難い。しかしながら、前記認定のとおり、原告は、本件業務提携後、訴外人からの紹介により、年間顧問料及び決算料が数十万円に及ぶ新たな顧客3名と顧問契約を締結することができたものであり、具体的な利益を受けている。また、訴外人により、原告の税理士業務や、訴外人との提携により実現されたワンストップサービスが宣伝されたり、原告においても、自らの開設したホームページ等において、上記ワンストップサービスを自らの税理士業等の宣伝材料として用いることができたのであって、それが相当数の顧客獲得にもつながっている。これらの事情に照らせば、本件業務提携やその提携内容を構成する本件訴外人賃料等相当額の負担及び本件支援料の支払は、原告の税理士業等による経済的利益の獲得に相応の成果を上げ、寄与したものと評価することができる。

本件支援料は63万5000円であり、本件訴外人賃料等相当額は15万8311円（原告が支出した平成21年の本件事務所に係る水道光熱費の金額168万8963円及び家賃426万2580円の合計額595万1543円に、訴外人による本件事務所の使用割合2.66％〔平成21年に本件事務所で原告、訴外会社及び訴外人の各業務に従事した者の全勤務月数のうち、訴外人の各業務に従事した

者の勤務月数が占める割合〕を乗じた額）であって（弁論の全趣旨）、その合計額は79万3311円であるところ、その支出、負担額に比しても、上記成果、寄与は軽微なものとはいい難い。上記のような成果、寄与の程度に照らせば、本件業務提携当時の原告の上記成果・寄与への期待、見込みが漠然とした抽象的なものにとどまるとは評価し難く、前記認定のような目的の存在自体を疑わせるようなものではない。以上のとおり、本件業務提携に伴う本件訴外人賃料等相当額の負担や本件支援料の支払は、原告が自らの業務に係る顧客の獲得等を目的として行ったものであり、個人的な情誼に基づいてなされたものとは認め難く、客観的にも、それらにより原告の税理士業等の顧客獲得などにおいて相応の成果、寄与があったのであって、仮に被告が主張するように必要経費と認められる上で事業ないし業務との直接関連性を要するとしても、本件訴外人賃料等相当額や本件支援料は、原告の事業ないし業務と直接関連して負担、支出されたものとして、それらの額は、原告の事業所得の計算上、必要経費に算入すべき金額に当たるものというべきである（被告は、ある支出が各種所得のうちのどの所得との関係で必要経費に当たるかという対応関係の把握や家事費・家事関連費との区別という観点から、事業ないし業務との関連性について、直接的なものである必要がある旨主張するところ、被告がいう「直接関連性」の意味、その判断基準は必ずしも明らかではないものの、本件において、本件訴外人賃料等相当額や本件支援料が原告の営む税理士業等との関連で支出、負担されたものであり、原告の事業所得と対応関係にあることは明らかであるし、本件訴外人賃料等相当額や本件支援料が家事費・家事関連費と評価し難いことは前示のとおりであって、被告が「直接関連性」を必要とする趣旨に照らしても、その存在を肯定することに問題があるものとは考えられない。）。

イ　これに対し、被告は、本件訴外人賃料等相当額の負担及び本件支援料の支出は、訴外人に対する支援にすぎず、業務上のメリットとの対価関係は認められない旨主張する。しかし、上記負担や支出は、本件

業務提携の内容を構成し、業務提携の条件となっていたのであるから、本件業務提携により得られるメリット（実際に原告の税理士業等による経済的利益の獲得上、相応の成果、寄与があったことは前示のとおりである。）の対価としての性質を有していたことは否定できず、上記主張は採用することができない。また、被告は、本件支援料について、本件支援料の金額の計算が、原告の営む税理士業等の状況や原告が受けると主張するメリットと無関係に、訴外人が営む社会保険労務士業の収入金額に応じてその支給額が変動する計算方法となっていることや、訴外人が段階的に本件事務所の使用料等を支払っていたことを、事業ないし業務との直接関連性を否定する事情として指摘する。しかし、被告において事業ないし業務との直接関連性を要求する趣旨（各種所得との対応関係の把握、家事費・家事関連費との区別）に照らし、直接関連性の有無を判断する上で、厳密な対価関係まで要求されるものとは考えられず、本件支援料について原告が指摘するような金額の計算方法がとられていることが前記判断を直ちに左右するものではない。また、訴外人は、開業後、1年半か2年を超えた頃から、原告に対し、本件事務所の使用料として月額1万円の支払を始め、本件事務所を出るまでの間、その月額を3万円程度まで徐々に引き上げているが（証人乙）、本件訴外人賃料等相当額の負担が問題となっている平成21年中には、訴外人による使用料の支払があったわけではなく、後に段階的に増額する使用料の支払がされるようになったことが、前記判断を左右するものではない。

(4) 以上のとおり、本件訴外会社賃料等相当額は、原告の事業所得の計算上、必要経費に算入すべき金額に当たるものとは認められないが、本件訴外人賃料等相当額及び本件支援料の額は、上記金額に当たるものと認められる。

4　争点3（本件賃料等相当額及び本件支援料の課税仕入れ該当性）について（省略）

5　本件各更正処分等の適法性（省略）

なお、本案件は高裁で棄却されています。

上記をざっくり解説しますと

・税理士＆社労士のワンストップサービス

・社労士が集客行い、税理士が成約の際には社労士側にキックバック（業務提携料）

・当該業務提携料の必要経費該当性の判断として実際に税理士側で顧問料が上昇したこと等を根拠に、直接関連性あり⇒必要経費是認といったものです。

これを一言で表現すると「窓口が売上に貢献していれば、窓口にかかる費用は必要経費（直接関連性あり）」と読みとれます。

3．まとめ

当局サイドの見方として、「税理士事務所という看板があるから業務を受注できる」という意識あり。

↓

しかし、上記地裁判示より、窓口が売上に貢献していれば、窓口にかかる費用は必要経費（直接関連性あり）。

↓

ということから

「税理士事務所⇒会計法人というお金（と契約）の流れ自体に問題があると考えています。」

に対する私見として、

・税理士法に抵触しない

・会計法人がポータルとして機能している

という前提下で成立すると思っています。

とはいえ、

「会計法人で全契約（対顧問先・対従業員）をしている場合、会計法人だけを売却することで済みます（M＆A後は買収側の税理士事務所が外注を受ければいい）ので、手残り額の増加に加えて、契約の変更等を行う必要がないというメリットもあります。」

については、異論ありません。初めから出口が上記のように決定している方は
こちらの方がよいと思います。

Q Ⅱ-5　自己株式、定款の見直し等の基本的な考え方

自己株式を利用した事業承継案についてご教示ください。

Answer

以下の点につき留意が必要です。

【解説】

自己株式を利用した事業承継案では、定款の見直しは必須です。

会社法では、定款に「相続その他の一般承継により株式を取得した社員に対
し、会社がその株式を売り渡すことを請求することができる」と定めることが
できるとしています。会社が相続人に対して売渡請求ができるようになり、株
式の分散を防止できるようになります。なお、売渡請求には特別決議が必要で
す。会社は一方的な売渡請求で取得することができ、相続人は拒否できないこ
ととされています。

1．定款の変更に期間制限はない

この強制売渡請求を定款に盛り込む際には、期間制限がありません。どのよ
うなタイミングでも可能です。この点は非常に問題があると指摘する見解もあ
ります。

2．価格決定でもめないために

この強制売渡請求は、実務では価格でもめるケースが多くあります。相続人
は価格決定申立というものができ、申立がなされると、相続人と会社で価格に
ついて合意が取れなかった場合、裁判所で価格決定することになります。

これを避けるためには、生前に株式を動かすことが定石となります。生前

に、税務上の評価額よりも高い株価で（高額譲受になるということ）、すなわち、色を付けるという形で株式を譲り渡してもらいます。

裁判所での価格決定の手続きでは、会社と相続人それぞれが、「この会社の株式に関してはこのような価格が妥当だという鑑定書がある」と鑑定書合戦を行うことになります。

裁判所が価格決定をして紛争が落ち着くことになるか、いわゆる和解によって落ち着くかというルートをたどります。この価格決定の申立という制度は非訟です。裁判外で、価格決定について合意したということです。

このような事実上の和解か、裁判所の価格決定を約1年半ほど待つという形で決定するしかないことになります。

3．株主との合意による取得

株主との合意による取得をする場合、特定の株式から自己株式を買い取る場合には、すべての株主に売り渡す機会を与えるのが、会社法では原則となっています。

相続については、会社が株主の相続人からのみ相続した株式を取得することが認められています。これには、非公開会社で、かつ相続人が相続後に議決権を行使していないことが条件となっています。

しかし実際は、この相続人からの取得についても、価格でもめることが多いと思われます。

価格決定の申立ができることは、上記の売渡請求の場合と同様です。そのため、生前に動かすのが定石となります。

友好的な少数株主からの買取りの場合には、まず友好的な少数株主と会社側で金額や売却時期について合意を取っておきます。その後に、その友好的な少数株主から会社に、譲渡承認を請求してもらいます。会社はその譲渡承認に対して拒否します。承認を拒否すると、会社は他に適当な買取人を見つけなければなりません。これを、指定買取人と言います。この指定買取人をオーナーや会社にして、友好的な株主からあらかじめ決められた金額・売却時期に応じてその株式を買ってくる形で済ますのが簡便かと思われます。

特定の誰かから株式を購入する場合、会社法上は、他の株主も「自分も売り

たい」と言うことができることになっています。上記の方法であれば、その心配がなくなります。

Q Ⅱ-6 種類株式と属人株の使用場面

種類株式と属人株についてご教示ください。

Answer

下記のようなまとめになります。

【解説】

会社法上は、剰余金配当請求権、残余財産分配請求権、議決権の３点セットがそろっている株式が、普通株式といわれるものとされています。

＜普通株式を構成するもの＞

・剰余金配当請求権

・残余財産分配請求権

・議決権

上記３点のどれかに制限をかけるのが、会社法第108条、第109条に出てくる種類株式です。９種類の種類株式について、９つの事項を複数組み合わせて、多種多様な種類株式を発行することが可能になります。

「非常に便利な道具で使い勝手がいい」と、会社法施行時は万能の道具であるかのように言われていましたが、実際にこれを活用している会社は非常に少数です。理由は２点です。

１つ目は実務上の問題で、導入が煩雑であるということです。

２つ目は出口の税務上のリスクがあるということです。

１点目の入り口の問題について、実務上は２階建ての構造をつくる必要があります。１階部分は、定款で「種類株式を発行する」という定款の変更決議をしなければならないというものです。定款の変更決議なので株主総会の特別決議が必要です。

２階部分は、大きく２つのルートに分かれます。一方のルートが、種類株式を、今までの株式とは別のものとして、新たに発行するというルートです。新株発行となるので、株主総会の特別決議を経て発行することになります。新株発行をして資本金等の額が増加して住民税均等割が大きくなるのは避けたいため、そのルートは通常はとられないことが多いと思われます。

もう一方のルートとは、既発行の株式のうち、一部を種類株式に変更するルートです。この場合、株主全員の同意が必要になります。

この煩雑さが、種類株式が普及しない１つの理由となっているのではないかと言われています。

種類株式を事業承継対策として安易に導入でき、有効に活用できる場面を、具体的な事例で見てみましょう。

現オーナーが70歳で、後継者が30歳ぐらいの会社で、現オーナーが１株保有、後継者が99株保有、全体の株式数は100株という会社があるとします。70歳のオーナーの１株は黄金株としたいというケースです。会社は無借金の状態です。ポイントになるのは、70歳、30歳という年の差と無借金というところです。

まず、70歳と30歳という年の差がある場合は、事実上、後継者はオーナーの言いなりで、オーナーがいないと後継者は何もできないという場合がほとんどです。そのため、株主全員の同意は取りやすいということになります。

種類株式は登記事項なので、全部履歴事項証明書に載ります。例えば、黄金株であれば、「Ａ種種類株式」という形で全部履歴事項証明書に載りますが、「Ａ種種類株式」という記載がある時点で金融機関は引いていきます。この会社は事業承継がうまくいっていない会社だと金融機関からは見られるので、無借金の会社しか適用ができないということが多いように思われます。

以上のような諸事情が積み重なって、種類株式を活用できる会社は非常に少ないということになります。

２階は２つのルートに分岐すると説明しましたが、分岐しない場合もありま

す。種類株式の中で、「全部取得条項付株式」と「譲渡制限株式」の導入に関しては、株主総会の特別決議だけで導入可能です。

ただし、特に前者について、実際にこれを利用する場面は限られます。全部取得条項付株式は大規模会社がスクイーズアウトをするときぐらいにしか使われないため、実際に中小企業で活用するような場面は少ないでしょう。

出口についてですが、税務面の取扱い、特に評価がはっきりしていない、ということが導入を妨げている主要因になっていると思われます。

現在、種類株式の評価方法に関しては、国税庁から公表されている資料は3つだけです。

・配当優先の議決権株式

・社債類似株式

・拒否権付株式（黄金株）

会社法第108条、第109条に載っている他の種類株式についてはどのように評価するかがよく分からないという状況となっています。

会計では株式評価のガイドラインで種類株式の取扱いが掲載されているようですが、あくまでガイドラインなので税務上の取扱いとしてあてにできるものではないように考えます。

黄金株・譲渡制限株式共通の留意点について補足しておきます。先ほどの条件を満たした会社に関しては、黄金株を付与しても問題ありませんが、以下の4点に留意する必要があります。

・生前贈与しない場合には、遺言で後継者に確実にいきわたるようにしておくこと

・取得条項を付与しておくこと

・他の相続人の遺留分に留意すること

・遺留分の順番を株式については後順位にしておくこと

黄金株を後継者以外の人が所有すると、非上場株式等の納税猶予を受けることができないという点も挙げておきます。

Ａ種種類株式とセットで取得条項付も同時に付します。

黄金株を設定した現オーナーが1株持っていて、突然亡くなってしまった場合、その1株は宙に浮いてしまうことになります。この場合に、取得条項が付

与されていれば、会社で取得条項をトリガーにしてその1株を買い取ることができます。

黄金株1株、後継者の保有株99株と設定しましたが、このように極端に生前に後継者に株式を移動することとなると、他の相続人の遺留分を留意しておかなければなりません。

さらに、遺言書を作って後継者に確実にいきわたるようにしておきます。

属人株について下記します。

会社法では、公開会社でない株式会社については、配当請求権等について株主ごとに異なる取扱いが可能で、定款で定めるだけでその導入が可能です。

異なる取扱いができるのは、

・剰余金配当請求権

・残余財産分配請求権

・株主総会における議決権

です。

種類株式と属人株とのもっとも大きな違いは、種類株式は登記が必要ですが、属人株は不要だという点です。

みなし贈与の発動可能性があるかということを考えてみたいと思います。

特定の株式について所有割合と異なる配当基準を決定し、その基準に従って配当した場合の課税関係を考えましょう。

　例えばAとBの出資額が同じ1,000だった場合に、配当額については1対4、例えば500対2,000という配当を出した場合を考えてみます。株主Aと株主B、この2人が赤の他人の状態であったとします。Aは取引先500、Bは取引先2,000をもっていたとします。

この場合、配当額500対2,000にしてもみなし贈与の発動可能性はないものと思われます。

しかし、同族法人で株主Aが親、株主Bが子で、2人とも役員、同じ仕事をやっている状況であれば、それは親から子へ、属人株を利用して配当を500

対2,000にすることで贈与をしていると認定される恐れがあります。

　私見では、同族法人等において、特定の株主に利益を与えるために属人株を採用したことが明らかな場合に関しては、みなし贈与が発動される可能性があるのではないかと考えています。

　剰余金の配当を受ける権利、残余財産の分配を受ける権利については、現実的には実行している会社は少ないと思われます。みなし贈与の発動リスクが高いからです。つまり、議決権以外についてはやっている方はほとんど見られないというのが実情と思われます。

　議決権に関しては、いわゆる一般社団法人スキームに関連する論点を補足しておきます。

　一般社団法人の社員は１持分１議決権というのが原則ですが、一般社団法人及び一般財団法人に関する法律第48条但書に、社員の議決権を変化させて２倍や３倍にすることができるという規定があります。

【一般社団法人及び一般財団法人に関する法律第48条】
（議決権の数）

第48条　社員は、各一個の議決権を有する。ただし、定款で別段の定めをすることを妨げない。

２　前項ただし書の規定にかかわらず、社員総会において決議をする事項の全部につき社員が議決権を行使することができない旨の定款の定めは、その効力を有しない。

　議決権を変えるのであれば、それなりの大義名分は必要になってくると思われます。なぜ議決権を変更したかという点を説明できるようにしておいた方がいいのではないかと考えます。

　平成30年度税制改正において一般社団法人（財団含む）スキームに関しては一定の規制が設けられました。これから設立を企図されている方は今後の改正動向について慎重に検討してください。

　ちなみに特定一般社団法人の回避方法もいくつか出回っているものがありま

すが、どれも短期的な解決方法ばかりで長期的視野に立った場合の対策としてはお勧めできません。

属人株の導入には、特殊決議（総株主数の頭数の過半数＋総議決権数の4分の3以上の賛成）が必要です。登記事項ではないものの、導入は難しいと思われます。

所有株式数によらず人数割で配当や残余財産の分配を変えるということもできることとされています。

1株に総議決権数の3分の2以上の議決権数を与えることや、一定数以上の株式を有する株主については議決権を制限するということも可能です。

なお、剰余金の配当、残余財産分配請求権について全部を与えない定款の定めは無効だとされています。普通株式の2要素、「剰余金の配当」「残余財産分配請求権」である自益権は、まったく無効にするというのは許されません。

会社法上認められている属人株について、持分割合に応じない配当の定めをすることのみをもって株主間贈与を認定することは困難でないかと思われます。

例えば、出資先医療法人の定款変更に伴い、残余財産分配請求権が失われたとして納税者が損金の額に算入した特別損失の金額は、寄附金に該当するとされた事例がありますが、これをそのまま適用することは妥当ではありません。なぜなら、属人株の定めというのはいつでも変更が可能なためです。実際に持分割合に応じない残余財産の分配をした場合には、その分配をしたときに、株主間贈与が認定されると考えられます。私見としては、属人株については、納税者側が立証責任を最終的には負うことになると思われます。

QⅡ-7 事業承継における定款変更及び種類株式導入の有効性、実効力

表題の件につき教えてください。

Answer

下記の設定も考えられますが、いくつか問題もあります。

【解説】

事業承継に主に使われる他の種類株式は下記です。

取得請求権付株式、取得条項付株式の導入が考えられます。前者の典型的な利用例は、現オーナーが死亡したら（トリガー）、相続人が相続株式を会社に買い取らせることを請求できるというものです。この種類株式活用場面は一般的には、相続人の納税資金の捻出、生活保障（老後資金）の確保を目的とします。相続人は相続株式のその時点における評価額（自己株式取得のため所得税基本通達59-6（小会社方式）がベース）が高額でも、会社は購入しなければならないため、売却でき、その売却金額で相続税が納税できます。

後者の典型的な利用例は、現オーナーが死亡したら（トリガー）、会社が相続株式を相続人から買い取ることができる権利付株式のため、会社は経営に参画しない主に後継者以外の後継者の兄弟姉妹等の相続人に株式が相続されることを防止できます。この種類株式活用場面は一般的には、後継者の経営権確保を目的とします。

種類株式は税務上の評価方法が一部の除いて明らかになっていません。この点、実務では国税庁公表の種類株式以外は普通株式を同様に評価する向きが多いですが、普通株式と異なる取扱いをするから種類株式なのであって、それを評価に加減算等の斟酌を加えないのは課税の公平・中立性の見地から素朴におかしいと考えます。もっとも、当局調査の現場でその評価自体が指摘されることは皆無と考えますから、上記の見解は相続人間が仮に係争になった場合において、という意味です。仮に鑑定意見書合戦になった場合、その鑑定評価額は

Ⅱ　事業承継スキーム　　*115*

税務上の基準（財産評価基本通達）に固執される性格のものにはなりません。

　また、会社法の価格決定申立リスクはあります。下記でまとめています。上記の設定は実効性に乏しいです。

　事業承継における定款変更でよく利用されるのは下記です。類書でも似たような記載があります。

【会社法第174条】

（相続人等に対する売渡しの請求に関する定款の定め）

174条　株式会社は、相続その他の一般承継により当該株式会社の株式（譲渡制限株式に限る。）を取得した者に対し、当該株式を当該株式会社に売り渡すことを請求することができる旨を定款で定めることができる。

　この会社法の規定を踏まえ、定款に下記の条項を付します。

　第○条　当社は、相続その他の一般承継により当社の株式を取得した者に当該株式を当社に売り渡すことを請求することができる。

　こちらは記載したところで相続人から売買価格決定の申立（会法177②、177④、177①）を行使される可能性が十分にありますから、実務では意味をなしません。

Q Ⅱ-8 持分会社スキームの基本的留意点

持分会社を活用した相続税節税スキームについてご教示ください。

Answer

下記のようなスキームですが実効性に疑義があります。

【解説】

合名会社等の無限責任社員の会社債務についての債務控除の適用についてですが、合名会社、合資会社の場合で、会社財産で債務を完済することができない状態で無限責任社員が死亡した場合、その死亡した無限責任社員が負担すべき、持分に応じた会社の債務超過額は、相続税の計算上、被相続人の債務として相続税法第13条の規定により相続財産から控除することができるかという論点があります。

これに対し、国税庁は、被相続人の債務として控除して差し支えないと答えています。合名会社の財産だけでは会社の債務を完済できないときは、社員は全員が連帯して会社の債務を弁済する責任を負うとされ、退社した社員は本店所在地の登記所で退社の登記をする以前に生じた会社の債務に対しては責任を負わなければならないとされているため、というのが理由です。

	合同会社	合資会社	合名会社
	有限責任社員	無限責任社員	
持分払戻規定あり	純資産価額評価（相続税評価額）により評価		
定款に出資持分の相続について定めがある場合	取引相場のない株式に応じて評価		
債務超過の場合の取扱い	債務控除の適用はない	債務超過部分はその無現責任社員の連帯債務となり、その者の負担に帰属する部分が債務控除の対象となる	

(出典) 竹内陽一・掛川雅仁編著『自社株評価Q&A』(清文社　2017年) 352頁

Ⅱ　事業承継スキーム　　*117*

【質疑応答事例】

合名会社等の無限責任社員の会社債務についての債務控除の適用

〔照会要旨〕

　合名会社、合資会社の会社財産をもって会社の債務を完済することができない状態にあるときにおいて、無限責任社員が死亡しました。

　この場合、その死亡した無限責任社員の負担すべき持分に応ずる会社の債務超過額は、相続税の計算上、被相続人の債務として相続税法第13条の規定により相続財産から控除することができますか。

〔回答要旨〕

　被相続人の債務として控除して差し支えありません。

（注）　合名会社の財産だけでは、会社の債務を完済できないときは、社員は各々連帯して会社の債務を弁済する責任を負うとされ（会法580）、退社した社員は、本店所在地の登記所で退社の登記をする以前に生じた会社の債務に対しては、責任を負わなければならない（会社法612①）とされています。

（関係法令通達）

　　相続税法第13条第1項

　　会社法第580条、第612条第1項

　これを利用して相続税を節税するというスキームがあります。

　1人株主会社があったとします。債務超過の会社です。これを組織変更して1人合名会社にします。

　負債に上がっているオーナーからの貸付金というのは、オーナーにとって額面額評価での相続財産に計上されることになりますが、債務超過になっている部分について債務控除が使えるので、相続財産が減少するという方法です。

　他には、1人合名会社がある場合に、これを債務超過の株式会社と合併すると債務超過になるため、その債務超過を債務控除に充てるという方法があります。

　一方で、同族法人においては相続発生時に実質債務超過という実態だけでは財産評価基本通達205項は発動しません。

　相続税申告時においてオーナー貸付金（会社借入金）は単なる実態貸借対照

表ベースでの債務超過、経営不振等でも一切、減価することはできません。過去の裁決・裁判例はすべてそうです。にもかかわらず、当該スキームを利用すると、もともとの制度趣旨が違うため（上記の質疑応答事例は会社法の原則的な考え方から導かれるものです）、減価できてしまいます。制度趣旨が異なるため平仄を合わせる蓋然性は全くないものの、根拠法文が違う、つまり、かたや財産評価基本通達（通達のため法文ではありません）、かたや会社法と、異なる使い分けをするのみで減価されるのは私見では腑に落ちません。

【財産評価基本通達205項】

（貸付金債権等の元本価額の範囲）

205 前項の定めにより貸付金債権等の評価を行う場合において、その債権金額の全部又は一部が、課税時期において次に掲げる金額に該当するときその他その回収が不可能又は著しく困難であると見込まれるときにおいては、それらの金額は元本の価額に算入しない。（平12課評2－4外・平28課評2－10外改正）

(1) 債務者について次に掲げる事実が発生している場合におけるその債務者に対して有する貸付金債権等の金額（その金額のうち、質権及び抵当権によって担保されている部分の金額を除く。）

　　　イ　手形交換所（これに準ずる機関を含む。）において取引停止処分を受けたとき

　　　ロ　会社更生法（平成14年法律第154号）の規定による更生手続開始の決定があったとき

　　　ハ　民事再生法（平成11年法律第225号）の規定による再生手続開始の決定があったとき

　　　ニ　会社法の規定による特別清算開始の命令があったとき

　　　ホ　破産法（平成16年法律第75号）の規定による破産手続開始の決定があったとき

　　　ヘ　業況不振のため又はその営む事業について重大な損失を受けたため、その事業を廃止し又は6か月以上休業しているとき

Ⅱ　事業承継スキーム　　119

(2)　更生計画認可の決定、再生計画認可の決定、特別清算に係る協定の認可の決定又は法律の定める整理手続によらないいわゆる債権者集会の協議により、債権の切捨て、棚上げ、年賦償還等の決定があった場合において、これらの決定のあった日現在におけるその債務者に対して有する債権のうち、その決定により切り捨てられる部分の債権の金額及び次に掲げる金額

　イ　弁済までの据置期間が決定後5年を超える場合におけるその債権の金額

　ロ　年賦償還等の決定により割賦弁済されることとなった債権の金額のうち、課税時期後5年を経過した日後に弁済されることとなる部分の金額

(3)　当事者間の契約により債権の切捨て、棚上げ、年賦償還等が行われた場合において、それが金融機関のあっせんに基づくものであるなど真正に成立したものと認めるものであるときにおけるその債権の金額のうち(2)に掲げる金額に準ずる金額

　私見ですが、この通達は例示列挙通達ではなく、限定列挙通達になるのではないかと、過去の裁決・裁判例・判例からは暗に読みとれます。

Q Ⅱ-9　持分会社スキームの各種留意点

このスキームでの留意点についてご教示ください。

Answer

　実行にあたっては、下記の事項を総合勘案する必要があると思われます。

【解説】

1．債務超過部分を債務控除の対象とするための要件

債務超過分部分は無限責任社員の連帯債務であり、債務控除の対象となるのは被相続人が負担することとなることが確実と認められる債務相当額であるということ、つまり、①相続開始時に評価会社の経営が行き詰まり、②債務超過が著しい場合で、③当該債務について死亡した無限責任社員が責任を負うことは確実で、④かつ相続において負担すべき金額が確定している場合に、債務超過部分を債務控除に使えるということになります[8]。

2．事実認定の問題

債務超過の1人株式会社を1人合名会社に組織変更して債務超過分部分を債務控除額に充てることについて、なぜ1人株式会社を1人合名会社に組織変更したかということを、疎明しなければならないと思われます。1人合名会社が債務超過の株式会社を吸収合併して債務超過になるのも、なぜ債務超過の株式会社を合併したかということについて当局と見解の不一致が生じる場面だと思われます。

1人の株式会社を1人の合名会社にするということに関して経済的合理的な理由は見つからないように思われます。

合併スキームについても、合名会社が債務超過である株式会社を買ってくることには非常に違和感があります。その株式会社が非常に特殊な技術を持っている、ニッチな取引先を持っている、などといった特殊な状況であれば、経済的合理性はあるかもしれません。しかし、買収する会社が合名会社である合理的な理由が見当たりません。

このスキームについては実務上の事例集積段階にあるので、実行する場合は慎重に行う必要があります。

3．単に債務超過だからということで債務控除できるものではない

このスキームは、所得税基本通達64-3や相続税法基本通達14-3とのバラン

8　竹内陽一・掛川雅仁編著『自社株評価Q&A』（清文社　2017年）352頁

スの問題があるということも指摘されています[9]。

【所得税基本通達64-3】

（回収不能額等が生じた時の直前において確定している「総所得金額」）

64-3　令第180条第2項第1号《資産の譲渡代金が回収不能となった場合等の所得計算の特例》に規定する「総所得金額」とは、当該総所得金額の計算の基礎となった利子所得の金額、配当所得の金額、不動産所得の金額、事業所得の金額、給与所得の金額、譲渡所得の金額、一時所得の金額及び雑所得の金額（損益通算の規定の適用がある場合には、その適用後のこれらの所得の金額とし、赤字の所得はないものとする。）の合計額（純損失の繰越控除又は雑損失の繰越控除の規定の適用がある場合には、当該合計額から総所得金額の計算上控除すべき純損失の金額又は雑損失の金額を控除した金額とする。）をいうものとする。（昭50直資3-11、直所3-19改正）

(注)　上記の譲渡所得の金額とは、長期保有資産（法第33条第3項第2号《譲渡所得》に掲げる所得の基因となる資産をいう。）に係る譲渡所得であっても、2分の1する前の金額をいうことに留意する。また、一時所得の金額についても同様である。

【相続税基本通達14-3】

（保証債務及び連帯債務）

14-3　保証債務及び連帯債務については、次に掲げるところにより取り扱うものとする。（昭57直資2-177改正、平15課資2-1改正）

(1)　保証債務については、控除しないこと。ただし、主たる債務者が弁済不能の状態にあるため、保証債務者がその債務を履行しなければならない場合で、かつ、主たる債務者に求償して返還を受ける見込みがない場合には、主たる債務者が弁済不能の部分の金額は、当該保証債務者の債務として控除すること。

9　内倉裕二『資産税事例検討会』（税務研究会税務情報センター）28頁より

(2) 連帯債務については、連帯債務者のうちで債務控除を受けようとする者の負担すべき金額が明らかとなっている場合には、当該負担金額を控除し、連帯債務者のうちに弁済不能の状態にある者（以下14-3において「弁済不能者」という。）があり、かつ、求償して弁済を受ける見込みがなく、当該弁済不能者の負担部分をも負担しなければならないと認められる場合には、その負担しなければならないと認められる部分の金額も当該債務控除を受けようとする者の負担部分として控除すること。

　合名会社等の無限責任社員も、会社が返済できない状況にあり、かつ主たる債務者に求償しても返還を受けることができない場合に債務控除の対象となるものであって、会社が債務を返済することができないかどうかは事実認定の問題であり、単に債務超過であれば債務控除ができるというものではないという見解もあります。

　当該オーナーは、相続税の申告を出すぐらいの富裕層ですが、そのような人が他に財産を保有しているのに、なぜ合名会社の部分だけ債務超過に陥っているのかということについて、合理的な理由が必要だと思われます。

　ここで過去の判例を1点ご紹介します。

　相続税法第64条で否認された事案です。同族法人で不動産を時価より遥かに高額で借入金により購入し、その借入金の連帯保証人に当該同族法人の代表者がなった事例です。当該代表者がなくなった場合、その連帯保証分は債務控除の対象とできます。これについて裁判例では、法人を経由した相続税の圧縮行為をみなして相続税法第64条を発動したのです。

大阪地方裁判所平成16年（行ウ）第97号相続税決定処分等取消請求事件、平成16年（行ウ）第141号差押処分取消請求事件（棄却）（控訴）
国側当事者・平成16年（行ウ）第97号につき茨木税務署長、平成16年（行ウ）第141号につき大阪国税局長平成18年10月25日判決【税務訴訟資料　第256号-292（順号10552）】【相続税法64条1項における「不当に減少」の判断

基準／高額な土地取引】

〔判示事項〕

　被相続人の遺言書の内容と被相続人と同族会社との間の土地売買契約の内容とが符合しないことなどから、当該売買契約は仮装された存在しないものであるとする課税庁の主張が、当該売買契約書が被相続人の意思に基づいて作成されたものではないと認めるのは困難であるとして排斥された事例

相続税法64条1項（同族会社の行為又は計算の否認等）における「相続税又は贈与税の負担を不当に減少させる結果となると認められる」場合の判断基準

　同族会社と被相続人との間で締結された土地売買契約は、経済的、実質的見地において純粋経済人の行為として不自然、不合理なものというほかなく、同社の株主である納税者らの相続税の負担を不当に減少させる結果をもたらすものであることは明らかであるとされた事例

　被相続人と同族会社との間の土地売買契約は、当該同族会社を存続させるための唯一の方策として採用したものであり、被相続人らには不当に相続税の軽減を図るという意図など全くなかったから、当該売買契約は相続税法64条1項（同族会社の行為又は計算の否認等）により否認することができる場合に該当しないとの納税者の主張が、当該売買契約の究極的な目的が納税者の主張するとおり同族会社を存続させることにあるとしても、時価相当額の13倍をこえる価格を売買契約の代金額として定めることが、経済人の行為として合理的かつ自然なものとは到底いうことはできないのみならず、当該売買契約の締結に至る経過事実に照らしても、当該売買契約が納税者らの相続税の不当な軽減を図ることを目的として締結されたものであることは明らかであるとして排斥された事例

　納税者は土地売買契約に基づき同族会社の借入金債務を承継することになり、それと合わせて相続税等を支払う能力はなかったところ、納税者のように担税力のない者に相続税法64条1項（同族会社の行為又は計算の否認等）を

適用することは同項の趣旨に反するとの納税者の主張が、納税者が同族会社の借入金債務を負担することになったのは、納税者が代表取締役を務める同族会社が相続税法64条1項の規定による否認の対象となるような土地売買契約を締結したことによるのであり、しかも、納税者に同項を適用しないことにより、かえって租税回避行為が容易に行われるのを防止して租税負担の適正化を図るという同項の趣旨、目的が害されることになるとして排斥された事例

保証債務が相続税法14条1項（控除すべき債務）にいう確実と認められる債務に該当するか否かの判断基準
　同族会社の損益計算書において当期未処理損失が計上され、債務超過状態にあったことがうかがわれるものの、同社について破産、会社更生等の法的整理手続が進行していたり、同社が事業閉鎖により再起不能であったなどの事情はなく、同社は被相続人の死亡後もその事業を継続していたと認められることからすれば、相続開始時において被相続人が同族会社から保証債務に係る求償権の履行を受ける見込みがなかったということはできず、よって、本件における相続債務は相続税法14条1項にいう確実と認められる債務には該当せず、相続税の課税価格の計算上控除されないものというべきであるとされた事例（上告棄却・不受理）

　生前に債務控除を半ば無理やり「作出した」という点で少々、類似性があると思われます。

QⅡ-10　持分会社スキームのその他留意事項

　持分会社を活用した相続税対策スキームに関する補足論点についてご教示ください。

Answer

　仙台国税局文書回答事例は隅々まで把握しておくべきです。

【解説】

　持分会社のうち、無限責任社員が存在する合名・合資会社においては、無限責任社員が死亡した場合において、債務超過であるとき、その無限責任社員の負担すべき債務超過部分が相続税の計算上、債務控除の対象となります。社員は連帯して会社の債務を弁済する責任を負うとするとされ、退社した社員は、退社以前に生じた会社の債務に対して責任を負わなければならないと会社法上規定されているためです。

　以上を踏まえて、仙台国税局から文書回答事例が出されている論点が出てきます。債務超過状態にある合資会社の無限責任社員の父が子への事業承継に伴い、自らは有限責任社員となり子が有限責任社員から無限責任社員となった事例です。

　当該ケースでは、無限責任社員であった父は有限責任社員になっても、2年間は無限責任社員としての責任を負い、2年経過後も債務超過状態である場合には、父は、責任が消滅したことによる経済的利益を受けるとして、所得税の課税が生じることとなり得ます。

　また、その経済的利益は社員相互間の合意を基礎としているため、無限責任社員である子から有限責任社員である父への利益移転と見なされ、みなし贈与の対象となります。

【仙台国税局　文書回答事例「債務超過の合資会社の無限責任社員が有限責任社員となった場合等の贈与税等の課税関係について」】

別紙1-1　事前照会の趣旨

　　合資会社である当社（以下「当社」といいます。）は、時価による純資産価額がマイナス（以下「債務超過」といいます。）の状態にあるところ、当社の無限責任社員甲が有限責任社員になり、同時に、有限責任社員乙が無限責任社員になる場合の課税関係は次のとおりとなると解して差し支えないか、ご照会いたします。

　　①　会社法第583条第3項の規定により、無限責任社員甲が有限責任社員になった場合には、原則として、甲に対し贈与税及び所得税の課税は生じない。

　　②　上記①の場合において、会社法第583条第4項の規定により、社員変更登記後2年を経過した時に甲の有する当社に係る無限責任社員としての債務弁済責任が消滅するが、社員変更登記後2年を経過した時に当社が債務超過の状態の場合には、相続税法第9条の規定により、甲の有する当社に係る無限責任社員としての債務弁済責任の消滅の利益について、甲に対し贈与税の課税が生じる。

別紙1-2　事前照会に係る取引等の事実関係

1　当社は、無限責任社員1名と有限責任社員1名で構成されており、無限責任社員は甲、有限責任社員は乙で、甲は乙の実父です。

　　このたび、当社は、世代交代に伴い代表社員が交代いたします。

　　社員2名の合資会社のまま代表権を移行するには、無限責任社員と有限責任社員が1名以上必要であるため、既存社員の責任を交代することで代表権を移行させたいと考えています。

2　当社は、責任交代時において、債務超過の状態にあり、甲に対する当社の債権者からの請求又は請求の予告はありません。

3　社員変更登記後2年を経過した時においても、当社は債務超過の状態が継続しており、社員変更登記後2年以内の間に、甲及び乙による当社の債務の弁済はなく、また、甲に対する当社の債権者からの請求又は請求の予告はないものといたします。

別紙1-3　事実関係に対して事前照会者の求める見解となることの理由

1　無限責任社員甲が有限責任社員となったときの課税関係

　　会社法第580条第1項に規定する無限責任社員の責任は、持分会社（合名会社、合資会社又は合同会社）が会社財産による債務の完済不能な場合に、当該持分会社の債務を他の無限責任社員と連携して、債権者に対して負う責任とされています。

　　この債務弁済責任は、同法第583条第3項及び第4項の規定に基づき、無限責任社員が有限責任社員となったとしても、なお、社員変更登記後2年間は従前と同じ無限責任社員としての責任を負うこととされています。

　　したがって、無限責任社員甲が有限責任社員となったとしても、その時点で甲の従前の無限責任社員としての責任である当社に係る債務弁済責任が消滅したとはいえないことから、原則として甲に対し債務の引受け等による利益を受けたとしての贈与税及び所得税の課税関係は生じないものと考えます。

2　社員変更登記後2年を経過したときの甲の課税関係

　　会社法第583条第4項の規定によれば、有限責任社員となった甲が負っている従前の無限責任社員としての責任は、社員変更登記後2年以内に請求又は請求の予告をしない当社の債権者に対しては、社員変更登記後2年を経過した時に消滅します。このことから、この時点で当社が債務超過の状態の場合には、甲は債務を弁済する責任を負わないとする経済的利益を受けることになることから、甲に対し所得税の課税が生じることとなると考えます。

　　ただし、その経済的利益は、甲が他の無限責任社員である乙から与えられた利益である個人間の贈与であると認められるときには、相続税法第9条に規定するみなし贈与の課税が生じることとなるものと考えます。

　　甲の有する当社に係る無限責任社員としての債務弁済責任は社員変更登記後2年を経過した時に会社法第583条第4項の規定に基づき法的に消滅するものですが、合資会社は、無限責任社員と有限責任社員とを

もって組織され、無限責任社員は、合名会社の社員と同じく会社債務につき各社員相互間で連帯して無限の責任を負うもので、社員相互間の人的信頼関係を基礎とする会社であり、また、甲が無限責任社員から有限責任社員に変更するに当たって、合資会社として存続するため、乙が有限責任社員から無限責任社員に変更する必要が生じ、そのため社員間の合意に基づき社員変更登記をし、その結果、甲の有する当社に係る無限責任社員としての債務弁済責任が消滅する一方、他の無限責任社員である乙は当社に係る債務について無限責任社員としての債務弁済責任を負うことになることからしますと、甲の債務弁済責任の消滅は、乙から与えられた利益（債務の減少）と考えられますことから、甲に対し相続税法第9条に規定するみなし贈与の課税が生じることとなると考えます。

Q II-11　配当還元方式＋完全無議決権株式スキーム

配当還元方式＋完全無議決権株式スキームについてご教示ください。

Answer

　以前は一部の金融機関で流行っていたスキームといわれています。

【解説】

　99％の株式を完全無議決権株式に変更します。1％を相続税評価額（原則）で贈与します。移転税金コストに関して大幅削減ができる上に、議決権の確保（間接的集約）ができるということになります。

　移転税金コストは、1％だけ現オーナーから後継者に相続税評価額（原則）で贈与するだけなので、大幅に削減できることになります。そして、99％は完全無議決権になって残り1％が議決権株式なので、その1％の保有で間接的に100％を保有したことになるので、議決権の確保に関しても問題なくできていることになります。

なぜこのようなことができるのかという点は、下記の通りです。

・贈与・相続を受けた完全無議決権株式の評価方法として配当還元法を使えるのは、普通株式のみを発行している場合と同様に、持株割合でなく議決権割合により行うため。

・よって贈与・相続直後の議決権割合に基づき財産評価基本通達188項(2)にあてはめ中心的な同族株主でなく、議決権割合が5％未満で役員でない者が贈与・相続を受けた完全無議決権株式は配当還元法で評価可能（数量を問わず、判定に影響を与えない）。

・完全無議決権株式を原則法により評価する際には、議決権の有無は考慮しない。

国税庁の情報からこれらが読み取れるためです[10]。

では、この方法の問題点として何が考えられるでしょうか。

全体が100株で1株のみ議決権株式で99株無議決権株式にした場合、1株については原則方式が適用されるので、相続税評価額でオーナーから後継者に相続させるということになります。すると、株式の現金化は諦めなければなりません。実行にあたっては、株式の現金化によるネットキャッシュ VS 節税額のシミュレーションで実行を決定する必要があります。

分かりやすいように、持株会社スキームのうちの新設法人資金調達型スキームを見てみましょう。

これは経営者と後継者が持株会社を設立して、現経営者が持っている本体会社株式を持株会社に売却する方法です。図で示すと以下のようになります。

---

10 森井昭仁『安定株主活用の法務・税務』（税務経理協会　2015年）81頁

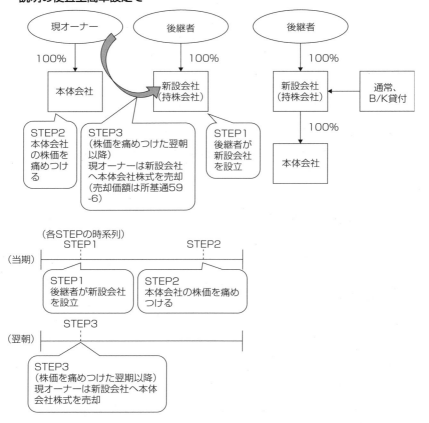

　現経営者、後継者が持株会社を持っていて、持株会社が本体会社を持っているという状況になります。

　持株会社は本体会社の株式を買うことになるので、株式の購入資金が必要となり、その資金は金融機関からの借入後、配当金や賃料収入によって返済するスキームです。

　ここで、現経営者が持株会社に本体会社を売却するわけですが、これが、「配当還元方式＋完全無議決権株式スキーム」では株式を現金化できない、と指摘した部分と関係します。つまり、現経営者は、持株会社に本体会社株式を

Ⅱ 事業承継スキーム　131

【持株会社スキームの株価推移】
～金融機関は持株会社スキームについて下記のような説明をします～

【土地・建物・本体会社購入当初】

持株会社B/S

	相続税評価額	帳簿価額		相続税評価額	帳簿価額	
土地	790(※1)	1,000	借入金	1,000	1,000	(※1)1,000×(1－0.3×0.7)=790
建物	350(※2)	500	借入金	500	500	(※2)500×(1－0.3)=350
本体株式	100(※3)	1,000	借入金	1,000	1,000	(※3)取込価格は相続税評価額
計	1,240		<		2,500	=株価0

★1　取得後3年以内の不動産は時価評価(取得価額評価)、しかし貸付の用に供した場合には建物については貸家評価減、土地については貸家建付地評価が可能(国税局審理資料より)。

★2　上記における本体株式の評価額は下記の通りであると仮定する。

評価方式は大会社(類似業種比準価額方式)	
類似業種比準価額方式	100
所基通59-6(※4)	1,000

(※4)オーナーから持株会社への売却価額

【購入時から3年経過後】

持株会社B/S

	相続税評価額	帳簿価額		相続税評価額	帳簿価額	
土地	553(※1)	1,000	借入金	1,000(※4)	1,000	(※1)700(3年経過後の想定相続税評価額)×(1－0.3×0.7)=553
建物	245(※2)	500	借入金	500(※4)	500	(※2)350(3年経過後の想定相続税評価額)×(1－0.3)=245
本体株式	300(※3)	1,000	借入金	1,000(※4)	1,000	(※3)取込価格は相続税評価額 (※4)ここでは説明の便宜上、約弁付ではなく一括返済と仮定。
計	1,098		<		2,500	=株価0

★1　取得後3年経過後の不動産は相続税評価、更に貸付の用に供した場合には建物については貸家評価減、土地については貸家建付地評価が可能。

★2　上記における本体株式の評価額は下記の通りであると仮定する。

評価方式は大会社(類似業種比準価額方式)	
類似業種比準価額方式	300

(※5)3年経過後の想定相続税評価額

仮に株主が現オーナーと後継者だとしたら、現オーナーから後継者への移転時まで株価継続モニタリングが必要

売却することによって売却資金を入手することになりますが、「配当還元方式＋完全無議決権株式スキーム」ではそれを諦めなければならないわけです。

　そこで、株式の現金化によるネットキャッシュ、つまり持株会社に本体会社株式を売却して入ってきた株式代金と、「配当還元方式＋完全無議決権株式ス

キーム」を活用した場合の節税額のどちらが高いかで検討していくというのが、シミュレーションの基本となります。

99％の株式を完全無議決権株式にするということですが、普通株式には配当期待権、残余財産分配請求権、議決権の3要素があり、議決権だけを制限したとしても、99％の株主は配当期待権も残余財産分配請求権もそのまま持ち続けることになります。

そして、99％完全無議決権にしたところで、親族傍系に株式が分散していってしまうという分散化のリスクは消すことはできません。

分散化していった先に1人でも面倒な株主が出てくると、「株式を会社に買い取ってもらいたい」と会社に要求してくることにもなりかねません。これが将来の株式買取リスク（少数株主の株式買取請求）と呼ばれるものです。会社が譲渡承認の請求を拒否したら、会社か指定買取人が買い取らなければいけなくなり、それでも協議が整わなかった場合には、裁判所に持ち込まれる案件となります。非訟となり、価格決定までに約1年半程度要します。

また、遺留分侵害額請求の問題もあります。最初の設計時に遺留分に関して考慮していないと、遺留分侵害額請求が発生することになります。

Q Ⅱ-12 改正相続法遺留分との絡み

改正相続法と遺留分との関係性についてご教示ください。

Answer

下記の考え方が通説です。

【解説】

改正相続法により、遺留分の算定方法の見直しが行われました。相続人に対する贈与は、相続開始前の10年間にされたものに限って、遺留分算定の基礎となる財産の価額に算入することになります。

今回の見直しにより、例えば、10年よりも前に贈与した自社株式については

遺留分侵害額請求の対象外となります。したがって、早期に自社株式を生前贈与することにより、中小企業経営承継円滑化法の民法特例を適用しなくても遺留分のことを気にせず事業承継を行うことが可能になるかもしれません。これは今後、事業承継税制（特例）の活発化による遺留分減殺請求問題が表面化してくる中で、事業承継スキームにも大きく影響する改正といえそうです。

　しかし、実務上の大きな留意点として、民法第1044条第１項後段の規律（害意がある場合の規律）があります。

改正民法第1044条　贈与は、相続開始前の一年間にしたものに限り、前条の規定によりその価額を算入する。当事者双方が遺留分権利者に損害を加えることを知って贈与をしたときは、一年前の日より前にしたものについても、同様とする。

2　第904条の規定は、前項に規定する贈与の価額について準用する。

3　相続人に対する贈与についての第１項の規定の適用については、同項中「一年」とあるのは「十年」と、「価額」とあるのは「価額（婚姻若しくは養子縁組のため又は生計の資本として受けた贈与の価額に限る。）」とする。

　遺留分の全体金額を圧縮するため株式異動前に株価低減策をとると、この条文が適用される恐れがあります。こういった案件が事業承継税制（特例）の大幅な普及とともに表面化してくると思われます。

　最判平成10年３月24日（事件番号　平成９㈺2117）判決において、特別受益者への贈与と遺留分減殺の対象について下記の判断を示しています。

　民法903条１項の定める相続人に対する贈与は、右贈与が相続開始よりも相当以前にされたものであって、その後の時の経過に伴う社会経済事情や相続人など関係人の個人的事情の変化をも考慮するとき、減殺請求を認めることが右相続人に酷であるなどの特段の事情のない限り、民法1030条の

定める要件を満たさないものであっても、遺留分減殺の対象となるものと解するのが相当である。

　けだし、民法903条1項の定める相続人に対する贈与は、すべて民法1044条、903条の規定により遺留分算定の基礎となる財産に含まれるところ、右贈与のうち民法1030条の定める要件を満たさないものが遺留分減殺の対象とならないとすると、遺留分を侵害された相続人が存在するにもかかわらず、減殺の対象となるべき遺贈、贈与がないために右の者が遺留分相当額を確保できないことが起こり得るが、このことは遺留分制度の趣旨を没却するものというべきであるからである。

Q Ⅱ-13　同族法人への遺贈の基本的な課税関係

同族法人への遺贈について実務上の留意点をご教示ください。

Answer

　下記の課税関係にご留意ください。

【解説】

　課税実務上はあまりないことですが、法人に対しても財産を遺贈することは可能です。

　被相続人はみなし譲渡所得課税が生じ、受遺者である法人は当該受贈益に対して法人税課税の対象となります。被相続人に対してみなし譲渡所得課税が生じるということは、譲渡所得税が生じるということになりますから、準確定申告が必要になります。この場合の所得税の納税義務はその相続人に承継されることになります。

　また、この所得税は債務控除の対象ともなります（相法13①、14②、相令3一）。この場合、受贈株式の評価は法人税基本通達9-1-14（4-1-6）により、それに受贈益課税がなされます。

なお、相続税基本通達 9−2(1)より、その遺贈により同族法人の株式価値が
アップした場合には、その増加部分は、遺贈者からその同族法人の株主へ遺贈
されたものと考えられます（相法 9）。

Q Ⅱ−14 亡夫が主宰法人に同社株式及び貸付金を遺贈した場合に、株式の譲渡所得の金額の計算上同社の借入金は負債に計上できないとされた事例

表題の非公開裁決が国税速報2019年 6 月24日（第6564）号に掲載されて
いました。この裁決事例の重要なポイントをご教示ください。

Answer

各通達の「文理」解釈の重要性を再確認すべき事例だったといえます。

純資産価額の評価時期については、下記 2 つの通達は何のよりどころにもな
らないことが本事例から判断されるわけです。

【解説】

本事例では、遺贈により貸付金と株式を法人に贈与しています。

この場合、所得税法第59条により、みなし譲渡所得課税が生じるのが原則で
す。

【所得税法第59条】

第59条　次に掲げる事由により居住者の有する山林（事業所得の基因となる
　　ものを除く。）又は譲渡所得の基因となる資産の移転があった場合には、
　　その者の山林所得の金額、譲渡所得の金額又は雑所得の金額の計算につ
　　いては、その事由が生じた時に、その時における価額に相当する金額に
　　より、これらの資産の譲渡があったものとみなす。

一　贈与（法人に対するものに限る。）又は相続（限定承認に係るものに限る。）若しくは遺贈（法人に対するもの及び個人に対する包括遺贈のうち限定承認に係るものに限る。）

二　著しく低い価額の対価として政令で定める額による譲渡（法人に対するものに限る。）

2　居住者が前項に規定する資産を個人に対し同項第2号に規定する対価の額により譲渡した場合において、当該対価の額が当該資産の譲渡に係る山林所得の金額、譲渡所得の金額又は雑所得の金額の計算上控除する必要経費又は取得費及び譲渡に要した費用の額の合計額に満たないときは、その不足額は、その山林所得の金額、譲渡所得の金額又は雑所得の金額の計算上、なかったものとみなす。

　今回事例で問題になったのは、その時の自社株式の評価となります。

　納税者は、貸付金を債務から外した上で当初準確定申告しました。その後、更正の請求を行いましたが、当局には認められませんでした。

　審判所も当局を支持し、納税者は負けています。

　裁決要旨から察するに審判所は、文理解釈上、遺贈効力発生時点において、貸付金は債権債務の混同により消滅しているため、当該株式移転時には、貸付金は消滅していると判断したわけです。

　また納税者は、当該貸付金の混同による消滅は、あくまで株式譲渡前で判断するものだと主張もしました。根拠は、所得税基本通達59-6と財産評価基本通達188項です。

【所得税基本通達59-6】
（株式等を贈与等した場合の「その時における価額」）

59-6　法第59条第1項の規定の適用に当たって、譲渡所得の基因となる資産が株式（株主又は投資主となる権利、株式の割当てを受ける権利、新株予約権（新投資口予約権を含む。以下この項において同じ。）及び新株予約権の割当

てを受ける権利を含む。以下この項において同じ。）である場合の同項に規定
する「その時における価額」とは、23〜35共－9に準じて算定した価額に
よる。この場合、23〜35共－9の(4)ニに定める「1株又は1口当たりの純
資産価額等を参酌して通常取引されると認められる価額」とは、原則と
して、次によることを条件に、昭和39年4月25日付直資56・直審（資）17
「財産評価基本通達」（法令解釈通達）の178から189－7まで《取引相場のな
い株式の評価》の例により算定した価額とする。（平12課資3－8、課所4－
29追加、平14課資3－11、平16課資3－3、平18課資3－12、課個2－20、課審6－
12、平21課資3－5、課個2－14、課審6－12、平26課資3－8、課個2－15、課審
7－15改正）

(1)　財産評価基本通達188の(1)に定める「同族株主」に該当するかどうか
　　は、株式を譲渡又は贈与した個人の当該譲渡又は贈与直前の議決権の数
　　により判定すること。

(2)　当該株式の価額につき財産評価基本通達179の例により算定する場合
　　（同通達189－3の(1)において同通達179に準じて算定する場合を含む。）にお
　　いて、株式を譲渡又は贈与した個人が当該株式の発行会社にとって同通
　　達188の(2)に定める「中心的な同族株主」に該当するときは、当該発行
　　会社は常に同通達178に定める「小会社」に該当するものとしてその例
　　によること。

(3)　当該株式の発行会社が土地（土地の上に存する権利を含む。）又は金融
　　商品取引所に上場されている有価証券を有しているときは、財産評価基
　　本通達185の本文に定める「1株当たりの純資産価額（相続税評価額に
　　よって計算した金額)」の計算に当たり、これらの資産については、当該
　　譲渡又は贈与の時における価額によること。

(4)　財産評価基本通達185の本文に定める「1株当たりの純資産価額（相
　　続税評価額によって計算した金額)」の計算に当たり、同通達186－2によ
　　り計算した評価差額に対する法人税額等に相当する金額は控除しないこ
　　と。

【財産評価基本通達188項】

（同族株主以外の株主等が取得した株式）

188　178《取引相場のない株式の評価上の区分》の「同族株主以外の株主等
　　が取得した株式」は、次のいずれかに該当する株式をいい、その株式の価
　　額は、次項の定めによる。（昭47直資3-16・昭53直評5外・昭58直評5外・
　　平15課評2-15外・平18課評2-27外改正）

　(1)　同族株主のいる会社の株式のうち、同族株主以外の株主の取得した株
　　　式

　　　　　この場合における「同族株主」とは、課税時期における評価会社の株
　　　主のうち、株主の1人及びその同族関係者（法人税法施行令第4条《同族
　　　関係者の範囲》に規定する特殊の関係のある個人又は法人をいう。以下同
　　　じ。）の有する議決権の合計数がその会社の議決権総数の30％以上（そ
　　　の評価会社の株主のうち、株主の1人及びその同族関係者の有する議決権の
　　　合計数が最も多いグループの有する議決権の合計数が、その会社の議決権総
　　　数の50％超である会社にあっては、50％超）である場合におけるその株主
　　　及びその同族関係者をいう。

　(2)　中心的な同族株主のいる会社の株主のうち、中心的な同族株主以外の
　　　同族株主で、その者の株式取得後の議決権の数がその会社の議決権総数
　　　の5％未満であるもの（課税時期において評価会社の役員（社長、理事長
　　　並びに法人税法施行令第71条第1項第1号、第2号及び第4号に掲げる者を
　　　いう。以下この項において同じ。）である者及び課税時期の翌日から法定申告
　　　期限までの間に役員となる者を除く。）の取得した株式

　　　　　この場合における「中心的な同族株主」とは、課税時期において同族
　　　株主の1人並びにその株主の配偶者、直系血族、兄弟姉妹及び1親等の
　　　姻族（これらの者の同族関係者である会社のうち、これらの者が有する議決
　　　権の合計数がその会社の議決権総数の25％以上である会社を含む。）の有す
　　　る議決権の合計数がその会社の議決権総数の25％以上である場合におけ
　　　るその株主をいう。

　(3)　同族株主のいない会社の株主のうち、課税時期において株主の1人及

びその同族関係者の有する議決権の合計数が、その会社の議決権総数の15%未満である場合におけるその株主の取得した株式

(4) 中心的な株主がおり、かつ、同族株主のいない会社の株主のうち、課税時期において株主の1人及びその同族関係者の有する議決権の合計数がその会社の議決権総数の15%以上である場合におけるその株主で、その者の株式取得後の議決権の数がその会社の議決権総数の5％未満であるもの（(2)の役員である者及び役員となる者を除く。）の取得した株式

この場合における「中心的な株主」とは、課税時期において株主の1人及びその同族関係者の有する議決権の合計数がその会社の議決権総数の15%以上である株主グループのうち、いずれかのグループに単独でその会社の議決権総数の10%以上の議決権を有している株主がいる場合におけるその株主をいう。

　納税者は上記通達上の「前」という文言を全面に主張しました。しかし、上記通達は両者とも、同族株主判定について、株式譲渡「前」議決権数でとしているにすぎない、つまり株式譲渡価額を純資産評価する場合に、贈与「前」で判定するとは読めないと判断し、納税者の主張を斥けました。

　相続税法第22条の時価や財産評価基本通達の制度趣旨から総合勘案すると、当該債務消滅によることの将来的な株式価値の上昇が確実に予見されるため、これにより評価するのが、当事者間の合理的意思に合致すると判断しています。

　上記両者の通達は、あくまでも評価方式の「判定」を述べているに過ぎないわけです。

　純資産価額の評価時期「そのもの」については、両者の通達は何のよりどころにもならないことが本事例から判断されるわけです。

Q Ⅱ-15 従前の持株会社スキーム・株式交換・株式移転スキーム

> 従前の持株会社スキーム、株式交換・株式移転スキームについて概略を説明してください。

Answer

概略と各種留意点を列挙します。

【解説】

1. 概略

（STEP 1 ）本体会社を軸に株式移転（持株会社は新設法人となります）又はグループ会社のうち休眠会社との株式交換をし、それを持株会社とする。

（STEP 2 ）（STEP 1 ）と同時に本体会社の事業部門もしくは不動産部門を移転。

（STEP 3 ）STEP 2 により持株会社は株特から外れるようにする。なお、株式移転方式による場合は、新設当初 3 年間は株価評価上、純資産価額が強制適用されるため、 3 年縛り後、できるだけ類似業種比準価額を使えるように事業を持たせる（持株会社の収益付け）。

（STEP 4 ）本体会社は予めなるべく類似業種比準価額が使えるようにしておく。役員退職金支給や含み損資産の外部売却などで株価を痛めつける。

（STEP 5 ）上記後、現オーナーから後継者へ株式異動。

【株式交換・移転方式】

HD の B/S は？　第 5 表のこと

相評	簿価
本体会社 取込価格	移転時の 簿価

　　本体会社の不動産又は事業部門を移転させ、株特外
　　しを同時に検討することが多い。3 年経過後類似が
　　使える可能性がある。

※この差額は法人税額等相当額の控除はできない。
※当初 3 年間は純資産価額評価方式
※ HD の株主が現在オーナーだとすると現オーナー⇒後継者に株式移動させるタイミング
　は 2 回
　　1）株式移転時……移転と同時にやってしまうことが多い。それでも純資産価額は下が
　　　るから。
　　　本体会社　現オーナー⇒後継者により、現オーナーは社長⇒会長へ（役員退職金支給）
　　　持株会社　現オーナーが社長就任
　　2）持株会社のオーナーが完全引退するとき……その時で、持株会社に何かしらの事業
　　　を持たせる必要がある。
　　　持株会社で役員退職金支給
※移転時は当然、本体会社の株式を痛めつけること

2．各ステップの留意点

（STEP 1）について

　　・株式移転による新設法人の場合、当初 3 年間は純資産価額が株価の評価
　　　上、強制適用されるため、上記の株式交換の方が望ましいといわれてい
　　　ます。

　　・株式移転・株式交換共通ですが、少数株主が存在する場合は、当該移
　　　転・交換前にスクイーズアウトしておく方がよいでしょう。

　　　買取価額の税務上の適正評価額は、

　　○後継者集約の場合……相続税評価額原則

　　○会社買取り（金庫株）の場合……所得税基本通達59-6、又は時価純資
　　　産価額

　　となります。

これは、少数株主からの買取請求対策です。組織再編成においては、反対株主からの買取請求が認められますが、

　「組織再編行為等により時価が下落した場合には、組織再編行為等がなかったものとして仮定した場合の価格となり、組織再編行為等によりシナジー効果が生じて株価が上昇した場合には、そのシナジー効果を織り込んだ価格となる」

となるため、係争になった場合、再編「前」の自社株評価額を基に価格決定の申し立てが行われるからです。

【少数株主からの譲渡承認請求】

譲渡承認請求・会社又は指定受取人による買取請求
↕ 　2週間以内（会法145条1号）
譲渡承認・不承認の決定通知
↕ 　40日以内（会社が買い取る場合）（会法145条2号、3号）
↕ 　10日以内（指定買取人が買い取る場合）（会法145条2号、3号）
会社による買取通知・供託を要する書面の交付（会法141条1項、2項）
指定買取人による買取通知・供託を証する書面の通知（会法142条1項、2項）
↕ 　20日以内　　　　　　　　↕ 　1週間以内（会法141条3項、142条3項）
　（会法144条2項）
売買価格決定の申立　　　　株主による株券の供託（株券発行会社の場合）

　少数株主からの買取請求において、価格決定の申立がなされた場合、裁判所は「公正な価格」を採用することが多いと思われます。

　配当還元法、ゴードンモデル、収益還元方式、DCF法、類似会社比準方式、類似業種比準方式、簿価純資産方式、時価純資産方式の折衷が裁判所で決定されることが過去の裁判例・判例では多いようです（折衷割合は裁判所によってまちまちとなります）。

　少数株主だからといって配当還元法、ゴードンモデルが多く採用されるわけではありません（東京地裁平成20年3月14日、札幌高裁平成17年4月26日決定、東京高裁平成2年6月15日決定等々）。

（STEP2）について

・不動産部門の集約方法は下記の手順が一般的です。

　○本体会社から持株会社への売却（事業譲渡）

Ⅱ　事業承継スキーム　　*143*

　　不動産取得税・登録免許税のシミュレーションが必要です。また、関連会社間の不動産売却は一般的に当局の念査事項になりますので、あたかも第三者に売却したときと同じようなエビデンスの整理が必要です。

　　以下の判決が各種エビデンスの整理についてヒントになる事例だと思われます。

東京地方裁判所平成26年（行ウ）第284号法人税更正等取消請求事件（第1事件）、平成26年（行ウ）第327号法人税更正等取消請求事件（第2事件）、平成26年（行ウ）第328号法人税更正等取消請求事件（第3事件）、平成26年（行ウ）第329号法人税更正等取消請求事件（第4事件）、（認容）（確定）（納税者勝訴）国側当事者・国（別府税務署長事務承継者大分税務署長・大分税務署長）
平成29年3月8日判決【税務訴訟資料　第267号-40（順号12989）【青色申告承認取消処分／グループ法人間の不動産売買損失】（TAINZ コード　Z 267-12989）

概　　要
〔判示事項〕
1　本件は、E社、G社、第3事件原告F社、第4事件原告H社（原告ら）が、原告らの間における土地の売買により売却損が生じたとしてその額を損金の額に算入するなどして、各法人税の確定申告をしたところ、各所轄の別府税務署長又は大分税務署長が、上記の売買が架空の取引であるとして、原告らに対し、法人税の更正処分及び青色申告の承認の取消処分をしたため、原告らが、これらの処分に違法がある旨の主張をしてその取消しを求める事案である。
2　丙の相続人である丁らは、本件各債務免除等が行われたことにより、丙の相続に関し、8億6000万円余りの相続税を免れる計算になること、原告らは、法人税の確定申告において、本件各債務免除等の額をそれぞれ益金

の額に算入する一方で、これと同額か近似する本件各取引に係る固定資産売却損の額をそれぞれ損金の額に算入しているところ、かかる損金の額の算入が認められれば、本件各更正処分に係る納付すべき法人税額に相当する合計7億5000万円余りの法人税を免れる計算になることが認められ、以上の事実に照らせば、原告らは、本件各証書を作成するに当たり、被告が指摘するように、丙の相続税対策の結果生じることとなる法人税の課税を避ける目的を有していたものと推認することができる。しかしながら、原告らがかかる目的を有していたとしても、本件各取引が直ちに架空のものとなるものではない。

3　本件各取引における本件各土地の売却価額が不相当に低額であったことや、原告らが確定申告において損金の額に算入した固定資産売却損の額が不相当に高額であったことをうかがわせる証拠はないから、本件各土地には元々相当額の含み損が存していたことがうかがわれる。本件各取引は、これらの含み損を損金として確定させるという意味合いをも有するものであり、また、本件各取引の経営判断上の意義として原告らが主張する内容にも相応の合理性が認められるのであって、本件各取引が専ら法人税の課税を避けることのみを目的として行われたものであると断定することは困難であるから、本件各取引を不当な租税回避と評することは相当ではないというべきである。

4　本件各土地については、本件各取引に先行して設定されていた根抵当権の解除はされておらず、原告らにおいて、根抵当権者である金融機関に対し、本件各取引がされたこと自体を、少なくとも正式に書面に明記する形で報告してはおらず、正式にその了承を得たものでもないこと等が認められる。しかしながら、原告らにおいて、本件各証書に対応する所有権の移転の登記を経由していなかったことから、金融機関等の対外的な関係においては、登記上の所有名義を前提に対応するとの方針に基づいて行われたものと捉えることができ、また、一部の金融機関では原告らの上記の各対応を黙認していた事情がうかがわれるから、原告らの上記の各対応が、厳密には契約違反ということで金融機関からの責任追及を受けることがあり

得るとしても、そのことが直ちに本件各取引が架空のものであったことを推認させるものではない（下線筆者）というべきである。

5　本件各土地のうち、土地Ａ１、土地Ｂ２、土地Ｃ及び土地Ｄ３については、本件取引の前には各土地上の建物の所有者と土地の所有者が一致していたところ、その後には両者が相違するようになったことが認められる。

　　しかしながら、本件各取引の経営判断上の意義として原告らが主張する内容には相応の合理性が認められるところ、これによれば上記のように各土地上の建物の所有者と土地の所有者が相違するに至っても、直ちに不自然なものとはいえない上、かえって、上記各土地の売主（各土地上の建物の所有者）が、その買主に対し、本件各取引の後、土地の賃料を継続的に支払っていることが認められ、以上からすれば、上記の建物と土地の所有関係は、本件各取引が架空のものであることを推認させるものではなく、むしろ上記の土地の賃料の支払の事実は、当該各取引が架空のものではないことを示す事情であるということができる。

6　（省略）

本　　文

事実及び理由

第２　事案の概要

　　本件は、株式会社Ｅ、有限会社Ｇ、第３事件原告株式会社Ｆ、第４事件原告Ｈ有限会社（以下、それぞれ「Ｅ」、「Ｇ」、「原告Ｆ」、「原告Ｈ」といい、併せて「原告ら」という。）が、原告らの間における土地の売買により売却損が生じたとしてその額を損金の額に算入するなどして、Ｅ、Ｇにおいては平成16年8月1日から平成17年7月31日までの事業年度（以下「平成17年7月期」という。）の、原告Ｆにおいては平成16年10月1日から平成17年9月30日までの事業年度（以下「平成17年9月期」という。）の、原告Ｈにおいては平成17年4月1日から平成18年3月31日までの事業年度（以下「平成18年3月期」という。）の各法人税の確定申告をしたところ、各所轄の別府税務署長又は大分税務署長が、上記の売買が架空の取引であるとして、原告らに対し、上記

各事業年度（以下「本件各事業年度」という。）の法人税の更正処分及び本件
各事業年度以後の法人税の青色申告の承認の取消処分をしたため、原告ら
が、これらの処分（G及び原告Fに対する各更正処分については、それぞれ再更
正処分により一部取り消された後のもの。以下「本件各処分」といい、このうち
の各更正処分を「本件各更正処分」、各承認取消処分を「本件各承認取消処分」と
いう。）に違法がある旨の主張をしてその取消し（本件各更正処分については
各申告額を超える部分の取消し）を求める事案である。

1　前提事実（争いのない事実、顕著な事実並びに掲記の証拠及び弁論の全趣旨
　により認められる事実）

　(1)　原告らについて

　　ア　Eは、「パチンコ、遊技場の経営」等を目的として昭和51年7月●
　　　日に設立された株式会社であり、昭和52年8月1日から昭和53年7月
　　　31日までの事業年度以降の事業年度について、法人税の青色申告の承
　　　認を受けていた。

　　イ　Gは、「遊技場の経営」、「不動産の売買、不動産賃貸業」等を目的
　　　として平成5年8月●日に設立された有限会社であり、平成6年8月
　　　1日から平成7年7月31日までの事業年度以降の事業年度について、
　　　法人税の青色申告の承認を受けていた。

　　ウ　原告Fは、「自動車用品及び自動車部品の卸、販売」、「喫茶店、食
　　　堂、マージャンクラブ、パチンコ店の経営」等を目的として昭和52年
　　　11月●日に設立された株式会社であり、平成3年10月1日から平成4
　　　年9月30日までの事業年度以降の事業年度について、法人税の青色申
　　　告の承認を受けていた。

　　エ　原告Hは、「不動産売買」等を目的として昭和45年3月●日に設立
　　　された有限会社であり、昭和46年4月1日から昭和47年3月31日まで
　　　の事業年度以降の事業年度について、法人税の青色申告の承認を受け
　　　ていた。

　　オ　原告らは、いずれも丙を創始者とし、その平成17年4月30日当時の
　　　株主の構成は、別表1の「株主構成」の表のとおりであり、役員の構

成は、同別表の「役員構成」の表のとおりであって、丙及びその子である丁その他の親族らが発行済株式の全部又は出資の全額を有する同族会社であった（以下、原告らをまとめて「Eグループ」ということがある。）。

なお、E及びGは、本件各訴え提起後の平成28年6月●日、原告Fに吸収合併された。

(2) 原告らの法人税の確定申告に至る経緯等

ア 丙らによる債務の免除及び債権の贈与

　(ア) 丙は、平成17年5月11日から同月24日にかけて、別表2の番号1から6までのとおり「債務免除証書」及び「贈与証書」を作成し、Eに対しては、同別表の番号5及び6の債務を、原告Hに対しては、同別表の番号1及び2の債務をそれぞれ免除し、また、Gに対しては、同別表の番号3のEに対する債権を、原告Fに対しては、同別表の番号4のEに対する債権をそれぞれ贈与した（免除及び贈与の総額は22億0767万5557円。）。

　(イ) 丁は、平成17年5月16日、別表2の番号7のとおり「債務免除証書」を作成し、Eに対し、同番号の債務（2億円）を免除した。

　(ウ) 丙は、平成17年5月●日に死亡し、同人の相続人である乙、丁及び戊は、平成18年3月14日、丙の相続に係る相続税の申告書を提出しているところ、同申告書には、上記の相続に係る相続財産として、前記(ア)の債権総額22億0767万5557円についての記載はない。

イ 不動産売買契約証書の作成等

　(ア) 原告らは、大分県内に所在する別表3記載の各土地（以下、同別表の「本件各土地」欄記載の略称を用い、併せて「本件各土地」という。）を、本件土地A1及び本件土地A2については平成17年7月1日当時、その他の土地については同年5月16日当時、それぞれ同別表の「所有者」欄記載のとおり所有していた。

　(イ) 原告らは、別表4の「日付」欄記載の日（本件土地A1及び本件土地A2については平成17年7月1日、その他の土地については同年5

月16日）付けで、同「売主」欄記載の者〔上記(ｱ)の各所有者〕を売主とし、同「買主」欄記載の者を買主として、同「目的物」欄記載の本件各土地を同「売買代金（円）」欄記載の代金で売買する旨の「不動産売買契約証書」を作成した（売買代金の総額は15億0458万7885円。以下、同別表の番号１から６までの各不動産売買契約証書を順次「本件証書１」などといい、これらを併せて「本件各証書」といい、また、本件各証書に記載されている売買取引を順次「本件取引１」などといい、これらを併せて「本件各取引」という。）。本件各証書には、それぞれ、同別表の「支払日・支払方法」欄、「引渡日」欄及び「特約」欄に記載の事項が記載されていた。

(ｳ)　本件各土地については、本件各処分がされるまでの間、本件各証書に売主として記載されている者から買主として記載されている者への所有権の移転の登記はされなかった。

　　なお、本件土地Ｂ２については、平成26年５月15日受付で、「平成17年５月16日売買」を登記原因とするＧからＥへの所有権の移転の登記がされた上、平成26年５月29日受付で、「平成26年５月29日売買」を登記原因とするＥから訴外Ｉ株式会社への所有権の移転の登記がされている。他方、それ以外については、同年７月31日に至っても、いまだ所有権の移転の登記はされていない。

(ｴ)　本件各証書に買主として記載されている者は、本件各取引につき不動産取得税の申告及び納付を行っておらず、また、大分県知事は、本件各取引につき不動産取得税の賦課決定をしていない。

(ｵ)　本件各土地の一部には建物が存するところ、その所有者や使用状況は別表５のとおりであり、本件各証書作成後も建物の所有者や使用状況に変わりはなかった。なお、原告らは、同別表のとおり、本件各事業年度の法人税の確定申告において、本件各取引により所有者の移転があったことを前提に、地代家賃の収受等があったとして、これらを損金又は益金に算入している。

(ｶ)　本件各土地の一部には、本件各証書の作成日付の時点で、別表３

の「根抵当権者」欄記載の金融機関を根抵当権者とする根抵当権が設定されていた。

ウ　原告らの法人税の確定申告

(ア)　Eは、平成17年9月30日、別府税務署長に対し、平成17年7月期の法人税について、本件債務免除5、本件債務免除6及び本件債務免除7により、それぞれ3億円、2億円及び2億円（合計7億円）の債務免除益が生じたとして、これらの金額を雑収入として益金の額に算入し、また、本件取引5及び本件取引6により、それぞれ2億9188万1084円及び4億3466万7615円（合計7億2654万8699円）の固定資産売却損が生じたとして、これらの金額を損金の額に算入して、欠損金額を1億4895万3455円、納付すべき法人税額を0円、所得税額等の還付金額を5万8801円とする確定申告書を提出した。

(イ)　Gは、平成17年9月30日、別府税務署長に対し、平成17年7月期の法人税について、本件債権贈与3により6億1880万0542円の受贈益が生じたとして、この金額を雑収入として益金の額に算入し、また、本件取引1により6億1880万0542円の固定資産売却損が生じたとして、この金額を損金の額に算入して、所得金額を0円、納付すべき法人税額を0円とする確定申告書を提出した。

(ウ)　原告Fは、平成17年11月30日、大分税務署長に対し、平成17年9月期の法人税について、本件債権贈与4により8億0036万0742円の受贈益が生じたとして、この金額を雑収入として益金の額に算入し、また、本件取引2により8億0036万0742円の固定資産売却損が生じたとして、この金額を損金の額に算入して、所得金額を4681万7007円、納付すべき法人税額を1340万5100円とする確定申告書を提出した。

(エ)　原告Hは、平成18年5月30日、大分税務署長に対し平成18年3月期の法人税について、本件債務免除1及び本件債務免除2により、それぞれ5000万円及び2億3851万4273円（合計2億8851万4237円）の債務免除益が生じたとして、これらの金額を雑収入として益金の

額に算入し、また、本件取引3及び本件取引4により、それぞれ1億5438万9002円及び8412万5271円（合計2億3851万4273円）の固定資産売却損が生じたとして、これらの金額を損金の額に算入して、欠損金額を1952万5462円、納付すべき法人税額を0円とする確定申告書を提出した。

(3) 本件における各処分の経緯等（省略）

(4) 本件各処分に係る計算等について（省略）

2 争点

(1) 本件各取引は架空のものであったか

(2) （省略）

3 争点に関する当事者の主張

(1) 争点(1)（本件各取引は架空のものであったか）について

（被告の主張）（省略）

（原告らの主張）（省略）

(2) 争点(2)（原告らが本件各土地に係る固定資産売却損を総勘定元帳に記載したことは、青色申告の承認の取消しの要件に該当するか）について（省略）

第3 当裁判所の判断

1 認定事実

前提事実、掲記の証拠及び弁論の全趣旨によれば、以下の事実が認められる。

((1)・(2)省略)

2 争点(1)（本件各取引は架空のものであったか）について

(1) 被告は、本件各取引につき本件各証書が作成されているとしても、①本件各土地は、本件各証書の作成後も所有権の移転の登記が経由されていないこと、②原告らが本件各土地を取得したとして不動産取得税の申告及び納付をしていないこと、③本件各土地について、通常、売買に先行して行われるべき根抵当権の解除や、根抵当権者である金融機関への通知等がされていないこと、④原告らが、本件土地B1及び本件土地D

２につき、本件各証書作成後、本件各証書上の売主を所有者として新たな根抵当権を設定するなどしていること、⑤原告らは、架空の借入金及び貸付金を利用して本件各土地の売買代金の清算を行うという処理をしていること、⑥本件各取引に係る固定資産売却損の計上は、原告らが計上した債務免除益又は受贈益の金額に対応してされたものであり、丙の相続税対策の結果生じた法人税の課税を免れるために行われたものであることが推認されること、⑦本件各土地の使用の状況からして、原告らが本件各土地を売却する必要性は認められず、かえって、本件各証書上の売主が、そのまま納税義務者として、本件各土地の固定資産税を納付し続けており、そのうち、本件土地Ａ２については、本件証書６上の売主であるＥが、引き続き所有者として、Ｋとの間で土地賃貸借契約を締結していること、⑧本件各証書の特約条項には、税金対策を念頭にした特殊な記載があること等からすれば、<u>本件各取引は架空のものであったというべきである旨を主張する</u>（下線筆者）ので、以下、上記の各点等について検討する。

(2) 上記⑥、⑧の点（本件各証書作成の目的及び特約条項）について

　この点、前提事実及び弁論の全趣旨によれば、丙の相続人である丁らは、本件債務免除７を除く本件各債務免除等が行われたことにより、丙の相続に関し、８億6000万円余りの相続税を免れる計算になること、原告らは、法人税の確定申告において、本件各債務免除等の額をそれぞれ益金の額に算入する一方で、これと同額か近似する本件各取引に係る固定資産売却損の額をそれぞれ損金の額に算入しているところ、かかる損金の額の算入が認められれば、本件各更正処分に係る納付すべき法人税額に相当する合計７億5000万円余りの法人税を免れる計算になることが認められ、以上の事実に照らせば、原告らは、本件各証書を作成するに当たり、被告が指摘するように、丙の相続税対策の結果生じることとなる法人税の課税を避ける目的を有していたものと推認することができる。

　しかしながら、<u>原告らがかかる目的を有していたとしても、本件各取</u>

引が直ちに架空のものとなるものではない。(下線筆者) 本件各債務免除等が架空のものではなく（この点は被告も争わない。）、これにより原告らに債務免除益及び受贈益が現実に発生する以上、本件各取引によってこれに見合うだけの固定資産売却損が現実に発生しなければ、上記の目的を達成することができないから、原告らにとっては、本件各取引はむしろ架空のものであってはならないものであったということができる。したがって、原告らが上記目的を有していたことは、本件各取引が架空のものであることを裏付けるものではない。

　また、本件各証書の特約条項に「譲渡価格が税務上問題がある場合は、互いに税務上不利にならないその適正金額において譲渡されたものとして取り扱う。」との定めがあることについても、この定めは、税務当局から本件各取引が低額譲渡と認定された場合には、確定申告において適正な譲渡価額を前提とした固定資産売却損等を計上することを取り決めたものと解釈することが可能なものであるから、直ちに本件各取引が架空のものであることを裏付けるものではない（下線筆者）というべきである。

　なお、本件各取引における本件各土地の売却価額が不相当に低額であったことや、原告らが本件の確定申告において損金の額に算入した固定資産売却損の額が不相当に高額であったことをうかがわせる証拠はないから、本件各土地には元々相当額の含み損が存していたことがうかがわれる。本件各取引は、これらの含み損を当該事業年度において損金として確定させるという意味合いをも有するものであり、また、本件各取引の経営判断上の意義として原告らが主張する内容にも相応の合理性が認められるのであって、本件各取引が専ら法人税の課税を避けることのみを目的として行われたものであると断定することは困難であるから、本件各取引を不当な租税回避と評することは相当ではない（下線筆者）というべきである。

(3)　前記①、②の点（登記及び不動産取得税の納付の状況等）について

　　前提事実のとおり、原告らは、本件各土地につき、本件各証書の作成

後も所有権の移転の登記を経由しておらず、その不動産取得税の申告及び納付をしていないことが認められる。

しかしながら、かかる事実については、本件各取引が、いずれも同族会社であるEグループ内でされたもので、所有権に係る対抗要件の具備の要否の観点からは、直ちに登記をすることを要しない状況においてされたものである上、原告らにおいて登記に要する費用や不動産取得税の負担を避けようとする目的があったとみることで了解し得るものであって、直ちに本件各取引が架空のものであったことを推認させるものではない。（下線筆者）

(4)　前記③、④の点（金融機関との間の根抵当権の設定に係る状況等）について

前提事実、前記1(1)の事実、証拠及び弁論の全趣旨によれば、本件各土地については、本件各取引に先行して設定されていた根抵当権の解除はされておらず、原告らにおいて、根抵当権者である金融機関に対し、本件各取引がされたこと自体を、少なくとも正式に書面に明記する形で報告してはおらず、正式にその了承を得たものでもないこと、本件土地B1及び本件土地D2につき、本件各証書作成後においても、本件各証書における売主が所有者として、臨時株主総会議事録等を作成した上で、新たな根抵当権を設定するなどしていることが認められる。

しかしながら、原告らの上記の各対応は、原告らにおいて、前(3)のとおり、本件各証書に対応する所有権の移転の登記を経由していなかったことから、金融機関等の対外的な関係においては、登記上の所有名義を前提に対応するとの方針に基づいて行われたものと捉えることができ、また、証拠によれば、根抵当権者である金融機関のうち、J銀行については、実際にはその関係者において本件取引1、本件取引2、本件取引5及び本件取引6がされたと認識していたことが認められ、一部の金融機関では原告らの上記の各対応を黙認していた事情がうかがわれるから、原告らの上記の各対応が、厳密には契約違反ということで金融機関からの責任追及を受けることがあり得るとしても、そのことが直ちに本

件各取引が架空のものであったことを推認させるものではない（下線筆者）というべきである。

(5)　前記⑤の点（仕訳と売買代金の処理の状況）について

　　前提事実及び前記1(2)のとおり、原告らは、丙及びEグループ内で貸付金と借入金の各仕訳をしているところ、この各仕訳は、それら自体でみれば、丙及びEグループ内で貸付けを循環させるものとなっている上、計上日と入力日が一致していないものとなっている。しかしながら、そのことで、本件各取引に係る売買代金の決済が売買当事者間の反対貸付金債権との相殺処理の形でされていることが直ちに無効であることにはならない上、証拠によれば、上記の各仕訳に係るものを含め、丙及びEグループ内での貸付金については、実際に清算がされたか、清算に向けて支払が継続中のものとして処理されていることが認められ、これによれば、本件各土地の売買代金に相当する額の金銭が最終的には各買主の出捐によって各売主の下に収まることになるから、上記の処理が、本件各取引が架空のものであったことを推認させるものであるとはいえず、むしろ上記の貸付金の清算の事実は、本件各取引が架空のものではなかったことを示す事情である（下線筆者）ということができる。

(6)　前記⑦の点（本件各土地の使用の状況等）について

　ア　前提事実のとおり、本件各土地のうち、本件土地A1、本件土地B2、本件土地C及び本件土地D3については、本件取引の前には各土地上の建物の所有者と土地の所有者が一致していたところ、その後には両者が相違するようになったことが認められる。

　　　しかしながら、本件各取引の経営判断上の意義として原告らが主張する内容には相応の合理性が認められるところ、これによれば上記のように各土地上の建物の所有者と土地の所有者が相違するに至っても、直ちに不自然なものとはいえない上、かえって、証拠及び弁論の全趣旨によれば、上記各土地の売主（各土地上の建物の所有者）が、その買主に対し、本件各取引の後、土地の賃料（本件土地A1について毎月50万円、本件土地B2について毎月30万円、本件土地Cについて当初

毎月100万円、平成19年10月以降は毎年1200万円、本件土地Ｄ３について毎月60万円）を継続的に支払っていることが認められ、以上からすれば、上記の建物と土地の所有関係は、本件各取引が架空のものであることを推認させるものではなく、むしろ上記の土地の賃料の支払の事実は、当該各取引が架空のものではないことを示す事情である（下線筆者）ということができる。

　なお、原告らは、上記の賃料の授受に関し、土地賃貸借契約書等も提出するところ、これらは、被告が本件に係る税務調査の際に入手した、同一の土地に係る各賃貸借契約書とその記載内容等で一致しない点がある上、坪数について整合しない記載があるなどの問題があるものの、上記の賃料の授受がされたこと自体について直ちに疑義が生ずるものではない以上、そのことをもって、本件各取引が架空のものであったことを推認させるものではないというべきである。

イ　また、前提事実及び証拠によれば、本件土地Ａ２の一部（●●の土地の一部及び●●の土地）については、本件取引６の売主であるＥが、本件取引６後の平成18年１月17日付けで、所有者として、Ｋとの間で事業用定期借地契約書を作成し、同年10月６日付けで、同旨の事業用借地権設定公正証書を作成していることが認められる。

　もっとも、これも前記(4)の金融機関との関係と同様に、対外的な関係においては、登記上の所有名義を前提に対応するとの方針に基づくものと捉えることができ、かえって、証拠及び弁論の全趣旨によれば、上記の本件土地Ａ２の一部に関し、Ｅは、一旦、上記契約書等に沿ってＫから賃料（毎月115万円。ただし、毎月90万円、100万円となっている時期がある。）を受領しているものの、その後、本件取引６の買主である原告Ｆに対し、同額を支払っていることが認められ、以上からすれば、上記の点は、本件各取引が架空のものであることを推認させるものではなく、むしろ上記のＥから原告Ｆへの賃料の支払の事実は、本件取引６が架空のものではないことを示す事情であるということができる。

ウ　さらに、証拠及び弁論の全趣旨によれば、原告らにおいては、本件各取引後も、本件各取引の売主が固定資産税の納税義務者として通知を受け、固定資産税を納付し続けていることが認められるものの、これも、原告らにおいて、前記(3)のとおり、本件各証書に対応する所有権の移転の登記を経由していなかったことから、登記名義人が納税義務者となる固定資産税（地方税法343条2項）については登記上の所有名義を前提に対応するとの方針に基づくものと解し得る上、上記証拠によれば、原告らにおいては、一旦は、本件各取引の売主が固定資産税を納付するものの、その後、買主が固定資産税相当額を売主に支払っていることが認められ、以上からすれば、固定資産税の納付に係る事情も本件各取引が架空のものであることを推認させるものではなく、むしろ<u>上記の買主から売主への固定資産税相当額の支払の事実は、本件各取引が架空のものではない</u>（下線筆者）ことを示す事情であるということができる。

(7)　丁やL経理部長の質問応答書について

ア　丁の平成24年4月17日における質問応答書には、前記1(1)の本件土地B1及び本件土地D2に係るG及び原告Hの各臨時株主総会議事録に関し、議事録は実際に株主総会等を開催して作成したもので、その議事録に間違いはないとしつつ、上記各土地の所有者が本件証書1及び本件証書3とは矛盾しており、本件取引1及び本件取引3がなかったと言われても仕方がない旨を供述したとの記載がある。

しかしながら、丁は、上記質問応答書において、全体としては、本件各取引が実際にされたことを前提に供述をしており、上記の記載のような供述をしたとしても、それは、本件土地B1及び本件土地D2の所有者につき、上記の各議事録の記載と本件各証書の内容が整合していないことを十分に認識しないまま回答したため、その後矛盾を指摘された際、とっさにその説明をすることができないまま回答したにすぎないと捉えることができる。そして、その後の税務調査や不服申立手続及び本件訴訟においては、実際の所有関係は上記の各議事録の

記載とは異なり、本件各証書に記載されたとおり変更されている旨を供述していること、前記(4)のとおり、上記各議事録の作成自体、直ちに本件各取引が架空のものであったことを推認させるものではないことも踏まえれば、丁が上記の記載のような供述をしたとしても、直ちに本件各取引が架空のものであったことを推認させることにはならないというべきである。

イ　また、L経理部長の平成24年4月17日における質問応答書には、前記1(2)の各仕訳と貸付金の作出に関し、仕訳表の取引は、本件各取引の決済原資捻出のための仕分（ママ）入力のみの実態のない取引ということで間違いないかとの質問に対し、間違いないと回答した旨の記載がある。

しかしながら、L経理部長は、上記質問応答書において、Eグループ間の貸借勘定をきれいにしたかったので、土地の売却に伴いグループ法人間の資金移動が発生しないよう、仕分（ママ）処理のみで調整することを社長（丁）に提案し、その承諾を得た旨も供述しているところ、上記の記載のような供述をしたとしても、その「実態のない取引」とは、仕訳の時点で実際に金銭の授受があったわけではないことを指すにとどまると捉えることができる上、その後の税務調査や不服申立手続及び本件訴訟においては、前記1(2)の各仕訳と貸付金の作出に関し、実態がないものではない旨を供述していること、前記(5)のとおり、前記1(2)の各仕訳と貸付金の作出に関する事実は、本件各取引が架空のものであったことを推認させるものではないことも踏まえれば、L経理部長が上記の記載のような供述をしたとしても、直ちに本件各取引が架空のものであったことを推認させることにはならないというべきである。

(8)　以上のとおり、被告の主張する前記の各点等については、いずれもこれらをもって本件各取引が架空のものであると推認するには足りず、これらを総合しても同様であり、他方で、原告らには本件各取引を架空のものとしてではなく実際に行う理由があり、本件各証書が存し、これを

前提とする実質的な売買代金の清算や土地の賃料、固定資産税相当額等の授受がされていること等からすれば、本件各取引が、架空のものであるとはいえないというべきである。

○現物出資

原則的として、上記と同様に、不動産取得税及び登録免許税が生じます。

ただし、法人が新設法人を設立するにあたって行う不動産の現物出資で、新たに設立される法人の設立時において、下記①～③のすべての要件を満たした場合に限って、不動産取得税が非課税とされています（地方税法73の7二の二、同法施行令37の14の2）。

① 現物出資法人が、被現物出資法人の発行済株式の総数の90％以上の株式を所有していること。

② 被現物出資法人が現物出資法人の事業の一部の譲渡を受け、その譲渡に係る事業を継続して行うことを目的としていること。

③ 被現物出資法人の取締役の1人以上が現物出資法人の取締役又は監査役であること。

これを満たすことは課税実務上は、非常にまれと思われます。したがって、今回のようなスキームでは当初から考慮に入れないことが多いように思われます。

また法人に対する現物出資は課税実務上は煩雑な課税関係を考慮しなくてはならないため、現物出資を検討する際にも、①初めに金銭出資し②その出資額相当額で現物を購入するという手法の方が一般的です。

なお、現物出資時には下記の文書回答事例に留意が必要です。例えば親会社→子会社に現物出資した場合、その証明業務等に係る費用は子会社が負担すべきものとなります。

II 事業承継スキーム **159**

個人が所有する土地を法人に現物出資した際の費用を、契約により個人が負担した場合の当該費用の譲渡費用の該当性について（照会）

別紙1

事前照会の趣旨

　個人甲及び乙（以下「甲ら」といいます。）は、Ａ株式会社（以下「Ａ法人」といいます。）の増資に当たり、甲らの所有する土地（以下「本件土地」といいます。）を現物出資し、Ａ法人の株式を取得しました。

　本件土地の現物出資に当たっては、下記 から までの費用（以下「本件各費用」といいます。）が生ずることとなりますが、本件各費用について、甲らとＡ法人との間の契約（以下「本件契約」といいます。）において、甲らが負担するものとされ、甲らが支払いました。

　この場合、甲らの現物出資に係る譲渡所得の計算上、本件各費用は譲渡費用になると解してよろしいでしょうか。

① 　本件土地の所有権移転登記に係る登録免許税

② 　会社法第207条第9項第4号に規定する現物出資した土地の価額についての税理士の証明に対する報酬（以下「税理士報酬」といいます。）

③ 　会社法第207条第9項第4号に規定する現物出資した土地の価額についての不動産鑑定士の鑑定評価に対する報酬（以下「不動産鑑定料」といいます。）

別紙2

事前照会に係る取引等の事実関係

1 　現物出資の内容

現物出資者	現物出資財産	付与株式
甲	Ａ土地	Ａ法人株式　〇〇〇〇株
	Ｂ土地（持分1/2）	
乙	Ｂ土地（持分1/2）	Ａ法人株式　〇〇〇〇株

2 　本件各費用の内容

（1）契約

甲らとＡ法人との間で、本件各費用は、甲らが負担する。

(2) 内訳

本件各費用	
登録免許税	1,544,000円
税理士報酬	420,000円
不動産鑑定料	399,000円
計	2,363,000円

別紙3

事前照会者の求める見解となることの理由

1　法令等の定め

(1)　所得税法

譲渡所得の金額の計算上、譲渡所得の総収入金額から譲渡所得の基因となった資産の取得費及びその資産の譲渡に要した費用の額の合計額を控除することができますが（所法33③）、この「資産の譲渡に要した費用」とは、次のとおりとされています（所基通33－7）。

イ　資産の譲渡に際して支出した仲介手数料、運搬費、登記又は登録に要する費用その他当該譲渡のために直接要した費用

ロ　上記イに掲げる費用のほか、立退料、建物取壊費用、当該資産の譲渡価額を増加させるために譲渡に際して支出した費用

(2)　登録免許税法

登記等を受ける者は、登録免許税を納める義務があるとされています（登免税法3）。

この場合、通説では、「登記等を受ける者」とは、売買による不動産の所有権移転登記のように共同申請により行われる場合には、登記権利者と登記義務者の双方が登録免許税を納付する義務があると解するのが妥当とされ、当事者の契約によって登録免許税の負担を定めた場合には、その定めるところにより、取引上慣習があればそれに従うことも当然であるとされています。

Ⅱ　事業承継スキーム　　*161*

(3)　会社法

　イ　株式会社は、発行株式を引き受ける者の募集をしようとするとき
　　は、その都度、募集株式について、所定の事項を定めなければならな
　　いとされており、金銭以外の財産を出資の目的とするときは、その旨
　　並びに当該財産の内容及び価額を定めなければならないとされていま
　　す（会社法199①三）。

　ロ　株式会社は、会社法第199条第1項第3号に掲げる事項を定めたと
　　きは、現物出資財産の価額を調査させるため、裁判所に対し、検査役
　　の選任の申立てをしなければならないとされています（同法207①）。

　　　ただし、現物出資財産が不動産である場合、その価額が相当である
　　ことについて税理士の証明及び不動産鑑定士の鑑定評価を受けた場
　　合、当該証明を受けた現物出資財産の価額について検査役の調査は不
　　要となります（同法207⑨四）。

2　見解

(1)　登録免許税

　　不動産を売買した場合、売買を原因とする所有権移転登記が行われる
　ことから、当該所有権移転登記の費用は、資産の譲渡及び取得に際し直
　接生ずる費用であると考えられます。

　　そして、上記1(2)のとおり、売買による不動産の所有権移転登記のよ
　うに登記申請が登記権利者と登記義務者との共同申請により行われる場
　合には、登記権利者と登記義務者の双方が登録免許税の納税義務者と解
　され、その納付義務の割合は、契約があればその契約の定めるところに
　より、また、慣習があれば慣習によるとされています。

　　したがって、所有権移転登記が甲らとA法人の共同申請により行わ
　れている本件の場合、本件土地の所有権移転登記に係る登録免許税の納
　税義務者は、登記権利者であるA法人と登記義務者である甲らの双方
　となり、登録免許税は本件契約により甲らが負担することとされていま
　すので、甲らが負担する登録免許税の全額が、客観的に見て資産の譲渡
　を実現するために必要な費用であり、譲渡費用に該当するものと考えま

す。

(2) 税理士報酬及び不動産鑑定料

上記1(3)ロのとおり、不動産を株式会社に対し現物出資するために
は、裁判所の選任した検査役の調査若しくは税理士の証明及び不動産鑑
定士の鑑定評価が必要となります。

そして、本件の場合、税理士報酬及び不動産鑑定料は、本件契約によ
り甲らが負担するものとされていることから、客観的に見て資産の譲渡
を実現するために必要な費用であり、譲渡費用に該当するものと考えま
す。

(回答内容)

標題に関する登録免許税については、貴見のとおり取り扱われますが、税
理士報酬及び不動産鑑定料については、下記の理由から、貴見のとおり取り
扱われるとは限りません。

なお、この回答内容は関東信越国税局としての見解であり、事前照会者の
申告内容等を拘束するものではないことを申し添えます。

(理由)

1 所得税法第33条第3項に規定する資産の譲渡に要した費用

所得税法第33条第3項に規定する譲渡所得の総収入金額から控除するこ
とのでき「資産の譲渡に要した費用」(以下「譲渡費用」といいます。)と
は、取得費とされるものを除き、①資産の譲渡に際して支出した仲介手数
料等その他資産の譲渡のために直接要した費用、②①のほか、借家人等を
立ち退かせるための立退料等その他資産の譲渡価額を増加させるため譲渡
に際して支出した費用であるとされています(所基通33-7)。そして、資
産の譲渡に当たって支出された費用が所得税法第33条第3項にいう譲渡費
用に当たるかどうかは、一般的、抽象的に当該資産を譲渡するために当該
費用が必要であるかどうかによって判断するのではなく、現実に行われた
資産の譲渡を前提として、客観的に見てその譲渡を実現するために当該費
用が必要であったかどうかによって判断すべきものである(平成18年4月

20日最高裁第一小法廷判決）とされており、①の資産の譲渡のために直接要した費用に当たるかどうかは、現実に行われた資産の譲渡を前提として、客観的に見てその譲渡を実現するために当該費用が必要であったかどうかにより判断することとなります。

2　現物出資に係る税理士報酬及び不動産鑑定料

　株式会社が増資をしようとするときにおいて、金銭以外の財産を出資の目的とするときは、その旨並びにその財産の内容及び価額を定めなければなりません（会社法199①三）。この場合、株式会社は、遅滞なく、当該現物出資財産の価額を調査させるため、裁判所に対し検査役の選任の申立てをしなければならず（同法207①）、裁判所は、検査役を選任した場合には、株式会社が当該検査役に対して支払う報酬の額を定めることができるとされています（同法207③）。

　ただし、現物出資財産が不動産であって、当該現物出資財産の価額が相当であることについて税理士等による証明及び不動産鑑定士による鑑定評価を受けた場合には、検査役の調査は必要ないとされています（同法207⑨四）。

　そして、この税理士等による証明及び不動産鑑定士による鑑定評価は、専門家による評価への信頼を基礎として、現物出資する不動産の価額についての検査役の調査に代わり不動産の価額が相当であることを証明するものであり、また、検査役による価額の調査が行われた場合の報酬は現物出資を受けた株式会社が当該検査役に対して支払うべきものとされていることからすれば、この場合の税理士報酬及び不動産鑑定料も、現物出資を受けた株式会社が税理士及び不動産鑑定士に対して支払うべきものと解するのが相当です。

　そうすると、本件の場合、税理士報酬及び不動産鑑定料は、Ａ法人が税理士及び不動産鑑定士に対して支払うべきものであるから、たとえ契約に基づき甲らが負担するものとされたとしても、甲らにとって、上記1①の客観的に見て現物出資を実現するために必要であった費用に該当するとは認められないものと考えられます。

　また、当該税理士報酬及び不動産鑑定料は、現物出資する不動産の価額

の証明の対価ですから、上記１②の譲渡価額を増加させるために譲渡に際して支出した費用にも該当しません。

　したがって、税理士報酬及び不動産鑑定料は、譲渡費用に該当しません。（下線筆者）

○（税制適格）分割型分割

　地方税第73条の７第２号後段及び地方税法施行令第37条の14に定める会社分割により不動産を取得した場合、不動産取得税は非課税となります[11]。

【非課税の要件】

１　以下のいずれかの分割において、それぞれの条件を満たすこと（吸収分割、新設分割を問わない）

　＜分割型分割＞

　①　分割対価資産として、分割承継法人の株式以外の資産が交付されないこと

　②　当該株式が分割法人の株主等の有する当該分割法人の株式の数の割合に応じて交付されるもの

　＜分社型分割＞

　①　分割対価資産として、分割承継法人の株式以外の資産が交付されないこと

２　以下の項目にすべて該当すること

　①　当該分割により分割事業にかかる主要な資産及び負債が分割承継法人に移転していること

　②　当該分割に係る分割事業が分割承継法人において当該分割後に引き続き営まれることが見込まれていること

　③　当該分割の直前の分割事業に係る従業者のうち、その総数のおおむね100分の80以上に相当する数の者が当該分割後に分割承継

11　http://www.tax.metro.tokyo.jp/shitsumon/tozei/kaisyabunkatsu.pdf

法人に従事することが見込まれていること

【申告に必要な書類】

　申告書の添付書類は写しで結構ですが、必要に応じて原本を確認させていただくことや、その他の書類を提出していただくことがあります。

□不動産取得税非課税申告書

□分割について承認又は同意があったことを証する書類

　（例）分割会社の株主総会議事録、取締役会議事録等

□分割の内容がわかるもの（要件１及び要件２②の要件を確認するもの）

　＜新設分割の場合＞分割計画書

　＜吸収分割の場合＞分割契約書

□履歴事項全部証明書【分割法人、分割承継法人とも】（要件２②を確認するもの）

□定款【分割法人、分割承継法人とも】（要件２②を確認するもの）

□分割法人から承継する権利義務に関する事項を確認できる書類

　（例）貸借対照表、承継権利義務明細表等、要件２①に該当することが確認できる書類

□分割事業に係る従業員のうち、分割承継法人に従事する人数が分かる書類

　（例）会社分割に伴う労働契約の承継等に関する法律に係る書面、雇用契約書、分割前後における当該分割事業部門の従業者の人数比較表、従業者名簿等、要件２③を確認できる書類

　不動産取得税非課税用件を満たすことは実務上、稀なため、通常は適用外になると思われます。

　しかし、売却と異なり、持株会社に資金負担が生じず、グループ全体として見た場合の財務体質悪化にはならないことから、上記の非課税措置の適用がなくとも、税制適格（通常の中小企業ではこれに該当します）の場合、これを実行することは比較的多いものと思われます。

○適格現物分配

持株会社と本体会社に完全支配関係があるときのみ可能です。通常は、実行されることはまれだと思われます。

・事業部門の集約方法は下記の手順が一般的です。

○本体会社の「バックオフィス（総務・経理）」部門を分割型分割

なお、事業部門移転の際の理論武装は一般的に下記の通りです。

○不動産部門

⇒持株会社側　グループ全体の不動産部門管理

⇒本体会社側（関連法人側）　財務体質の改善

○バックオフィス部門移転

基本的に上記と同じ。

本体会社側の理論武装は特に不要。

また、不動産部門を移転した時のいわゆる「リースバック取引」認定回避には下記の通達を考慮することが多いです。

【法人税基本通達12の5－2－1】

（金銭の貸借とされるリース取引の判定）

12の5－2－1　法第64条の2第2項《金銭の貸借とされるリース取引》に規定する「一連の取引」が同項に規定する「実質的に金銭の貸借であると認められるとき」に該当するかどうかは、取引当事者の意図、その資産の内容等から、その資産を担保とする金融取引を行うことを目的とするものであるかどうかにより判定する。したがって、例えば、次に掲げるようなものは、これに該当しないものとする。（平10年課法2-15「4」により追加、平14年課法2-1「三十二」、平15年課法2-7「四十七」、平19年課法2-17「二十八」により改正）

(1)　譲渡人が資産を購入し、当該資産をリース契約（法第64条の2第3項《リース取引に係る所得の金額の計算》に規定するリース取引に係る契約をいう。以下12の5－2－2において同じ。）により賃借するために譲受人に譲渡する場合において、譲渡人が譲受人に代わり資産を購入することに次

に掲げるような相当な理由があり、かつ、当該資産につき、立替金、仮払金等の仮勘定で経理し、譲渡人の購入価額により譲受人に譲渡するもの

イ　多種類の資産を導入する必要があるため、譲渡人において当該資産を購入した方が事務の効率化が図られること

ロ　輸入機器のように通関事務等に専門的知識が必要とされること

ハ　既往の取引状況に照らし、譲渡人が資産を購入した方が安く購入できること

(2)　法人が事業の用に供している資産について、当該資産の管理事務の省力化等のために行われるもの

上記の(2)が持株会社への資産集約に該当します。

（STEP 3 ）について

・（STEP 2 ）の各種資産移転により、持株会社は株特から外れるように設計しなければなりません。

　株式移転方式による場合は、新設当初 3 年間は株価評価上、純資産価額が強制適用されるため、 3 年縛り後、できるだけ類似業種比準価額を使えるように予め上記の手段で事業を持たせる（持株会社の収益付け）必要があります。

・本体会社、持株会社ともになるべく類似業種比準価額が使えるように、小会社→中会社→大会社への再編等を同時に考えます。

（STEP 4 ）について

・本体会社、持株会社ともになるべく類似業種比準価額が使えるように、小会社→中会社→大会社への再編等を同時に考えます。

・相続税評価算定上の、持株会社の本体会社株式取込価額は「本体会社相続税評価額」です。

　この時点の常套手段として、本体会社のオーナーが退任し、役員退職

金支給→本体会社の類似業種比準株価減少→持株会社の株価減少といったプロセスで、持株会社の株価を痛めつけたところで、下記につなげます。

(STEP 5) について

・上記（STEP 4）についてよりドラスティックな方法も存在します。

① 株式交換・株式移転時に本体会社において、オーナーが社長から会長へ分掌変更、後継者が本体会社の社長に就任。同時にオーナーは持株会社の役員に就任。

このときオーナーに分掌変更に関する役員退職金を支給します。役員退職金支給により、持株会社の株価も減少するため、この時に株式異動を同時に検討することが多く見受けられます。

② 持株会社にオーナーが役員就任後、完全引退するときに持株会社において役員退職金を支給。

この時、持株会社においてなるべく類似業種比準価額が使えるような状態にしておきます。役員退職慰労金で株価の引き下げ効果を狙うためです。

上記①と②の実行時期は「期間が離れていれば離れているほどよい」ものとされます。当然、役員退職慰労金に関しては退職所得控除に関して下記の規制もあることに留意します。

（タックスアンサー　No.2737）（一部抜粋）

No.2737　役員等の勤続年数が5年以下の者に対する退職手当等

退職所得の金額は、その年中に支払を受ける退職手当等の収入金額から、その者の勤続年数に応じて計算した退職所得控除額を控除した残額の2分の1に相当する金額とされていますが、役員等としての勤続年数（以下「役員等勤続年数」といいます。）が5年以下の者（以下「特定役員等」といいます。）が、その役員等勤続年数に対応する退職手当等として支払を受けるもの（以下「特定役員退職手当等」といいます。）については、この残額の2分の1と

する措置はありません。

1　特定役員等とは

　　特定役員等とは、役員等勤続年数が5年以下である者をいいますが、この「役員等」とは、次に掲げる人をいいます。

(1)　法人の取締役、執行役、会計参与、監査役、理事、監事、清算人や法人の経営に従事している者で一定の者

(2)　国会議員や地方公共団体の議会の議員

(3)　国家公務員や地方公務員

　　また、役員等勤続年数とは、役員等に支払われる退職手当等の勤続期間のうち、役員等として勤務した期間の年数（1年未満の端数がある場合には、その端数を1年に切り上げたもの）をいいます。

(例)　役員等として勤務した期間が4年11月の場合は、役員等勤続年数が5年となることから、特定役員等に該当することになります。また、役員等として勤務した期間が5年1月の場合は役員等勤続年数が6年に該当することから特定役員等には該当しません。

2　退職所得の計算方法

　　特定役員退職手当等についての退職所得の金額の計算方法は、原則として次のとおり行います。

(1)　その年中に支払われる退職手当等が、特定役員退職手当等のみの場合
　　　特定役員退職手当等の収入金額－退職所得控除額

(2)　その年中に支払われる退職手当等が、特定役員退職手当等と特定役員退職手当等以外の退職手当等の場合
　　　次の(イ)と(ロ)の合計額となります。

　(イ)　特定役員退職手当等の収入金額－特定役員退職所得控除額(注)

　(ロ)　{退職手当等の収入金額－（退職所得控除額－特定役員退職所得控除額)}×1／2（以下、省略）

　　　役員退職慰労金の損金算入時期は、そもそも法人税法では支給期の損金経理が認められています。しかし、役員退職慰労金支給規定があれば

取締役会決議のみで認められるというのは間違いです。正しい取扱いは株主総会決議によって支給額が定まります。未払いは仮装認定されます。この場合、必ず現金支給して、法人に現金が足りないということであれば、支給した後に再度貸し付ける等で対処してください。

　なお、現物給付については、代物弁済の対象が課税資産であれば消費税課税取引なります。

　功労加算金に関して、当局は公式には認めていません。保険会社が作成する設計書は、月額最終報酬100万×在任年数30年×功績倍率3倍×1.3のように、功労加算金を加算していたりします。

　平成23年5月25日仙台裁決例を見ても、当局は公式には認めていません。

（役員退職給与／平均功績倍率法が最も妥当であるとされた事例）

「平均功績倍率法」が一般的な役員退職給与相当額の算出方法として最も妥当なものであるとされた事例（平成16年8月1日～平成18年7月31日までの各事業年度の法人税の各更正処分及び過少申告加算税の各賦課決定処分・棄却）（平成23年5月25日裁決）

〔裁決の要旨〕

　本件は、原処分庁が、審査請求人が死亡退職した取締役に支給した役員退職給与のうち、不相当に高額な部分の金額については損金の額に算入されないとして法人税の更正処分等を行ったのに対して、請求人は、更正の理由付記に違法があること及び当該役員退職給与は相当な金額であるとして、同処分等の全部の取消しを求めた事案である。

　役員退職給与計上額について、不相当に高額な部分として損金の額に算入できない金額があるか否か。

　最終報酬月額は、一般的にその役員の法人に対する貢献度をよく反映した指標であると解されているところ、■■■■の最終報酬月額がその貢献に比して低く抑えられていたことを示す事実は認められず、当該最終報酬月額は、■■■■の請求人に対する貢献度を適正に反映したものと認められる。

> そうすると、ＴＫＣ経営指標に掲載されている574,000円を請求人における適正な最終報酬月額とすることに合理性はない。
>
> また、平均功績倍率は、同業類似法人における役員退職給与の額を当該役員の最終報酬月額に勤続年数を乗じたもので除した倍数の平均値であるところ、当該役員退職給与の額には、その支出の名目のいかんにかかわらず、退職により支給される一切の給与が含まれるのであるから、請求人の主張する特別功労加算金相当額は、本件同業類似法人の功績倍率に反映されているものと解され、これを基礎として算定した役員退職給与相当額（審判所認定額）は、特別功労加算金を反映したものというべきである。

　分掌変更退職金については、東京地裁平成27年２月26日判決が注目に値します。分掌変更退職で、取締役会決議で合計２億5,000万の役員退職慰労金支給を決定しました。その期に２億5,000万のうち7,500万について分掌変更に係る退職金を支給し、損金経理し、実際に現金支給しました。

　翌期になって１億2,500万円を分掌変更退職金として損金経理し、支給しました。当局側は、取締役会決議で２億5,000万の分掌変更退職金の決議をした期に計上した7,500万の役員退職慰労金だけを損金算入を認めると主張しました。

　納税者側は、両方とも損金となると主張したという事案です。

　結論から言えば、納税者が勝ちました。納税者が勝ったことによって、分掌変更退職金の分割支給もこれからは正々堂々できるようになったと考える見解も多く見られますが、これは行き過ぎた意見と考えます。

　判決をよく読めば分かりますが、当該事案では、粉飾の目的及び資金繰りの関係で、仕方なく２期にわたり退職金を支給したという裁判官の判断があります。取締役会で決議した退職慰労金の金額は２億5,000万ということでした。実際に支給したのは１億5,000万と5,000万の合計２億です。5,000万のズレがあります。これは、粉飾の目的及び資金繰りの関係で払えなかったからです。

　その事情の全体を考慮して、裁判所としては分割支給しても認めたと

いう判示です。

　当該裁判例を受けての通達改正はありませんでした。このことからも当局はこの裁判例について特殊性の強い個別案件であるという認識を持っているという憶測が働きます。

【公正処理基準／分掌変更に伴う役員退職給与の分割支給と損金算入時期】
（平成27年2月26日判決）

〔判示事項〕

　本件は、原告の創業者である役員乙が原告の代表取締役を辞任して非常勤取締役となったことに伴い、乙に対する退職慰労金として2億5000万円を支給することを決定し、平成19年8月期に7500万円を支払い、さらに平成20年8月期にその一部である1億2500万円（第二金員）を支払い、本件第二金員が退職給与に該当することを前提として、損金の額に算入し、また、本件第二金員が退職所得に該当することを前提として計算した源泉所得税額を納付したところ、処分行政庁から本件第二金員は退職給与に該当せず損金の額に算入することはできないとして更正処分等を受け、また、本件第二金員は退職所得に該当しないとして、賞与であることを前提に計算される源泉所得税額と原告の納付額との差額について納税の告知処分等を受けたことから、その取消しを求めるとともに、本件納付金等の返還を求める事案である。

　本件第二金員は、本件退職慰労金の一部として支払われたものであり、退職基因要件、労務対価要件及び一時金要件のいずれも満たしているものと解すべきであるから、所得税法上の退職所得に該当するというべきである。

　原告は、本件第二金員が退職所得に当たることを前提として、本件第二金員に対する源泉所得税2203万2000円を納付したのであり、本件第二金員が退職所得に当たらず、給与所得に該当することを前提としてされた本件告知処分等はいずれも違法であり、取消しを免れない。

　源泉徴収による国税の納税義務は、源泉徴収の対象となる所得の支払の時に成立し同時に納付すべき税額が確定するものであるところ、原告が本件告知処分等を受けて納付した金員は、その徴収義務がないにもかかわらず納付

されたもの（誤納金）であるから、被告は、原告に対し、遅滞なく、これを金銭で還付しなければならない。

　本件第二金員は、退職慰労金の一部として支払われたものであり、法人税法上の退職給与に該当し、かつ、本件第二金員を現実に支払った平成20年8月期の損金の額に算入することができるというべきである。

　したがって、本件更正処分等は、本件第二金員が退職給与に該当しないことを前提としてされた点において違法であるというべきである。

　法人税基本通達は、課税庁における法人税法の解釈基準や運用方針を明らかにするものであり、行政組織の内部において拘束力を持つものにすぎず、法令としての効力を有するものではない。

　しかしながら、租税行政が法人税基本通達に依拠して行われているという実情を勘案すれば、企業が、法人税基本通達をもしんしゃくして、企業における会計処理の方法を検討することは、それ自体至極自然なことであり、中小企業においては、企業会計原則を初めとする会計基準よりも、法人税法上の計算処理に依拠して企業会計を行っているような中小企業との関係においては、本件通達ただし書に依拠した支給年度損金経理は、一般に公正妥当な会計慣行の一つであるというべきである。

　以上検討したところによれば、本件第二金員を平成20年8月期の損金の額に算入するという本件会計処理は、公正処理基準に従ったものということができる。

　役員退職給与に係る費用をどの事業年度に計上すべきかについては、公正処理基準に従うべきところ、本件通達ただし書に依拠した本件会計処理が公正処理基準に従ったものといえることは、これまで検討してきたとおりであり、これと異なる被告の主張は採用することができない。

　そして、本件第二金員が退職給与に該当するものとして平成20年8月期の損金の額に算入した上で、平成20年8月期の法人税に係る所得金額及び納付すべき法人税額を算定した結果、本件更正処分のうち、当初申告所得金額、納付すべき法人税額を超える部分及び本件過少申告加算税賦課処分は、いずれも違法であり、取消しを免れない。

他にも下記諸論点に留意が必要です。

【株式交換等の自社株対策税務上の留意点】
1) 課税の繰延べに関する税務要件の充足
　・完全子法人の株主の課税の繰延べ
　・完全子法人の時価課税の適用除外
　　② 交換比率及び交換比率算定の基礎となる株式評価
　　　……一般的には法人税基本通達9-1-14又は時価純資産価額
　　③ 株式交換実施後の株式評価
2) 完全親法人の完全子法人株式受入価額と法人税額等相当額控除規制

従来からの典型スキームを（金融機関から提案を受けたときのために）、下記します。

【持株会社設立パターン】〜典型例１〜株式交換・株式移転の場合

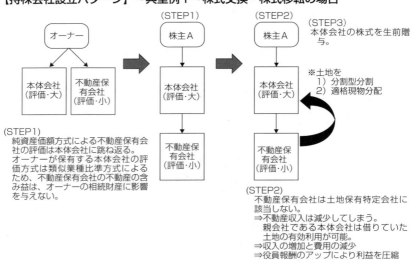

Ⅱ 事業承継スキーム

【持株会社設立パターン】～典型例２～グループ法人税制適用外の場合

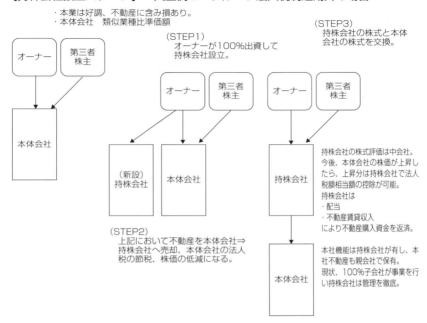

なお、本問は髭正博・他『Q&A 事業承継・自社株対策の実践と手法（全面改訂版）』（日本法令（2012/06））該当箇所を参照しています。

Q Ⅱ-16 従前の持株会社スキーム・会社分割スキーム

従前の持株会社スキーム・会社分割スキームについて概略を説明してください。

Answer

類書では高収益部門を分社するという目的で掲載されていことが多いようですが、課税実務上は、ほとんど実行されません。

【解説】
【会社分割方式】

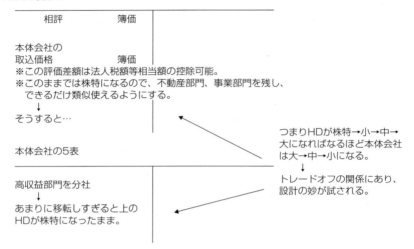

　手順は下記の通りです。
（STEP 1 ）　高収益部門を（税制適格）分社型分割にて分割します。分割承継法人は分割法人が100％所有する子会社となります。
（STEP 2 ）　役員退職金の支給等、通常の自社株引き下げ策を持株会社（分割法人）、本体会社（分割承継法人）それぞれに実行します。

　　　手順としては上記だけですから、非常にシンプルです。しかし、課税実務上、現在、会社分割スキームはそれほど流行っている状況にありません。

　　　理由は上記に示した通りです。会社分割で分割承継法人にできるだけ高収益部門を引き継がせるのがこのスキームのコツですが、あまりに引き継がせると上の持株会社（分割法人）の株価が高止まりしたままになってしまいます（上記表中ではトレードオフの関係と記載しました）。

　　　先述の理由で会社分割スキームは現在、流行していませんが、（金融機関から提案を受けたときのため）、典型スキームを下記します。

【持株会社設立パターン】～会社分割の場合の効果～

1. 新設会社の株主
   本体会社の100％子会社。
2. 分社への移転事業
   利益部門を分社して移転するパターンが効果絶大。
3. 株価への影響
   1）純資産価額
      新設会社の株価上昇が株式含み益として本体会社株価に反映。
      ⇒ただし、含み益の法人税額等相当額の控除は可能。
   2）類似業種比準価額
      1株当たりの利益下落。
4. 会社法上、子会社では親会社株式が取得不可のため、資金準備効果は期待できない。

【持株会社設立パターン】～会社分割の場合～

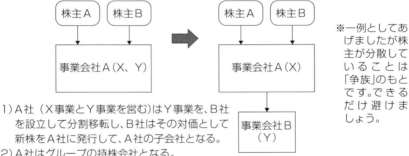

1）A社（X事業とY事業を営む）はY事業を、B社を設立して分割移転し、B社はその対価として新株をA社に発行して、A社の子会社となる。
2）A社はグループの持株会社となる。
   ・分社型新設分割
   ・分割後のA社の資本金に変動なし。

なお、本問は髭正博・他『Q&A 事業承継・自社株対策の実践と手法（全面改訂版）』（日本法令（2012/06））該当箇所を参照しています。

Q Ⅱ-17 従前の持株会社スキーム・新設法人資金調達スキーム

従前の持株会社スキーム・新設法人資金調達スキームについて概略を説明してください。

Answer

事業承継税制（特例）ではオーナーは1）絶対に代表権の返上が必要、2）役員退職慰労金以外のキャッシュが手元に残らない（つまり自社株のキャピタルゲインが手元に入らない）ことになりますが、それを解消することができます。

【解説】

【持株会社に資金調達する典型パターン】～説明の便宜上簡単設例で～

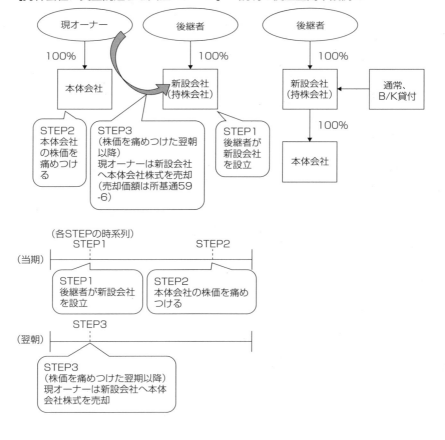

【持株会社スキームの株価推移】
～金融機関は持株会社スキームについて下記のような説明をします～

【土地・建物・本体会社購入当初】

持株会社B/S

	相続税評価額	帳簿価額		相続税評価額	帳簿価額	
土地	790(※1)	1,000	借入金	1,000	1,000	(※1)1,000×(1−0.3×0.7)=790
建物	350(※2)	500	借入金	500	500	(※2)500×(1−0.3)=350
本体株式	100(※3)	1,000	借入金	1,000	1,000	(※3)取込価格は相続税評価額
計	1,240		<	2,500		=株価0

★1 取得後3年以内の不動産は時価評価(取得価額評価)、しかし貸付の用に供した場合には建物については貸家評価減、土地については貸家建付地評価が可能(国税局審理資料より)。

★2 上記における本体株式の評価額は下記の通りであると仮定する。

評価方式は大会社(類似業種比準価額方式)	
類似業種比準価額方式	100
所基通59-6(※4)	1,000

(※4)オーナーから持株会社への売却価額

【購入時から3年経過後】

持株会社B/S

	相続税評価額	帳簿価額		相続税評価額	帳簿価額	
土地	553(※1)	1,000	借入金	1,000(※4)	1,000	(※1)700(3年経過後の想定相続税評価額)×(1−0.3×0.7)=553
建物	245(※2)	500	借入金	500(※4)	500	(※2)350(3年経過後の想定相続税評価額)×(1−0.3)=245
本体株式	300(※3)	1,000	借入金	1,000(※4)	1,000	(※3)取込価格は相続税評価額 (※4)ここでは説明の便宜上、約弁付ではなく一括返済と仮定。
計	1,098		<	2,500		=株価0

★1 取得後3年経過後の不動産は相続税評価、更に貸付の用に供した場合には建物については貸家評価減、土地については貸家建付地評価が可能。

★2 上記における本体株式の評価額は下記の通りであると仮定する。

評価方式は大会社(類似業種比準価額方式)	
類似業種比準価額方式	300

(※5)3年経過後の想定相続税評価額

> 仮に株主が現オーナーと後継者だとしたら、現オーナーから後継者への移転時まで株価継続モニタリングが必要

【持株会社設立パターン】〜留意点と効果〜

（効果）

(1)　現経営者及び後継者又は後継者のみが持株会社の株式を所有するため、間接的に後継者への株式の承継が完了する。

(2)　自社株式を持株会社に譲渡することで株式は現金化され現金が相続財産となる。
　　つまり、今後の株式評価上昇による影響を受けないようにできる。

(3)　持株会社は本体会社株式のみを保有するため、一般的に株式保有特定会社に該当し、その評価方法は純資産価額方式が強制される。
　　しかし、本体会社の利益蓄積による株価上昇は、持株会社の保有株式の含み益として認識されるため、純資産価額方式による計算上、法人税額税額控除をとることができる。
　　結果として本体会社の株価の上昇に対する持株会社の株式評価額への影響が約2分の1に抑制される。

(4)　現オーナーは持株会社へ株式を売却するが、その株式譲渡益に係る税金は20.315%であることから、株式を単純に相続や贈与するより税率が低くなる。

(5)　本体会社から新会社へ対する配当金は、新会社が本体会社を100%所有する場合、全額益金不算入となり、持株会社における追加の税金負担は生じない。

(6)　自社株を現金化しておくことで、相続人の納税準備資金・財産分割資金の確保ができる。

（留意点）

　このスキームは実行後の持株会社の継続的なモニタリングが必須である。
　持株会社株式を現経営者から後継者へ移転させる場合には、その時の持株会社の株価をなるべく低く抑えなければならない。
　この時に、通常の法人税節税スキームを考慮しなければならないのである。

　事業承継税制（特例）に不満があるオーナーについてはこの方法で対応するほかありません。

　なお、持株会社の本体会社買取資金は原則として本体会社からの配当を返済原資に充てるため、受取配当等の益金不算入制度が最大限に利用できるよう、株主構成を考慮する必要があります。

> 持株会社は本体会社からの配当収入により株式買取資金を返済
>   1）完全子法人株式等
>   100％益金不算入
>   2）関連法人株式等　3分の1超100％未満
>   100％益金不算入－負債利子控除
>   3）その他の株式等　5％超3分の1以下
>   50％益金不算入
>   4）非支配目的株式等
>   20％益金不算入

　上記より親子間は最低でも3分の1超所有関係でなければならないことが分かります。

Q Ⅱ-18　持株会社組成にあたっての組成時の留意点

> 　組成時の留意点につきご教示ください。

Answer
　下記の一覧となります。

【解説】

○持株会社の形態

　1）事業形態区分

　　①　純粋持株会社……事業承継スキームでは、こちらはとりません。持株会社に何かしらの収益付けをします。類似業種利用可にしたいからです。なお、純粋持株会社は業種目株価分類ではその他の産業になりますが、実務でこれを実際に利用するのは、医療法人のみです。

　　②　事業型持株会社

　2）持株会社の株主による区分

　　①　現在のオーナーが主要な株主

② 後継者が主要株主

3）対策実行上の検討事項

① 株主構成の検討

② 事業目的の決定

③ 株式譲渡価格の決定　所基通59-6　みなし譲渡規定発動あり。

Q Ⅱ-19　持株会社への資金融通

持株会社への資金融通をご教示ください。

Answer

基本的に下記の事項を総合勘案します。

【解説】

1）オーソドックスな持株会社スキームの場合、スキーム策定上、最も支障があるのは

・持株会社の株式購入資金

・現オーナーが持株会社へ株式を譲渡した際に生じる譲渡益課税

への資金手当です。

2）持株会社の株式購入資金への対応

効果を最大限にするなら、

・銀行借入

・オーナーからの借入

・本体会社からの借入

というオーソドックスな方法にしておきましょう。

2）と下記3）はエビデンス整備が必須です。

3）譲渡益課税への対応

① 譲渡に先立ち持株を後継者へ贈与

相続税評価額＜所基通59-6の場合、贈与のほうが有利な場合があり

ます。

② 持株会社への株式譲渡益と他の株式の譲渡損との通算

※平成28年1月1日以後、上場株式等の譲渡損失と非上場株式等の譲渡所得との損益通算不可能です。

③ グループに赤字会社がある場合にはそれを持株会社にする

赤字のグループ会社に時価以下で譲渡又は第三者割当増資を実行。

グループ会社では受贈益が生じるが、欠損と損益通算可能。

④ 持株会社への時価発行新株予約権付社債の発行に変更

新株予約権付社債に金利を付すことが可能であり、持株会社の資金負担軽減効果あり。

⑤ 持株会社に対する時価発行第三者割当増資

現オーナーの株式支配率が減少するため譲渡と同様の効果を得ることが可能。

なお、本問はデロイト トーマツ税理士法人『Q&A 事業承継をめぐる非上場株式の評価と相続対策（第9版）』（清文社（2017/12/28））該当箇所を参照しています。

Q Ⅱ-20 持株会社に対する相続税対策上の規制

持株会社に対する相続税対策上の規制についてご教示ください。

Answer

下記のようなものが列挙されます。

【解説】

1. 株式保有特定会社（評基通189）

2. 持株会社を純資産価額評価する場合には、保有株式の評価算定に際し「含み対する法人税等相当額控除」ができない（評基通186-3）。

3. 現物出資により取得した株式の受入差額に関して「含み益に対する法人

税額相当額控除」ができない（評基通186-2(2)）。

4．会社規模の判定での従業員基準の新設（評基通178）

5．株式交換・移転があった場合に著しく低い価額で受け入れた株式の受入差額に関しては「含み益に対する法人税額等相当額控除」ができない（評基通186-2(2)）。

6．少額な現物出資等受入差額等の加算除外の規制緩和（評基通186-2（注）3）

Q Ⅱ-21　持株会社方式に係る持株会社を存続させる場合・させない場合について返済方法の相違

持株会社方式に係る持株会社を存続させる場合・させない場合について返済方法の相違をご教示ください。

Answer

下記です。

【解説】

1．持株会社を存続させる場合

次後継者が決定しており、株価０のまま当該後継者に持株会社を移転させたい（この点、事業承継信託より税務面で問題になることがないためよほど効果的です）、又は、グループ資本政策上残したいという場合は、合併しません。持株会社で返済資金をプールしなければならないため、本体会社から利益移転をする必要があります。従来は、中小・零細企業において子会社から持株会社への収益付けは「配当」と「受取賃料」のみといわれていました。それ以外は寄附金認定されます。過去の裁決・判例ではこれが非常に問題になった事案もあったようです。ところが平成22年のグループ法人税制導入から当局の指摘項目にほぼならないようです。寄附・受贈認定したところでグループ法人税制下では課税所得は変化しないからです。当局調査の現場レベルでも裁決・判例にお

いても近年、この論点は格段に減少しました。

経営指導料がグループ間で認められたケースで有名なのは平成12年2月3日東京地裁判決です。下記に一部判示を抜粋します。

「原告会社がグループ企業の国内統括会社に支払った経営指導料の一部は、国内統括会社に対する寄附金にあたるとの課税庁の主張が、原告会社と国内統括会社は全世界的に展開されるグループの事業の一端を担う機能を果たしていたこと、原告会社は日本国内における販売及び国外グループ会社に対する輸出の各事業に関して、その多くを国内統括会社に依存し、国内統括会社は各事業に関して経営上の助言、人的資源の提供、法務、市場調査、広報活動などの事務を負担していることが認められることを勘案すると、原告会社が総輸出売上高及び輸入国内販売高の1パーセントを経営指導料として支出したことは、必ずしも特殊な企業関係に基づく租税回避のための価格操作とは認められないとして排斥された事例」

架空経費、出向負担金、寄附金の実質該当性がないので否認されたケースは多数あるものの、経済的実質が伴っていれば実務上も当然許容されます。配当、賃料以外で利益移転したい場合、下記の有名レポートを参照すべきです。

https://www.mizuhori.co.jp/publication/sl_info/consultant_report/pdf/report201411.pdf

当局調査対応から租税法の学会発表で引用されたりしています。しかし、係争でこれが証拠資料としてあがったものは皆無と推定します。上記等を参照し、場合によっては金額を算定しなおし、その数値の客観的根拠を証拠資料として用意しておく必要があります。この数値に関して、挙証責任は最終的には納税者に転嫁されると思われます。

平成22年グループ法人税制導入当時、国内関係会社間TP（移転価格税制）の導入も検討事項にあがっていました。グループ法人税制とTPは考え方、制度趣旨が非常に似ています。下記リンク先も参照してください。

https://www.nta.go.jp/shiraberu/zeiho-kaishaku/jimuunei/hojin/010601/00.htm

租税法系の学会ではよく比較対象に挙がります。

子会社から親会社への利益移転は無条件に寄附ではないかという見解も一部

見受けられます。しかし、株主としての地位に基づく受領した金銭等は配当と会社法上認識するため、この見解は私法を無視しています。

【法人税基本通達1-5-4】

（資本等取引に該当する利益等の分配）

1-5-4　法第22条第5項《資本等取引の意義》の規定により資本等取引に該当する利益又は剰余金の分配には、法人が剰余金又は利益の処分により配当又は分配をしたものだけでなく、株主等に対しその出資者たる地位に基づいて供与した一切の経済的利益を含むものとする。（平14年課法2-1「四」、平19年課法2-3「六」により改正）

また、これに関する判例も挙げておきます。

【株主相互金融会社が株主に支払う優待金は所得税法第9条第2号の利益配当には当らないとされた事例】 最高裁昭和35年(オ)第54号源泉徴収所得税並びに加算税決定取消請求上告事件

（判示一部抜粋）

……株式会社における利益の配当とは、商法においても「株主が株主たる地位において資本の払戻によらず会社資産を会社から交付を受けることをいう。」ものと理解することができ、この概念に、そのまま所得税法上の利益の配当の概念とも一致するものである（ただ、所得税法は、株式会社の利益の配当のみを取り上げて利益の配当といっているのではないので、所得税法上の利益の配当においては、前記の概念の「株主」を「出資者」に、「会社」を「法人」に修正されることなる）。

　然るに、原判決は所得税法上の利益の配当を極めて狭義に解し、商法上適法な配当のみがこれに該当するものとし、そのため利益配当の本質を有するものでも商法上要求される諸条件を欠くの故をもってこれを除外されているのは、所得税法の解釈を誤られたものといわなければならない。

Ⅱ 事業承継スキーム　　**187**

　……いまもし、蛸配当は、利益の配当に該らないとすれば、次のような不合理を生ずるとになる。

　すなわち、例えば、会社が架空利益を多額（1千万円）に見積り、その1部に簿外に隠匿した利益（6百万円）を混じて利益の配当をなした場合は、架空利益場合は、架空利益の中にいくらの隠匿利益を混在するかを峻別して所得税の課税対象となる利益の配当を捕捉しなければならないことになり、ひいては簿外に隠匿した利益（6百万円）についても、所得税法上の利益の配当としては実際上課税できないということになる。

　しかし、このような配当においても、これを受領した株主は、受領した利益の配当の組成内容を窺知し得べくもないし、また、株主が利益の配当を受領している客観的な事実が存することに着目して課税する所得税法の建前からすれば、それを峻別する必要は毫もないから、かかる見解は、所得税法の趣旨にそわないものといわなければならない。

【株主優待金の性格／株主相互金融会社】最高裁大法廷昭和36年㈭第944号所得審査決定取消請求上告事件（棄却）（確定）

（判示一部抜粋）

　具体的にいかなるものを益金と認め、いかなるものを損金とするかは、単に益金または損金の性質を理論的に解明するだけでなく、さらに租税法の解釈上の諸原則や各個別的規定に現われた法の政策的、技術的配慮をもあわせ参酌しなければ決定できないものというべきである。

　仮に、経済的、実質的には事業経費であるとしても、それを法人税法上損金に算入することが許されるかどうかは別個の問題であり、そのような事業経費の支出自体が法律上禁止されているような場合には、少なくとも法人税法上の取扱いのうえでは、損金に算入することは許されないものといわなければならない。

　株主の募集に際し、株式会社が株式引受人または株式買受人に対し、会社の決算期における利益の有無に関係なく、これらの者が支払った払込金また

は、代金に対し、予め定められた利率により算出した金員を定期に支払うべきことを約するような資金調達の方法は、商法が堅持する資本維持の原則に照らして許されないと解すべきであり、従って、会社が株主に対し前示約定に基づく金員を支払っても、その支出は、法人税法上は少なくとも、資本調達のための必要経費として会社の損金に算入することは許されないところといわなければならない。

　株主相互金融会社が株式買受人に対して支払う株主優待金は、実質的には、株主が払い込んだ株金に対して支払われるものにほかならず、会社から株主たる地位にある者に対し株主たる地位に基づいてなされる金銭的給付は、たとえ、会社に利益がなく、かつ、株主総会の決議を経ていない違法があるとしても、法人税法上、その性質は配当以外のものではあり得ず、これを上告会社の損金に算入することは許されない。

　株主相互金融会社の株主優待金は、会社が約定に基づき会社の決算期における利益の有無に関係なく、約定利率により算出した金員を定期に支払うものであって、配当とはその性質を異にすること上告会社の主張のとおりとしても、このような金員の支払は、法律上許されないのであるから、少なくともその支出額を必要経費として法人税法上会社の損金に算入することは許されないといわなければならない。

　この2つの判例からいえることは
・株主としての地位に基づく受領した金銭等は配当であること
・違法配当も税務上配当として扱われること
です。
　下記で利益移転の方法を列挙していきます。
・配当収入……受取配当金の益金不算入額の恩恵を受ける。株式保有割合＋所有期間で受取配当金の益金不算入額の金額は下記のように変わります。
　⇒完全子法人株式等（配当計算期間を通じて完全支配関係が必要（法法23⑤、法令22の2））……全額益金不算入
　⇒関連法人株式等（配当計算期間を通じて3分の1超100％未満保有している

場合、6月の継続保有要件あり（法法23⑥、法令22の3））……全額益金不算入－負債利子控除

⇒その他の株式等（完全子法人株式等、関連法人株式等、非支配目的株式等のいずれにも該当しない株式等（法法23①弾力条項））……50％益金不算入

⇒非支配目的株式等（5％以下を配当基準日に保有しいてる場合（法法23⑦））……20％益金不算入

　グループ法人税制下においては受取配当の全額益金不算入が適用されます（法法23、法令22の2）。配当金の計算期間の初日から末日まで完全支配関係が継続していることが前提です（法令22の2①）。計算期間を短縮しない限り、株式取得から少なくとも丸1年経過しなければ負債利子控除の適用を受けずに全額益金不算入となる配当金の受取りはできません。本体会社株式を持株会社が購入直後、配当を行うと、上記規定は適用されません。この場合の対応策として、初年度（1年経過後まで）についてはいったん、本体会社から持株会社への貸付を行うことが実務上ではなされています。利息計上も行います。返済及び利息の支払いは1年後後払いで結構です（ただし、金銭消費貸借契約書に支払期限明記のこと）。

・寄附……グループ法人税制下において、法人課税所得計算に直接影響を与えることはなくなりました。持株会社の所有する事業会社株式の帳簿価額を寄付金相当額だけ減額させる必要があります（法令119の3⑥、9①七）。

・不動産賃料収入……本体会社所有の不動産を持株会社へどのように移転させるかは各種方法があります。

⇒事業譲渡、すなわち不動産売却……当局調査における形式基準を充足させるため、第三者との不動産売買と同じ手続き、必要書類を完備します。持株会社で購入資金を外部調達すると借入過多になるためグループ全体の財務体質は悪化します。その分、株価も低減されますが、承継という考え方からすると本末転倒であり、筆者は勧めません。

⇒現物出資……各種税負担の観点から実務ではほぼ実行しません。

⇒適格現物型分割……各種税負担の観点から実務では主に用いられる手法です。

⇒適格現物分配……各種税負担の観点から、また上記の会社分割と異な

り、会社法上の手続きも非常に簡易であるため、各種要件を満たしている場合には、実務で用いられる手法です。

　賃料査定について不動産鑑定士に賃料のウルトラ HIGH 価格を設定してもらいます。本体会社から持株会社への利益移転額は単純に大きくなります。私見ですが、不動産本体の鑑定評価額自体は非常によく否認されますが、賃料についてはそれほどでもない傾向があります。

・経営指導料……第三者とコンサルタント契約を締結した時と平仄を合わせた各種書式を整理します。契約書の締結、役務提供の対価の算定、経営会議議事録等の書類でのエビデンス完備は必須です。役務提供に経済的実態があるかどうかが肝要です。実態に関する疎明資料、例えば、何をいつの時点でコンサルタントしたか等々の完備が必要となります。

・ロイヤリティ・ブランド使用料……子会社が親会社のブランドを使用する際に支払うものです。上場企業では、売上の１％程度が標準といわれたりします。中小・零細企業では親会社のブランドがないため、実務上は利用しません。

　ロイヤリティ料率は調査では重点項目です。グループ法人税制下では、実害はありません。そうでない場合は、下記に留意をします。

○親子間等関連会社間取引で、長期間にわたり、契約・料率の見直しが一切なされていない。

　第三者にロイヤリティを支払うときは変動が通常です。関連会社間で当該ロイヤリティに係る原始機能自体が変更されていれば、見直しは当然必要となります。

○当初原始契約書がない、あるいは原始機能が変更したにもかかわらず、契約書の更改をしていない。

　当該事案があった場合の契約書等の完備、まき直しは必須です。第三者間では当然行うべきものですから。

○契約でロイヤリティ料を決定しておきながら、実際に現金等の収受がない。

　当局調査において、この事案での最も多い指摘事項はこれになります。外的要件担保は必須です。

上記3つ通じて言えるのは、第三者間取引と徹底的に平仄を合わせることと、各種エビデンスの保存は必須ということです。

・貸付金利息……持株会社で一括で借り入れ、それを子会社へ一括で転貸します。子会社から持株会社へ金利を支払います。金利は平均調達金利以上します。第三者から借入をおこしたときと同様の各種エビデンスは必要です。

・持株会社のグループ管理費用……持株会社がグループ統括会社としてグループの事務（バックオフィス部門、本体会社からの当該部門の移転は適格現物型分割が多い）を請け負います。グループ各社は持株会社へ事務委託分だけの報酬を支払うことになります。第三者へ外注を委託したときと同様の各種エビデンスは必要になります。

・出向負担金……第三者間取引と平仄を合わせます。

・子会社のうち収益事業を適格分割型分割……持株会社は不動産を所有若しくは当該方法のような事業部門をもつ以外に該当すると、株式保有特定会社に該当したままになり、株価は高い状態が続いてしまいます。当該手法で類似業種比準価額を（多少なりとも）利用できるようにします。持株会社への収益付けと株価低減策の2つの効果を併せ持ちます。

　なお、筆者が確認したところによると、本体会社の一部の「取引先」だけを持株会社に移転するというのは当局には非常に悪い印象を与えます。持株会社という新設法人において2年間の免税期間分だけ消費税が減少したという指摘もなされることがあります。

・完全親子会社間にある法人間の場合……完全親子会社間にある法人間でのみ想定される手法です。

　オーソドックスな方法をみてみます。

（STEP1）親⇒子へ含み益ある資産を寄附　含み益部分が利積修正（親で増加）

　　　　子会社株式　××　/　利益積立金額　××（寄附修正仕訳）

（STEP2）期間を空けてから子⇒親へ当該資産を現物分配（STEP1）の利積はそのまま

（STEP3）親は子株式を売却、譲渡原価がかさましされているので売却

益が減少される。

【100%グループ内の資産の移転方法について】留意点

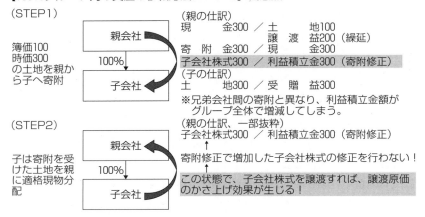

これを逆にしてみます。

(STEP1) 子⇒親へ含み益ある資産を寄附　含み益部分が利積修正（親で減少）

　　　　利益積立金額　　××　／　子会社株式　　××

(STEP2) 親は子株式を売却、譲渡原価が減少されているので売却益が増加される

　　　　当該売却益には法人税課税がなされます。仮に持株会社が本体会社からの配当のみに収益付けを依存している場合、通常、税務上の繰越欠損金は滞留します。それと相殺させる場合には効果的です。当該手法の問題点は法人税法第132条の2の発動です。当該各STEPの実行間隔が短ければ短いほど第132条の2を指摘される蓋然性は高まります。

　　　　子会社に滞留繰越欠損金（期限切れ欠損金）があり、それを本体会社の所得と通算する方法としてグループ通算制度（現行連結納税制度）の利用も考えられます（期限切れ欠損金の有効活用）。本稿脱稿時点では、現行連結納税制度の詳細しか確認で

Ⅱ　事業承継スキーム　　**193**

きないため、その活用性のみ考慮すると、中小・零細企業に
おいて連結納税は手間、コストを総合勘案すると導入は現実
的ではありません。グループ法人間での利益の付け替えは連
結納税を利用せずとも、上記のような代表的な方法で十分代
用できます。ただし、グループ通算制度の制度内容いかんに
よっては、中小・零細企業においても活用余地の検証が生じ
るため、今後の税制改正の動向に注視が必要です。

２．持株会社を存続させない場合

　持株会社を存続させる場合、上記でみた各収益付けは、受取配当以外二重課
税後の金額で返済に回されるため、経営効率が極めて悪いです。１回の課税で
済む、本体会社の本来の収益力で返済していく方が効率的といえます。

　実務では、親族内承継で、次の後継者（又その次の）が決定しており、持株
会社の株価が低減を維持できるとシミュレーションできた場合においては意図
的に持株会社を残しますが、親族外承継においては、上記理由から早々に合併
します。

Q Ⅱ-22　資本剰余金と利益剰余金の同時配当における実務上の留意点（東高令和元年5月29日判決）

> 表題の件につきご教示ください。

Answer

　下記です。

【解説】

　資本剰余金と利益剰余金との同時配当については、下記の裁判例を検証する
必要があります。利益剰余金の配当と資本剰余金の配当が同時に行われた場合
に、会社は、利益剰余金の配当は、利益積立金の払戻しとして、資本剰余金の

配当は、資本と利益のプロラタ計算での払戻しと処理をしました。当局はそれら配当金額をすべて合算したのち、当該合算後金額につき、資本と利益のプロラタ計算での払戻しだと認定したものです。

東京地方裁判所平成27年（行ウ）第514号法人税更正処分取消請求事件（認容）（控訴）（納税者勝訴）国側当事者・国（京橋税務署長）

平成29年12月6日判決【税務訴訟資料　第267号－146（順号13095）】【受取配当益金不算入／資本剰余金と利益剰余金の双方を原資とする剰余金の配当】（TAINZコード　Z267-13095）

〔判示事項〕

1　本件は、内国法人である原告が、平成25年3月期の連結事業年度において、外国子会社から資本剰余金及び利益剰余金をそれぞれ原資とする剰余金の配当を受け、前者については法人税法24条1項3号にいう資本の払戻しの一態様である「剰余金の配当（資本剰余金の額の減少に伴うものに限る。）」に、後者については法人税法23条1項1号にいう「剰余金の配当」に該当することを前提に本件連結事業年度の法人税の連結確定申告をしたところ、京橋税務署長から、これらの剰余金の配当は、それぞれの効力発生日が同じ日であることなどから、その全額が法人税法24条1項3号の資本の払戻しに該当するとして法人税の更正処分を受けたため、本件更正処分の取消しを求める事案である。

2　法人税法24条1項柱書きの「株式又は出資に対応する部分の金額」の計算の方法は、同法の委任を受けて政令で定めることとされているところ、資本剰余金と利益剰余金の双方を原資とする剰余金の配当が行われた場合に、いずれが先に行われたとみるかによって、上記の「株式又は出資に対応する部分の金額」及びみなし配当の金額が異なる結果となり、そこに恣意性が介在して課税の公平性を損なうこととなる事態も想定され得ることから、資本剰余金と利益剰余金の双方を原資とする剰余金の配当を同法24条1項の適用を受ける剰余金の配当と整理することによりこの問題の解決を図ったものであるとする被告の主張には合理性が認められる。したがっ

て、同法24条1項3号にいう「剰余金の配当」とは、資本剰余金のみを原資とする剰余金の配当及び資本剰余金と利益剰余金の双方を原資とする剰余金の配当を指すものと解するのが相当である。

3　しかしながら、法人税法23条1項の規定が、支払法人の段階で課税済みの利益の配当について、これを受ける法人に重複して法人税を課すことを避けるために、また、同法23条の2第1項の規定が、源泉地国で課税済みの所得の配当に対して我が国が重ねて課税するという国際的な二重課税を排除するために、当該各配当の額及びみなし配当の金額を益金不算入としていることに鑑みると、同法は、利益剰余金を原資とする部分の剰余金の配当の額が、同法24条1項柱書きの「株式又は出資に対応する部分の金額」に含まれて同法61条の2第1項1号にいう有価証券の譲渡に係る対価の額として認識され、法人税の課税を受けることとなる事態を想定していないものと解される。

4　したがって、法人税法施行令23条1項3号の定めは、資本剰余金と利益剰余金の双方を原資とする剰余金の配当への適用に当たり、当該剰余金の配当により減少した資本剰余金の額を超える「払戻し等の直前の払戻等対応資本金額等」が算出される結果となる限りにおいて法人税法の委任の範囲を逸脱した違法なものとして無効であるというべきであり、この場合の「払戻し等の直前の払戻等対応資本金額等」は、当該剰余金の配当により減少した資本剰余金の額と同額となるものと解するのが相当である。

（筆者注：下記判示本文中、裁判所の判断のみを抜粋）

第3　当裁判所の判断

1　法人税法23条1項1号の「剰余金の配当（‥資本剰余金の額の減少に伴うもの‥を除く。）」との規定が、その文理上、資本剰余金を原資とせず、利益剰余金のみを原資とする剰余金の配当を意味するものであることは明らかであるから、同号にいう「剰余金の配当（‥資本剰余金の配当の額の減少に伴うもの‥を除く。）」とは、利益剰余金のみを原資とする剰余金の配当を指すものと解するのが相当である。そして、法人税法24条1項3号の「剰余金の配当（資本剰余金の額の減少に伴うものに限る。）」との規定は、同

法23条1項1号の「剰余金の配当（‥資本剰余金の額の減少に伴うもの‥を除く。）」との規定と対になった規定であり、このうち同法23条1項1号の規定が上記のとおり利益剰余金のみを原資とする剰余金の配当を意味するものであることからすれば、その文理の論理的帰結として、同法24条1項3号の規定は、利益剰余金のみを原資とする剰余金の配当を除いた剰余金の配当、すなわち、資本剰余金のみを原資とする剰余金の配当及び資本剰余金と利益剰余金の双方を原資とする剰余金の配当を意味するものと解するのが自然である。また、同法24条1項柱書きの「株式又は出資に対応する部分の金額」の計算の方法は、同法の委任を受けて政令で定めることとされているところ（同条3項）、政令の定めの内容いかんによっては、資本剰余金と利益剰余金の双方を原資とする剰余金の配当が行われた場合に、資本剰余金を原資とする部分の剰余金の配当と利益剰余金を原資とする部分の剰余金の配当のいずれが先に行われたとみるかによって、上記の「株式又は出資に対応する部分の金額」及びみなし配当の金額が異なる結果となり、そこに恣意性が介在して課税の公平性を損なうこととなる事態も想定され得ることから、資本剰余金と利益剰余金の双方を原資とする剰余金の配当を同法24条1項の適用を受ける剰余金の配当と整理することによりこの問題の解決を図ったものであるとする被告の主張には合理性が認められ、同法23条1項1号及び24条1項3号の規定が「資本剰余金を原資とするもの」という端的な規定振りではなく、「資本剰余金の額の減少に伴うもの」という含みを持たせた規定振りとなっているのも、上記のような趣旨によるものと解することができる。したがって、同法24条1項3号にいう「剰余金の配当（資本剰余金の額の減少に伴うものに限る。）」とは、資本剰余金のみを原資とする剰余金の配当及び資本剰余金と利益剰余金の双方を原資とする剰余金の配当を指すものと解するのが相当である。

2 しかしながら、前記のとおり、法人税法23条1項の規定が、支払法人の段階で課税済みの利益の配当について、これを受ける法人に重複して法人税を課すことを避けるために、また、同法23条の2第1項の規定が、源泉

地国で課税済みの所得の配当に対して我が国が重ねて課税するという国際的な二重課税を排除するために、さらに、同法24条1項の規定が、法人の資本の払戻しの中に含まれる経済的にみて利益の配当と同一と考えられる部分について、上記各規定と同様の取扱いとするために、当該各配当の額及びみなし配当の金額（外国子会社から受けるものについては費用の額に相当する金額を控除した金額）を益金不算入としていることに鑑みると、同法は、利益剰余金を原資とする部分の剰余金の配当の額が、同法24条1項柱書きの「株式又は出資に対応する部分の金額」に含まれて同法61条の2第1項1号にいう有価証券の譲渡に係る対価の額として認識され、法人税の課税を受けることとなる事態を想定していないものと解される。したがって、同法の委任を受けて政令で定める上記「株式又は出資に対応する部分の金額」の計算の方法に従って計算した結果、利益剰余金を原資とする部分の剰余金の配当の額が上記「株式又は出資に対応する部分の金額」に含まれることとなる場合には、当該政令の定めは、そのような計算結果となる限りにおいて同法の委任の範囲を逸脱した違法なものとして無効であると解するのが相当である。これを法人税法施行令23条1項3号の規定についてみるに、同号の定める計算の方法に従って「株式又は出資に対応する部分の金額」を計算すると、払戻法人の簿価純資産価額が当該剰余金の配当直前の資本金等の額を下回る場合（被告主張の別表2-1によれば、本件はこの場合に当たる。）、すなわち、当該剰余金の配当直前の利益積立金額が0未満（マイナス）である場合には、減少した資本剰余金の額を超える「払戻し等の直前の払戻等対応資本金額等」が算出されることとなるから（別紙の最下段の算式参照）、当該剰余金の配当が資本剰余金と利益剰余金の双方を原資とするものであった場合には、利益剰余金を原資とする部分の剰余金の配当の額が上記「払戻し等の直前の払戻等対応資本金額等」に含まれることとなり、ひいては「株式又は出資に対応する部分の金額」に含まれることとなる。この点、利益積立金額が0未満（マイナス）の状態の下で行われた剰余金の配当が利益剰余金を原資としていた場合に、当該利益剰余金を原資とする部分の剰余金の配当の額を課税済みのものとして

益金不算入とすることが相当といえるかどうかは一応問題となり得るところであるが、当該利益剰余金の原資とされた流入価値が利益としての性質を有するものである以上、当該剰余金の配当の時点ではいまだ課税されていなかったとしても、いずれは課税されるものというべきであるから（本件においては、Ｇ社がＨ社から受けた６億4400万ドルの配当に係る利益がこれに当たると解される。）、二重課税を避けるための益金不算入という法人税法の趣旨はこの場合にも妥当するものと解される。したがって、法人税法施行令23条１項３号の定めは、資本剰余金と利益剰余金の双方を原資とする剰余金の配当への適用に当たり、当該剰余金の配当により減少した資本剰余金の額を超える「払戻し等の直前の払戻等対応資本金額等」が算出される結果となる限りにおいて法人税法の委任の範囲を逸脱した違法なものとして無効であるというべきであり、この場合の「払戻し等の直前の払戻等対応資本金額等」は、当該剰余金の配当により減少した資本剰余金の額と同額となるものと解するのが相当である。

　結果、本案件は、原告勝訴になりましたが、中小・零細企業の課税実務における重要な論点は下記です。
　○「資本剰余金の額の減少に伴うもの」の意義等

【法人税法第24条１項５号】
（配当等の額とみなす金額）

第24条　法人（公益法人等及び人格のない社団等を除く。以下この条において同じ。）の株主等である内国法人が当該法人の次に掲げる事由により金銭その他の資産の交付を受けた場合において、その金銭の額及び金銭以外の資産の価額（適格現物分配に係る資産にあっては、当該法人のその交付の直前の当該資産の帳簿価額に相当する金額）の合計額が当該法人の資本金等の額又は連結個別資本金等の額のうちその交付の基因となった当該法人の株式又は出資に対応する部分の金額を超えるときは、この法律の規定の適用につ

いては、その超える部分の金額は、第23条第1項第1号又は第2号（受取配当等の益金不算入）に掲げる金額とみなす。

五　自己の株式又は出資の取得（金融商品取引法第2条第16項（定義）に規定する金融商品取引所の開設する市場における購入による取得その他の政令で定める取得及び第61条の2第14項第1号から第3号まで（有価証券の譲渡益又は譲渡損の益金又は損金算入）に掲げる株式又は出資の同項に規定する場合に該当する場合における取得を除く。）

本件利益配当と本件資本配当は別決議であったのは判示から読み取れますが、
・それらが同日に決議された
・それらが同一の同意書に記載があった
・それらの効力発生日が同日であった
・それらが同日に送金されていた
という点が明らかでなくそもそも同時配当か？、という疑念もあるところです。

　他にもこの裁判例は諸論点があるものの、中小・零細企業の課税実務では、同時配当認定を回避するために、少なくとも上記4点は明らかに別時期に実施されたことが分かるようエビデンスの完備が必要です。

　本件控訴審（棄却）は下記を参照してください。

東京高等裁判所平成29年（行コ）第388号法人税更正処分取消請求控訴事件（控訴人国（棄却）（納税者勝訴）国側当事者・国（京橋税務署長）令和元年5月29日判決（TAINZコード　Z888-2243）

Q Ⅱ-23　持株会社と本体会社を合併させる場合の税務上の留意点

　持株会社と本体会社を合併させる場合の税務上の留意点をご教示ください。

Answer

　下記です。

【解説】

　不動産の流通税について、会社分割、現物出資と異なり、合併においては非課税規定等はなく軽減規定しかありません。どちらの法人が不動産を現在所有していて、どちらの法人が合併法人、被合併法人になるかは税額シミュレーションで判定します。

　また、消費税のシミュレーションも必要です。

　しかし、実務上は、上記諸税の問題より許認可の問題が優先されますので、許認可事業を行っている法人を合併法人にするという判定で決定されます。結果、本体会社が合併法人になることがほとんどです。

　下記では、持株会社と本体会社が組織再編成した場合の各種、税務上の留意点を列挙しています。持株会社が合併法人は順合併、本体会社が合併法人を逆さ合併といいます。合併法人と被合併法人との支配関係が発生した日から5年以内に行われた適格合併のうち、みなし共同事業要件を充足しないものは、合併法人の欠損金の利用又は被合併法人の欠損金の引継ぎ及び合併法人又は被合併法人の含み損試算の譲渡等に係る損失について制限を受けます。ただし持株会社が単独新設株式移転又は新設合併により設立されており、持株会社又は事業子会社の設立日から合併効力発生日まで両者間の支配関係が維持されている場合には、新設法人の特例が適用されます。これに係る制限はありません。

　合併に伴い本体会社から持株会社に不動産移転があった場合、流通税が生じます。持株会社に多額の受取利息が生じている場合、当該利息の貸付先の相手先が被合併法人の場合、課税売上割合が増加することとなります。すなわち、

Ⅱ　事業承継スキーム　　**201**

グループ全体の消費税の負担が改善させられる可能性があるため、当該合併前のシミュレーションが必要となります。これは分割でも同様です。分割に伴い持株会社の課税売上が増加することにより、課税売上割合が増加する場合には、グループ全体の消費税の負担が改善される可能性があります。

なお、本問は新日本有限責任監査法人・他『持株会社の運営・移行・解消の実務』（中央経済社（2015/8/29））該当箇所を参照しています。

Q Ⅱ-24　質疑応答事例：持株会社と事業会社が合併する場合の事業関連性の判定

表題の質疑応答事例についてご教示ください。

Answer

下記です。

【解説】

持株会社と事業会社が合併する場合の事業関連性の判定について

【照会要旨】

持株会社であるＡホールディングス社とＢ社は、平成Ｘ年10月１日を目途に合併することを予定しています。なお、Ａホールディングス社とＢ社とは、平成Ｘ－２年４月１日に支配関係が生じています。

今般の合併については、Ａホールディングス社がＢ社の発行する株式を100％保有していますので、適格合併に該当すると考えていますが、両社の間で支配関係が生じた日が平成Ｘ－２年４月１日であることから、みなし共同事業要件（法令1123）を満たさない場合には特定資産に係る譲渡等損失額の損金不算入規定（法62の７）が適用されることになります。

本件の場合、みなし共同事業要件のうちの一つである事業関連性要件について、次のことからすれば、両社の事業は相互に関連性があるものと考えて

差し支えないでしょうか。

　ⅰ．Ａホールディングス社は、Ｂ社及びＢ社グループの経営管理業務を行っている。

　ⅱ．Ｂ社は、Ａホールディングス社の行う経営管理により事業活動を継続・維持している。

【回答要旨】

1．お尋ねのみなし共同事業要件とは、一般に、法人税法第62条の7《特定資産に係る譲渡等損失額の損金不算入》第1項に規定する「共同で事業を行うための適格組織再編成等」に該当するための要件をいい、具体的には、その適格組織再編成等が次の(1)から(4)までに掲げる要件又は(1)及び(5)に掲げる要件に該当することをいいます（法令112③、⑩）。

　(1)　事業関連性要件（法令112③一）

　(2)　事業規模要件（5倍）（法令112③二）

　(3)　被合併法人の事業規模継続要件（2倍）（法令112③三）

　(4)　合併法人の事業規模継続要件（2倍）（法令112③四）

　(5)　特定役員引継要件（法令112③五）

2．このみなし共同事業要件のうち事業関連性要件（上記1(1)）とは、法人税法施行令第112条第3項第1号では「適格合併に係る被合併法人の被合併事業と当該適格合併に係る合併法人の合併事業とが相互に関連するものであること」と規定されています。

　　この事業が「相互に関連するものであること」というのは、例えば、「○×小売業と○×小売業というように同種の事業が行われているもの」、「製薬業における製造と販売のように、その業態が異なっても薬という同一の製品の製造と販売を行うなど、それぞれの事業が関連するもの」、「それぞれの事業が合併後において、合併法人において一体として行われている現状にあるもの」などがこれに該当すると考えられます。

3．ところで、持株会社の中には、単に株主としての立場のみしか有しないような場合がありますが、ご照会の場合には、Ａホールディングス社は、Ｂ社及びＢ社グループの事業最適化等を踏まえた事業計画の策定や営業

に関する指導及び監査業務などの経営管理業務を行うことによって、単に株主としての立場のみだけでなく、持株会社としてＢ社を含むＡ社グループ全体の財務面、監査面などを経営上監督する立場にあり、いわばＡホールディングス社とＢ社グループが相まって一つの事業を営んでいる実態にあるような場合には、両社の事業は密接な関係を有していると認められ、Ａホールディングス社の合併事業とＢ社の被合併事業は相互に関連するものと解するのが相当と考えられます。

【関係法令通達】

　　法人税法第62条の 7

　　法人税法施行令第112条第 3 項第 1 号、第10項

　　法人税法施行規則第 3 条、第26条

Q Ⅱ-25　後継者の資金負担軽減策

後継者の資金負担軽減策についてご教示ください。

Answer

　下記です。

【解説】

　実務では、現オーナーに退職金支給後、類似業種比準価額を引き下げた後で、株式異動します。しかし、現オーナーの株式現金化に利用される株式評価は所得税基本通達59- 6 が採用されるため、あまりインパクトがありません。

　低額譲渡の可能性も探ります。その場合の課税関係・諸論点は拙著『みなし贈与のすべて』（ロギカ書房）をご参照ください。

　また、従来型の自社株低減策に係る課税関係・諸論点は拙著『Ｑ＆Ａ非上場株式の評価と戦略的活用スキーム』（ロギカ書房）をご参照ください。

Q Ⅱ-26　消費税、準ずる割合の実務上の留意点

> 本体会社から持株会社に土地を譲渡した場合、消費税の取扱いで留意すべき事項をご教示ください。

Answer

準ずる割合です。下記が実務上の留意点となります。

【解説】

下記の質疑応答事例を細部まで確認しましょう。

たまたま土地の譲渡があった場合の課税売上割合に準ずる割合の承認

【照会要旨】

土地の譲渡は非課税とされており、その譲渡対価は消費税法第30条第6項《課税売上割合》に規定する課税売上割合（以下、単に「課税売上割合」という。）の計算上資産の譲渡等の対価に含まれますが、土地の譲渡に伴う課税仕入れの額はその譲渡金額に比し一般的に少額であることから、課税売上割合を適用して仕入れに係る消費税額を計算した場合には、事業の実態を反映しないことがあります。

そこで、たまたま土地の譲渡対価の額があったことにより課税売上割合が減少する場合で、課税売上割合を適用して仕入れに係る消費税額を計算すると当該事業者の事業の実態を反映しないと認められるときは、課税売上割合に準ずる割合の承認を受けることができる取扱いはできないのでしょうか。

【回答要旨】

土地の譲渡が単発のものであり、かつ、当該土地の譲渡がなかったとした場合には、事業の実態に変動がないと認められる場合に限り、次の①又は②の割合のいずれか低い割合により課税売上割合に準ずる割合の承認を与えることとして差し支えないこととします。

①　当該土地の譲渡があった課税期間の前3年に含まれる課税期間の通算

課税売上割合（消費税法施行令第53条第3項《通算課税売上割合の計算方法》に規定する計算方法により計算した割合をいう。）

②　当該土地の譲渡があった課税期間の前課税期間の課税売上割合

（注）

1　土地の譲渡がなかったとした場合に、事業の実態に変動がないと認められる場合とは、事業者の営業の実態に変動がなく、かつ、過去3年間で最も高い課税売上割合と最も低い課税売上割合の差が5％以内である場合とします。

2　課税売上割合に準ずる割合は、承認を受けた日の属する課税期間から適用となります。承認審査には一定の期間が必要となりますので、「消費税課税売上割合に準ずる割合の適用承認申請書」は、余裕をもって提出してください。

3　この課税売上割合に準ずる割合の承認は、たまたま土地の譲渡があった場合に行うものですから、当該課税期間において適用したときは、翌課税期間において「消費税課税売上割合に準ずる割合の不適用届出書」を提出してください。なお、提出がない場合には、承認を受けた日の属する課税期間の翌課税期間以降の承認を取り消すものとします。

【関係法令通達】

消費税法第30条第3項、消費税法施行令第47条、消費税法基本通達11-5-7

上記の質疑応答事例をしっかり理解するためには下記の各項目の理解が必要です。

「準ずる割合」に関する事項です。

○課税仕入に係る消費税計算方法判定

【消費税基本通達11-5-9】

（課税売上割合が95％未満であるかどうかの判定）

11-5-9　法第30条第2項本文《仕入控除税額の計算》に規定する「課税売

> 上割合が100分の95に満たないとき」に該当するかどうかは、事業者が課税売上割合に準ずる割合につき税務署長の承認を受けているかどうかにかかわらず、課税売上割合によって判定することに留意する。

とあることから、現在の課税売上割合によって判定します。

○そもそも個別対応方式の共通仕入控除税額の計算にしか使用できません。

○上記はあくまで「承認申請」となっているので、課税実務では、最低1か月以上余裕をみて提出します。

○合理的な計算方法とは下記です。

【消費税基本通達11-5-7】

(課税売上割合に準ずる割合)

11-5-7　法第30条第3項《課税売上割合に準ずる割合》に規定する課税売上割合に準ずる割合（以下11-5-9までにおいて「課税売上割合に準ずる割合」という。）とは、使用人の数又は従事日数の割合、消費又は使用する資産の価額、使用数量、使用面積の割合その他課税資産の譲渡等とその他の資産の譲渡等に共通して要するものの性質に応ずる合理的な基準により算出した割合をいう。

【消費税基本通達11-5-8】

(課税売上割合に準ずる割合の適用範囲)

11-5-8　課税売上割合に準ずる割合の適用に当たっては、その事業者が行う事業の全部について同一の割合を適用する必要はなく、例えば、次の方法によることもできるのであるから留意する。

　　ただし、この場合には、適用すべき課税売上割合に準ずる割合の全てについて税務署長の承認を受けなければならないのであるから留意する。

（平23課消1-35により改正）

(1) 当該事業者の営む事業の種類の異なるごとにそれぞれ異なる課税売上割合に準ずる割合を適用する方法

(2) 当該事業者の事業に係る販売費、一般管理費その他の費用の種類の異なるごとにそれぞれ異なる課税売上割合に準ずる割合を適用する方法

(3) 当該事業者の事業に係る事業場の単位ごとにそれぞれ異なる課税売上割合に準ずる割合を適用する方法

質疑応答事例に関する課税実務上の留意点です。

○あくまで肌感覚ですが、過去3年以内前後に同一の法人で他の土地の譲渡があった場合には、所轄税務署に個別照会をかけるべきです。ここで3年としたのは、準ずる割合は3年を基準に計算するからです（上記質疑応答事例参照のこと）。

○事業者の営業の実態に変化がないことが要件となりますが、当該売却した土地で行っていた事業を売却により廃業した場合、判断が困難です（仮にこの場合でも売上の多くを占める本業自体に変化がなければ、上記要件に抵触しないと考えられるため）。この場合も所轄税務署に個別照会をかけるべきです。

○上記の計算構造上、結果として適用を受ける課税期間の中途で課税売上割合を計算せざるを得ないことになってしまいます。課税実務では、直近課税期間については土地売却後における最新の月次試算表に基づき課税売上割合を計算することになります。

○上記の計算ロジックでは共通対応課税仕入の金額がそれほど大きくない場合はあまり税効果がないケースも想定されますので、実際の適用には有利・不利シミュレーションをすべきです。

208

（参照）税賠事例[12]

【事例】

　平成Ｘ８年９月期の消費税につき、たまたま土地の譲渡があり、課税売上割合が下がっていたため、期限までに「課税売上割合に準ずる割合の適用承認申請書」を提出すべきところこれを失念してしまった。これにより、有利な課税売上割合に準ずる割合で計算した消費税額と、不利な通常の課税売上割合で計算した消費税額との差額につき損害が発生し、賠償請求を受けた。

【税理士の責任】

　依頼者は平成Ｘ７年12月にたまたま土地を譲渡しており、課税売上割合が通常より下がっていた。そのため、期限までに「課税売上割合に準ずる割合の適用承認申請書」を所轄税務署長に提出し、承認を受けていれば、有利な課税売上割合に準ずる割合によって仕入控除税額を計算することができた。しかし、税理士は申請書の提出を失念し、決算作業中に自らその事実に気づいている。

　土地の譲渡を行った事実を把握した時点で、「課税売上割合に準ずる割合の適用承認申請書」を提出し、期限までに承認を受けていれば、有利な課税売上割合に準ずる割合により仕入税額控除を計算できたことから、税理士に責任がある。

（参照）関連論点

平成23年６月の消費税法の一部改正関係－「95％ルール」の適用要件の見直しを踏まえた仕入控除税額の計算方法等に関するＱ＆Ａ〔Ⅰ〕【基本的な考え方編】平成24年３月国税庁消費税室

　https://www.nta.go.jp/publication/pamph/shohi/kaisei/pdf/kihon.pdf

---

12　当該税賠事例は下記のサイトを引用しています。
　　https://profession-net.com/professionjournal/consumption-article-111/

II　事業承継スキーム　*209*

問21〜問31参照のこと。

　特に問31は誤解している税理士が多いのでポイントだけ下記に転載します。
「3　有価証券の譲渡への適用
　　有価証券の譲渡の対価の額は、課税売上割合の計算において、令第48条第
　5項《課税売上割合の計算方法》の規定により、その譲渡の対価の額の5％
　相当額を分母に算入すればよいこととされており、有価証券の譲渡の場合に
　は、法令において一定の手当がされていることから、土地の譲渡と同列に考
　えることは適当ではありません。
　　したがって、「たまたま土地の譲渡があった場合の課税売上割合に準ずる
　割合の承認」と同様の方法での承認を受けることはできません。」

（参照）関連裁決
　　準ずる割合の計算方法の妥当性を巡って納税者が勝った裁決です。準ずる
　割合の事実認定において税務署とのやりとりも詳細が記載されているため、
　あえて原裁決をほぼ削らずに転載しました。準ずる割合の税務署とのやりと
　りのロールプレイングになります。ご興味ある方はお読みください。

（課税売上割合に準ずる割合の合理性）
計算方法が、合理的でないとして「消費税課税売上割合に準ずる割合の適用
承認申請書」を却下した原処分が取り消された事例（平07-02-16裁決）
（TAINZコード　Ｆ0-5-010）
〔裁決の要旨〕
　　原処分の手続についての違法は認められないが、請求人が主張する課税売
　上割合に準ずる割合の計算方法は合理的であると認められることから、請求
　人が採用しようとする課税売上割合に準ずる割合の計算方法が、合理的でな
　いとして「消費税課税売上割合に準ずる割合の適用承認申請」を却下した原
　処分は取り消すべきである。

本　文
1　事実　（省略）
2　主張　（省略）
3　判断
　本件審査請求の争点は、原処分に係る手続の違法性の存否及び本件申請書に記載の課税売上割合に準ずる割合の合理性の有無にあるので、以下審理する。
(1)　原処分の手続について（省略）
(2)　課税売上割合に準ずる割合の合理性について
　（〜中略〜）
　イ　課税売上割合に準ずる割合は、課税売上割合により計算した仕入控除税額が、その事業者の事業の実態を適正に反映しないものになる等、課税売上割合により仕入控除税額を計算する場合に比して、課税売上割合に準ずる割合により仕入控除税額を計算するほうがより合理的と認められる場合に適用するものであると解されている。
　　すなわち、課税売上割合に準ずる割合は、消費税法第30条第3項第1号の規定により、当該事業者の営む事業の種類又は当該事業に係る販売費、一般管理費その他の費用の種類に応じて合理的に算定される割合である場合に承認するものであり、この場合の「合理的に算定される割合」であるかどうかは、使用人の数又は従事割合、消費又は使用する資産の価額又は使用割合その他課税非課税共通用のものの性質に応ずる合理的な基準によって算出されたか否かで判断するのが相当であると解されている。
　ロ　これを本件について見ると、次のとおりである。
　　(イ)　（省略）
　　(ロ)　請求人の事業内容と課税売上割合を用いることの是否
　　　　　当審判所が原処分関係資料等を調査したところ、請求人は貸金業、不動産賃貸業及び不動産仲介業を営んでいるが、請求人の平成3年12月期課税期間における非課税売上げである金融部門の受取利

息の金額は、課税・非課税売上げの合計額の75パーセントを超えていること、一方、その融資先は20件程度で、かつ、その大部分は取引の長い固定的な顧客であることが認められる。

したがって、「売上全体の70パーセントを占める非課税売上げが変化しても共通用課税仕入れの変化は少なく、売上げを配分基準とすることの説明力は小さい」とする請求人の主張は相当と認められる。

(ハ) 不動産貸付業等関連費用についての配分方法

A 原処分庁は、不動産貸付業等関連費用については、共通用課税仕入れとして配分することに適した経費の種類若しくは勘定科目の具体的な明示がない旨主張するので、審理したところ、次のとおりである。

(A) ■■税理士の当審判所に対する答述によれば、次の事実が認められる。

a 平成3年6月、旧担当職員から、「不動産貸付業等関連費用とは何ですか」と質問されたので、■■税理士は、持参した請求人の法人税の確定申告書に添付されている決算書及び勘定科目内訳明細書等に基づき説明した。なお、旧担当職員は、その書類綴りから、2ないし3枚を複写していること。

b ■■税理士は、不動産貸付業等関連費用の内容及び課税売上割合に準ずる割合の具体的な計算方法については、旧担当職員に説明していること。

c 不動産貸付業等関連費用は、法人税の確定申告書に添付している損益計算書の維持費であり、その内訳は、同申告書に添付の勘定科目内訳明細書に記載のとおりであること。

(B) 旧担当職員の当審判所に対する答述によれば、本件申請について、■■税理士に来署を求め、課税売上割合に準ずる割合について検討していたことが認められる。

(C) 当審判所が、原処分関係資料等を調査したところ、次のとお

りである。

a 請求人が、原処分庁に提出している平成3年1月1日から平成3年12月31日までの事業年度の法人税の確定申告書に添付されている損益計算書によれば、「営業原価及び営業支出」は、課税仕入れに係るものとして、「維持費」、「人件費」及び「その他の経費」に区分されていること。

b 人員割合により配分するとしている「その余の費用」は、本件申請書によれば、「人件費」及び「その他の経費」と記載されていることから、不動産貸付業等関連費用は、上記aの「営業原価及び営業支出」のうち、「維持費」であると理解できること。

c 平成4年4月16日、担当職員は、■■税理士に対し、「採用できる費用の種類は限られており、当法人だと、床面積割合では、賃借料、水道光熱費、修繕費、人員割合では、交通費、新聞図書費ぐらいか」と、請求人の損益計算書の勘定科目内訳明細書で使用されている具体的な勘定科目名で説明を行っていること。

d 担当職員は、■■税理士に対し、不動産貸付業等関連費用については、床面積等の合理的な比率で課税用、非課税用に区分すれば足り、わざわざ課税売上割合に準ずる割合を適用するには及ばない旨指導していること。

(D) 以上のことから判断すると、①■■税理士は、旧担当職員に不動産貸付業等関連費用についての資料を提示し、その内容について説明していること及び②旧担当職員及び担当職員は、不動産貸付業等関連費用が損益計算書中の維持費であることを理解していたことがうかがわれ、それを床面積割合で配分することが、課税売上割合により配分するより合理的であるかどうか審理していたことが認められる。

したがって、本件申請書に、不動産貸付業等関連費用につい

て配分することに適した経費の種類若しくは勘定科目（費用）の具体的な明示がなかったとする原処分庁の主張には理由がない。

B　原処分庁は、不動産貸付業等関連費用のうち、不動産仲介業に係る部分については、不動産仲介行為と床面積との間には因果関係があるとは言い難い旨主張するので審理したところ、次のとおりである。

(A)　当審判所の調査によれば、次の事実が認められる。

　　a　原処分庁は、本件申請書が提出されてから本件処分が行われるまでの間、■■税理士に対し、不動産貸付業等関連費用について、仲介行為と床面積との間に因果関係が認められない旨指摘しておらず、また、担当職員は、当該費用の配分は課税売上割合に準ずる割合を適用するまでもなく、消費税法取扱通達11−1−24により床面積割合等の比率を適用すればよい旨指導していること。

　　b　請求人の損益計算書上の維持費には、修繕費など主に不動産の維持及び管理のため支出する費用が計上されていること。

(B)　前記(A)のaの事実からみて、担当職員は、■■税理士に対し、実質的に不動産貸付業等関連費用については、課税売上割合に代えて、床面積割合による課税売上割合に準ずる割合の適用を指導したものと認められる。

　　また、前記(A)のbのとおり、請求人が不動産貸付業等関連費用であるとする維持費の中には修繕費など主に不動産の維持及び管理のため支出する費用が計上されており、これらの費用は、請求人が営む事業の種類ごとの収入金額の多寡よりは、むしろ各業務における建物の使用割合に応じて平均的に発生する性格の費用であることが認められる。

　　したがって、不動産貸付業等関連費用すなわち維持費と建物

の使用割合すなわち床面積との間に因果関係がないと直ちに認定することはできないから、この点に関する原処分庁の主張には理由がない。

C　そうすると、①当審判所の調査によれば■■税理士は、請求人が所有している建物の床面積及びその使用状況に関する資料を原処分庁に提出している事実が認められること、②前記Aのとおり、請求人は、不動産貸付業等関連費用すなわち維持費について、共通用課税仕入れとして配分することに適した経費の種類若しくは勘定科目を具体的に明示していると認められること及び③前記Bのとおり、不動産貸付業等関連費用の中には、その発生と床面積の間に因果関係が認められるものがあることから、請求人の主張する不動産貸付業等関連費用を床面積割合で按分する配分方法については合理性があると判断するのが相当である。

(二)　その余の費用についての計算方法

原処分庁は、その余の費用について、人員割によることとした請求人の配分方法については、従業員の従事割合を適正に算出できる資料の添付がなく、具体的な課税売上割合に準ずる割合の計算方法も明示されていないことから合理的でない旨主張するので、審理したところ、次のとおりである。

A　当審判所が調査したところ、次の事実が認められる。

(A)　■■税理士は、原処分庁に対し、従業員の従事日数に関するメモを提出しているが、このメモによれば、請求人の主張する「人員割」とは、従業員の各業務の従事日数を加味した従業員数の割合であること。

(B)　また、請求人の主張する具体的な「人員割」の計算方法は、前記2の(1)のロの(イ)のBのとおりであること。

(C)　■■税理士は、前記(ハ)のAの(A)のbのとおり課税売上割合に準ずる割合の具体的な計算方法について、旧担当職員に説明していること。

(D)　担当職員は、■■税理士に対し、原処分庁で作成した合理的
　　　　であるとする案を記載した別紙記載の計算メモを渡し、その計
　　　　算メモの内容のとおり、本件申請書を作り替えるよう指導して
　　　　おり、この計算メモの内容は請求人の主張する「人員割」すな
　　　　わち従業員割合とほとんど同じであること。
　Ｂ　請求人は、前記Ａの(A)のとおり、従業員の従事日数に関する資
　　　料（メモ）を原処分庁に提出していること、また、前記Ａの(C)の
　　　とおり、■■税理士は、請求人の主張する課税売上割合に準ずる
　　　割合の具体的な計算方法について、旧担当職員に説明しているこ
　　　とが認められる。
　　　　更に、前記Ａの(A)及び(B)のとおり、請求人の主張するその余の
　　　費用についての計算方法は、前記Ａの(D)で述べたとおり、原処分
　　　庁が合理的であるとして指導した計算方法とほとんど同じである
　　　ことから、その計算方法も合理的なものと認められる。
　　　　そうすると、請求人の主張するその余の費用についての配分方
　　　法は合理的なものと判断するのが相当である。
　　　　したがって、この点に関する原処分庁の主張には理由がない。
　ハ　以上のことから、請求人が主張する課税売上割合に準ずる割合の計
　　　算方法は合理的であるとするのが相当である。
(3)　（省略）
別紙

承認可能な計算方法（案）

採用しようとする計算方法

　総務及び経理部門における福利厚生費、交通費、新聞図書費と、当
社事務所に係る水道光熱費については、課税売上げと非課税売上げに
共通して要する課税仕入れに該するが、当該共通用課税仕入れに係る
税額について、従業員割合の適用により仕入控除税額を算出する。

　なお、従業員割合は、次により算出することとする。

① 事務日報等をもとにした従事割合により各業務に按分する。

② 不動産の売買・賃貸業務については、課税売上げ及び非課税売上げの双方の業務となる場合があり、その場合には、その売上代金の割合で課税売上にのみ従事する従業員と非課税売上にのみ従事する従業員とに区分したところによる。

$$従業員割合＝\frac{不動産の仲介業務及び課税売上げとなる不動産の売買・賃貸業務に従事する従業員数の合計}{不動産の仲介・売買・賃貸業務及び貸金業務に従事する従業員数の合計}$$

Q Ⅱ-27　消費税、特定新規設立法人外しスキームの実務上の留意点

　関連会社で新設法人を設立した場合の特定新規設立法人外しスキームについて実務上の留意点を教えてください。

Answer

　下記が実務上の留意点となります。

【解説】

　特定新規設立法人とは、平成26年4月1日以後に設立した新規設立法人（その事業年度の基準期間がない法人で、その事業年度開始の日における資本金の額又は出資の金額が1,000万円未満の法人）のうち、次の①、②のいずれにも該当する法人です。

① その基準期間がない事業年度開始の日において、他の者により当該新規設立法人の株式等の50%超を直接又は間接に保有される場合など、他の者

により当該新規設立法人が支配される一定の場合（特定要件）に該当すること。

②　上記①の特定要件に該当するかどうかの判定の基礎となった他の者及び当該他の者と一定の特殊な関係にある法人のうちいずれかの者（判定対象者）の当該新規設立法人の当該事業年度の基準期間に相当する期間（基準期間相当期間）における課税売上高が5億円を超えていること。

上記法人に該当した場合には免税事業者に該当しません（消法12の3）。

《特定新規設立法人　要件判定一覧》

○他の者……当該新規設立法人における「直接の」株主である個人と法人をもれなくリストアップしているか。

○他の者が個人……当該個人の親族、内縁関係者などの特殊関係者も含めているか（消令25の2①二、②）

○他の者の別生計親族等が完全支配関係にある法人（100％非支配特殊関係法人）……非該当（消令25の3、25の4①）。

○出資関係図における頂点法人が他の者又は特殊関係法人を介して新設法人を100％所有しているか……該当（根拠条文上記同）

特定新規設立法人外しを簡単に実行するなら他の者又は特殊関係法人に純然たる第三者を入れる（株主にする）ということも考えられますが、後々の少数株主買取請求（価格決定申立手続き）や分散リスクを考えると得策ではありません。そこで、下記のような方法も考えられます。

消費税法施行令第25条の4第2項第2号は下記の通りです。

【消費税法施行令第25条の4第2項第2号】

2　前項に規定する基準期間相当期間とは、次の各号に掲げる場合の区分に応じ当該各号に定める期間をいう。

　二　当該判定対象者が法人である場合

　　　次に掲げる場合の区分に応じそれぞれ次に定める期間

　　イ　新規設立法人の新設開始日の2年前の日の前日から同日以後1年を経過する日までの間に終了した当該判定対象者の各事業年度がある場

合　当該各事業年度を合わせた期間
　ロ　新規設立法人の新設開始日の１年前の日の前日から当該新設開始日
　　の前日までの間に終了した当該判定対象者の各事業年度（その終了す
　　る日の翌日から当該新設開始日の前日までの期間が２月未満であるもの
　　を除く。）がある場合（イに掲げる場合に該当し、かつ、当該イに定める期
　　間に係る前項に規定する基準期間相当期間における課税売上高が５億円を
　　超える場合を除く。）（下線筆者）　当該各事業年度を合わせた期間
　ハ　新規設立法人の新設開始日の１年前の日の前日から当該新設開始日
　　の前日までの間に当該判定対象者の事業年度（当該判定対象者がイ又
　　はロに掲げる場合に該当するときは、当該イ又はロに定める期間に含まれ
　　る各事業年度を除く。）開始の日以後６月の期間（当該６月の期間の末日
　　の翌日から当該新設開始日の前日までの期間が２月未満であるものを除
　　く。）の末日が到来する場合（イ又はロに掲げる場合に該当し、かつ、当
　　該イ又はロに定める期間に係る前項に規定する基準期間相当期間における
　　課税売上高が５億円を超える場合を除く。）（下線筆者）　当該６月の期間

　すなわち、基準期間相当期間は設立以後３年間が存在し、
　　○１期目……上記イ　この期間が課税売上高５億円以下なら２期目で判定
　　○２期目……上記ロ　この期間が課税売上高５億円以下なら３期目で判定
　　○３期目……上記ハ　この期間が課税売上高５億円以下なら免税
となります。上記のいずれの期間、１度でも５億円超になった場合、免税事業
者になりません。
　ただし、
　　○上記ロ一部抜粋……その終了する日の翌日から当該新設開始日の前日まで
　　　の期間が２月未満であるものを除く。（カッコ書の箇所）
　　○上記ハ一部抜粋……当該６月の期間の末日の翌日から当該新設開始日の前
　　　日までの期間が２月未満であるものを除く。（カッコ書の箇所）
とあります。
　このカッコ書の趣旨は、特定新規設立法人の設立日前に、上記イ〜ハの期間

の課税売上高が5億円超か以下か判断するわけですが、（本稿脱稿時点）消費税の申告期限は課税期間終了後、2か月以内のため「これから特定新規設立法人を設立する特殊関係法人（要するに親法人になる法人）の消費税の申告期限まで待ちましょう（課税売上高が5億円超 or 以下か確定するまで待ちましょう）」と考えられます。

逆に考えれば、親法人の決算から2か月以内に子法人を設立すれば（当然、同時に事業開始すれば）、上記のカッコ書より、判定対象になりません。

特定新規設立法人回避のために設立時期の考慮も考えられます。

Q Ⅱ-28　特定新規設立法人と外国法人

> 当社は、韓国所在外国法人の100％出資内国子会社です。特定新規設立法人に係る基準期間がない法人の納税義務の免除の特例の適用対象となりますか[13]。

Answer

下記です。

【解説】

適用対象となります。

当該規定の適用要件として、判定の基礎となった他の者及び当該他の者と一定の特殊な関係にある法人のうちいずれかの者（判定対象者）の当該新規設立法人の基準期間相当期間における課税売上高が5億円を超えていることとなっています。

判定対象者である当該外国法人の我が国での課税売上高が5億円を超えている場合においては、当該規定の適用対象となります（消法4、12の3）。

13　本問は公益財団法人日本税務研究センター「相談事例 Q&A」内 https://www.jtri.or.jp/counsel/detail.php?id=478を参照・引用しています。

Q Ⅱ-29　ＭＥＢＯスキームを選択した場合の留意点

MEBO スキームを選択した場合の留意点を教えてください。

Answer

　MEBO は減少傾向にあります。それでも実行する場合には、下記の留意点があります。

【解説】

　役員・従業員から後継者を選択する、金融機関や取引先から後継者を招聘する等が考えられますが、自社の経営理念等を理解している役員・従業員から選択する方が社内・社外の関係者から理解を得られます。

　役員・従業員への親族外承継には事業のみ承継（所有と経営の分離）と事業と株式を承継させる場合（所有と経営の一致）とがあります。株式承継においては税務、株式購入資金の準備（借入金）に係る個人保証の問題が生じます。現在、第三者Ｍ＆Ａが活況を擁していますが、それは役員、従業員が上記の問題にかかわりたくないからです。

　この場合、留意点として、

　・承継に向けた関係者への理解
　・個人保証、担保の処理（週刊税のしるべ令和元年10月21日第3383号によれば、
　　新旧経営者からの二重徴求は原則禁止になるようです。）
　・株式と事業用資産との区別

が挙げられます。実務では、個人保証・担保が最大のネックとなります。

　中小・零細企業においては、現経営者は個人保証をしていることがほとんどです。後継者も連帯保証人に加えられることがあります。現経営者の自宅等の個人資産の物的担保については、他に十分な担保がない限りその解除は困難です。そのため、事業承継に向けて債務の圧縮を図るとともに、金融機関との交渉や、後継者の負担に見合った報酬等の再設定等は必須です。

　役員や従業員等が資金調達する手段として、「日本政策金融公庫」、沖縄の場合は「沖縄振興開発金融公庫」が事業承継に関する資金の融資支援というのが

あります。新規事業と異なり、承継の場合は、顧客や技術が既にあるため、返済計画等の見通しは比較的容易です。

　従前、事業承継税制の適用要件の１つに「後継者が親族であること」がありました。しかし、平成27年１月１日以後の遺贈又は贈与により、この親族要件が撤廃され親族外の後継者も適用を受けられるようになりました。平成30年度の事業承継税制（特例）制度導入により各種要件を満たした場合、親族外に事実上の無税移転を行うことが可能となります。しかし、実務では原則として実行しません。

QⅡ-30　ＭＢＯ、ＥＢＯスキームについて留意点

MBO、EBO スキームについて留意点をご教示ください。

Answer

　役員承継であれば MBO（Management Buy Out）、従業員承継であれば EBO（Employee Buy Out）といわれます。実務上は廃れています。最近はほとんど実行例がありません。

【解説】

　役員・従業員が株式を買い取る手法として①直接買取り、②持株会社スキームにおける資金調達型方式があります。株式を承継させる際の税負担をいかに軽減させるかがポイントとなります。この点親族内承継と全く同様です。単純な株式承継であれば贈与と譲渡がありますが、現オーナー経営者の老後生活資金確保のため、株式譲渡をし、現金化することが通常です。

Q Ⅱ-31　MBO、EBOスキームについて直接買取方式

MBO、EBO スキームについて直接買取方式をご教示ください。

Answer

実務上は行いません。

【解説】

金融機関は後継者に直接株式買取資金に係る借入をしないため、限定的な場面で実行されます。キャッシュリッチな会社の場合、後継者が自社から資金を借入し、購入資金に充てます。通常、役員報酬の増額、配当等で返済します。会社は後継者から利息をとる必要があります。その利息は後継者側では配当金（配当控除）からしか控除できないため、他の所得と通算できません。役員報酬を増額すると金額によっては所得税・住民税の最高税率55％に達する場合もあります。返済額の2倍の増額が必要になるケースもあります。

返済について、以下の各種留意点があります。

・会社と後継者間で金銭消費貸借契約を締結。特に支払期限の明記、これがなき場合、贈与認定される恐れあり。
・返済は約弁付が望ましいが、1年後1年分後払いでも可能。全く返済していない、出世払いは当然贈与認定。
・利息は必ずとるが、1年後1年分後払いでも問題なし。

Q Ⅱ-32　MBO、EBOスキームについて自己株式取得方式

MBO、EBO スキームについて自己株式取得方式をご教示ください。

Answer

実務上は行いません。

【解説】

　会社がキャッシュリッチな場合のみ可能です。しかし、みなし配当課税が多額になるため、実務では実行しません。会社が自己資金で株式を買い取り、残りを後継者に残します。後継者のみが残株式を所有します。純資産（内部留保）が厚い会社においては、上記各株式売買前に配当払出しを行い株価評価低減策を試みますが、みなし配当課税が重くなります。当該会社の場合、譲渡代金の大半がみなし配当になり得るため、個人株主においては、所得税、住民税の最高税率55％に達する可能性もあります。

Q Ⅱ-33　ＭＢＯ、ＥＢＯスキームについて持株会社方式（新設法人資金調達型スキーム）

　MBO、EBO スキームについて持株会社方式（新設法人資金調達型スキーム）をご教示ください。

Answer

　最もオーソドックスな方法です。親族内承継でも新設法人資金調達型スキームを組むことはよくありますが、それの親族外バージョンです。

【解説】

　通常、以下の手順で実行します。

（STEP 1 ）後継者が100% 出資して持株会社設立。

（STEP 2 ）持株会社が投資ファンド、金融機関から買取資金の融資を受け、買取資金を調達。

（STEP 3 ）本体会社で現オーナーに役員退職慰労金支給後、持株会社が調達した資金で現オーナーから株式買取り。買取価格は所得税基本通達59-6 （小会社方式）。

　　　　　役員、従業員が株主である持株会社と、現オーナーが第三者だからといって、当事者間合意価格で実行することは実務では危険

です。現オーナーの主導で価格決定することは次の裁判例でも明確に否定されています。東京地判平成19年1月13日判示において、

・第三者間取引であっても、取引価額が時価とされない場合があり得る

・それは取引金額を決定するにあたり、両者が対等かつ利害の衝突する関係でない場合である

と示しています（詳細は拙著『みなし贈与のすべて』（ロギカ書房）参照のこと）。

　従業員（新会社の株主）については同族関係にないため、相続税法基本通達9-2のみなし贈与の対象にならないように思えますが、当該通達では、贈与・受贈の主体が同族関係者であることに限定していません。金額が多額になる場合には、株主1人当たりのみなし贈与額が110万円以下にしておくことなどが必要です。

【相続税法基本通達9-2】
（株式又は出資の価額が増加した場合）

9-2　同族会社（法人税法（昭和40年法律第34号）第2条第10号に規定する同族会社をいう。以下同じ。）の株式又は出資の価額が、例えば、次に掲げる場合に該当して増加したときにおいては、その株主又は社員が当該株式又は出資の価額のうち増加した部分に相当する金額を、それぞれ次に掲げる者から贈与によって取得したものとして取り扱うものとする。この場合における贈与による財産の取得の時期は、財産の提供があった時、債務の免除があった時又は財産の譲渡があった時によるものとする。（昭57直資7-177改正、平15課資2-1改正）

(1)　会社に対し無償で財産の提供があった場合　当該財産を提供した者

(2)　時価より著しく低い価額で現物出資があった場合　当該現物出資をした者

(3)　対価を受けないで会社の債務の免除、引受け又は弁済があった場合　当該債務の免除、引受け又は弁済をした者

(4) 会社に対し時価より著しく低い価額の対価で財産の譲渡をした場合
当該財産の譲渡をした者

（STEP4）株式買取り後、承継対象の会社と持株会社が合併。持株会社の債
務は承継対象会社の債務となる。親族内承継の場合、合併しない
ことも多いですが、MEBOの場合、通常合併します。合併法人で
の本来の収益力を返済原資にすべて回す方が資金効率（税負担も含
めて）が良いからです。

【持株会社資金調達する典型パターン】～説明の便宜上簡単設定で～

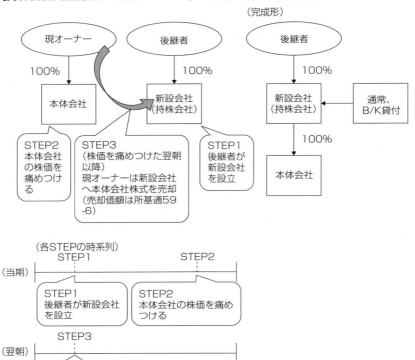

【持株会社スキームの株価推移】
～金融機関は持株会社スキームについて下記のような説明をします～

【土地・建物・本体会社購入当初】

持株会社B/S

	相続税評価額	帳簿価額		相続税評価額	帳簿価額	
土地	790(※1)	1,000	借入金	1,000	1,000	(※1)1,000×(1－0.3×0.7)=790
建物	350(※2)	500	借入金	500	500	(※2)500×(1－0.3)=350
本体株式	100(※3)	1,000	借入金	1,000	1,000	(※3)取込価格は相続税評価額
計	1,240		＜	2,500		＝株価0

★1 取得後3年以内の不動産は時価評価(取得価額評価)、しかし貸付の用に供した場合には建物については貸家評価減、土地については貸家建付地評価が可能（国税局審理資料より）。

★2 上記における本体株式の評価額は下記の通りであると仮定する。

評価方式は大会社（類似業種比準価額方式）	
類似業種比準価額方式	100
所基通59-6(※4)	1,000

(※4)オーナーから持株会社への売却価額

【購入時から3年経過後】

持株会社B/S

	相続税評価額	帳簿価額		相続税評価額	帳簿価額	
土地	553(※1)	1,000	借入金	1,000(※4)	1,000	(※1)700(3年経過後の想定相続税評価額)×(1－0.3×0.7)=553
建物	245(※2)	500	借入金	500(※4)	500	(※2)350(3年経過後の想定相続税評価額)×(1－0.3)=245
本体株式	300(※3)	1,000	借入金	1,000(※4)	1,000	(※3)取込価格は相続税評価額 (※4)ここでは説明の便宜上、約弁付ではなく一括返済と仮定。
計	1,098		＜	2,500		＝株価0

★1 取得後3年経過後の不動産は相続税評価、更に貸付の用に供した場合には建物については貸家評価減、土地については貸家建付地評価が可能。

★2 上記における本体株式の評価額は下記の通りであると仮定する。

評価方式は大会社（類似業種比準価額方式）	
類似業種比準価額方式	300

(※5)3年経過後の想定相続税評価額

Q II-34 MBO、EBOスキームについてその他実務上の留意点

MBO、EBO スキームについてその他実務上の留意点をご教示ください。

Answer

下記です[14]。

【解説】

　後継者当初設立の株式集約会社は、従来実務では、株式会社であることが通常（与信対策等）でした。しかし、設立後多額増資を実施する場合、登録免許税を節税するため、資本金繰入額が自由に設定できる合同会社の活用も増加しています。

　持株会社スキーム実行後、持株会社が借入金返済能力に乏しい場合の当面の資金工面方法として、旧オーナーが持株会社へ再出資する、持株会社へ貸付、私募債が考えられます。それぞれメリット・デメリットはあります。

　旧オーナーが持株会社へ再出資した場合、受取配当について総合課税の対象になり、税負担が重くなること、後継者にも配当が流れること、承継が終了したのに旧オーナーが再び議決権を獲得してしまうこと（種類株式、属人株で議決権制限をかけるという回避方法もあります）等、デメリットが多いため、実務では利用されません。

　持株会社へ貸付ですが、持株会社は支払利息を損金算入可能であること、一方で現オーナーの受取利息は雑所得として総合所得課税されること、貸付のため券面額評価で相続財産に含まれること等の観点からデメリットは比較的大きいものと考えられます。しかし、一時的な資金繰り目的で会社に返済目途がある程度たっているのであれば、検討の余地は十分にあり得ます。

　私募債は、平成28年1月1日以降、旧オーナーの受取利息が総合所得課税に

14　本問における解説は宮口徹『M&A・組織再編スキーム発想の着眼点50（第2版）』（中央経済社（2017/7/29））225～229頁を参照しています。

なり、従来型の役員報酬低減スキームとしては利用価値はなくなりました。しかし、持株会社の社債を現オーナーが引き受け、持株会社は支払利息を損金算入可能であり、社債のため（原則）券面額評価で相続財産に含まれること等の観点からデメリットはあります。

しかし、私募債を信託受益権に化体するスキームは本稿脱稿時点、流行しているため、検討の余地はあります（筆者は反対です）。当該スキームの詳細は**Q Ⅱ-39**の【解説】をご覧ください。

制限される繰越欠損金は対象会社が有する繰越欠損金であり、持株会社が有する繰越欠損金は支配関係発生後に生じるものは原則として、制限対象になりません。繰越欠損金等の損金算入制限を受ける場合、制限繰越欠損金を対象会社が使いきった後に合併を検討します。本体会社が国外財産を有しており、持株会社を存続会社合併とする場合、資産の所在地国で課税が生じる場合があります。

本体会社が中国に土地使用権を有している場合、本体会社から持株会社への譲渡益課税の発動可能性もあり得ます（一定の要件を満たした場合の繰延要件もある）。国外財産の取扱いは租税条約等の確認等、実務では非常に煩雑なため、当該財産を有している場合、国際税務の専門家に当該部分だけ依頼することを筆者は強く勧めます。

Ｑ Ⅱ-35　適格現物分配を用いた資本戦略スキームの各種留意点

表題の件につきご教示ください。

Answer

下記します。

【解説】
【100%グループ内の資産の移転方法について】留意点
○適格現物分配の留意点
　下記の場合、適格現物分配の充足要件を満たすか？
　⇒個人への金銭配当と法人株主への現物配当セットは非適格か？

【適格現物分配OK】

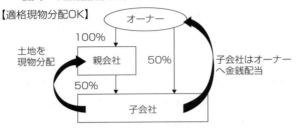

（結論）適格現物分配の要件を充足する。
（理由）（そもそも会社法上は上記のような配当はOK）
　　たとえ個人に金銭を分配する場合でも、法人株主への移転は、帳簿価額による移転を強制することで、簿価移転と時価移転の安易な選択を禁止している（含み損がある場合の有利選択を認めていない）。
（適格現物分配の定義）
　　法法２十二の十五　適格現物分配　内国法人を現物分配法人とする現物分配のうち、その現物分配により資産の移転を受ける者がその現物分配の直前において当該内国法人との間に完全支配関係がある内国法人（普通法人又は協同組合等に限る。）のみであるものをいう。

【適格現物分配NG】

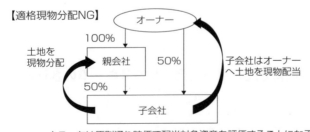

↑こっちは原則通り時価で配当対象資産を評価することになる。
⇒譲渡損益調整資産との兼ね合いで含み益が実現しないことが多いが…

※下記は原則通り、資産等の時価評価になる。
（留意）個人に対する残余財産分配は絶対に適格にならない！
⇒法人・個人間では取得価額の引継ぎができないため

【適格現物分配NG】

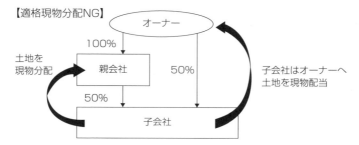

※ただし、完全支配関係があるため、
⇒1）法人株主では持株割合に応じて青色欠損金の繰越しが可能
⇒2）子会社株式消却損は計上不可
…根拠法法57②
適格現物分配にならないので青色欠損金の引継ぎができないように一見見えるが、「条文を文理解釈すると」法人による完全支配関係は排除されていないため、適格現物分配による課税関係が成立。

なお本問は岡野訓・他『実務目線からみた事業承継の実務 三訂版』（大蔵財務協会（2018/11/9））、小林磨寿美・他『個人間利益移転の税務─？をQ&A方式でわかりやすく解説〈平成28年改訂版〉』（大蔵財務協会（2016/12））該当箇所を参照しています。

Q Ⅱ-36 適格現物分配に見られる組織再編成における事業単位の考え方

適格現物分配の税務上の考え方、すなわち「事業単位」の考え方を教えてください。

Answer

通説では、組織再編成税制が制度化された平成13年の事業単位の考え方は平

成22年度改正をもって当初の考え方が後退した、と考えられています。実質的には解釈変更です。

【解説】

平成18年度改正税法のすべてにおいて、「事業」の譲渡は下記のように解説されています。

「この場合の事業（営業）とは、旧商法において会社の分割における承継の対象が営業の全部又は一部とされていたところのその「営業」や会社法の事業譲渡（会社法467）における「事業」の概念と基本的に同様のものと考えられます。なお、旧商法等における営業とは「営業用財産である物及び権利だけでなく、これに得意先関係、仕入先関係、販売の機会、営業上の秘訣、経営の組織等の経済的価値のある事実関係を加え、一定の営業目的のために組織化され、有機的一体として機能する財産」という（最大判昭40.9.22）こととされています。」

一方、平成22年税制改正によりグループ法人税制が制度化されたころの「勉強会論点とりまとめ」では、下記の内容が確認できます。

「（適格現物分配について）通常の譲渡取引ではないので、完全支配関係がある場合の譲渡損益課税とは異なり、組織再編成における取扱いとする方向で検討するのが適当と考えられる。」

当該現物は会社法上の現物配当における「現物」要件性チェック、すなわち「金銭以外の資産性のあるもの（負債は除かれる）」に従い、現物に適合するか判定するのが実務であるため、ここで大きく事業単位の考え方は変化があったと認識できます。

上記に関連し参照すべきものとして、朝長英樹氏は、「ヨーロッパは『事業の継続性』に着目した制度、アメリカは『投資の継続性』に着目した制度、そして、我が国の場合には『グループ』に着目した制度、ということになります。(朝長英樹『組織再編成をめぐる包括否認と税務訴訟』484頁（平成24年　清文社))」と説明しており、完全支配関係であっても、事業単位の移転が必要であると解釈されていることを示しておきます。

東京地判令和元年6月27日（TPR事件）はこの点、行為計算否認を発動しました。納税者は吸収合併の前月、A社と同じ事業目的のB社を設立しました。

B社はこの後、A社を吸収合併し、旧A社の全従業員をB社に転籍させ、旧A社の事業に係る製品、仕掛品、原材料等の資産、旧A社の従業員に係る負債をB社に譲渡しました。一方で、旧A社の事業に係る製造設備はB社に賃貸した。

地裁は、「本件合併は形式的には適格合併の要件を満たすものの、組織再編税制が通常想定している移転資産等に対する支配の継続、言い換えれば、事業の移転及び継続という実質を備えているとはいえず、適格合併において通常想定されていない手順や方法に基づくもので、かつ、実態とはかい離した形式を作出するものであり、不自然なものというべき」と判示しています。

本事例がユニバーサルミュージック事件（東京地判令和元年6月27日）と大きく異なるのは証拠です。下述の国税速報の記事にあるように純理論的に考えた場合、この判決は事業単位の従来のフレームワークを逸脱しており、行き過ぎたものと考えます。しかし、本件合併のプランニング検証資料において「メリット」「ねらい」等々、未処理欠損金額を利用した節税効果が挙げられていたといいます。この証拠により、本件合併の目的は事業目的ではなく税目的と判定され、未処理欠損金額の引継ぎにあったとみるのが相当と判断したわけです。

上記に対して「合併による事業の移転及び継続は未処理欠損金額の引継要件となるか（北村豊　国税速報令和元年9月30日第6577号）」においては

・資産等の果たす機能の面に着目したときに、何故、資産等を用いて営んでいた事業が移転し、引き続き営まれることが想定されているといえるのか
・個別資産の売買取引と区別するために、何故、資産の移転が独立した事業単位で行われ、事業が継続することが想定されているといえるのか

と疑問を呈しています。

上述の通り、純理論的な結論ではなく客観的証拠に基づいた点で（心証としてはヤフー事件に近いものがあります）、裁判官の心証が極めて悪くなり、判決では本来の制度趣旨まで事実上、無視されてしまったという意味において、ユニバーサルミュージック事件との比較対象として興味深いものと考えます。

Q Ⅱ-37　適格現物分配における重要な質疑応答事例

適格現物分配における重要な質疑応答事例を教えてください。

Answer

下記に留意が必要です。

【解説】

適格現物分配による資本の払戻しを行った場合の税務上の処理について

【照会要旨】

　乙社は、100％親法人である甲社に対して、乙社の保有する X 社株式（簿価130）を現物分配により交付しました。

　この現物分配は、その他資本剰余金120とその他利益剰余金10を原資として行っており、資本剰余金120の減少を伴っていることから、法人税法第24条第1項第4号に規定する資本の払戻しに該当します。この場合の乙社における処理はどうなりますか。

　なお、乙社の前事業年度終了時の純資産の額（資産の帳簿価額から負債の帳簿価額を減算した金額）は1,200、資本の払戻し直前の資本金等の額は600とします。

【回答要旨】

　次の2(1)及び(2)の算式によりそれぞれ計算された金額を資本金等の額及び利益積立金額から減算することとなります。

（理由）

1　現物分配とは、法人（公益法人等及び人格のない社団等を除きます。）がその株主等に対し当該法人の剰余金の配当などの一定の事由により金銭以外の資産を交付することをいいます（法法2十二の五の二）。

　　また、適格現物分配とは、内国法人を現物分配法人（現物分配によりその有する資産の移転を行った法人をいいます。）とする現物分配のうち、その現物分配により資産の移転を受ける者がその現物分配の直前において当該

内国法人との間に完全支配関係がある内国法人（普通法人又は協同組合等に限ります。）のみであるものをいいます（法法２十二の十五）。

　内国法人が適格現物分配により資産の移転をしたときは、その適格現物分配の直前の帳簿価額による譲渡をしたものとして所得の金額を計算することとされており（法法62の５③）、その資産の移転により譲渡損益は発生しないこととなります。

2　法人が、資本の払戻し等により、その株主等に対して金銭及び金銭以外の資産の交付をした場合には、次の(1)及び(2)の算式によりそれぞれ計算された金額を資本金等の額及び利益積立金額から減算することとなります。

　なお、ここにいう資本の払戻し等とは、剰余金の配当（資本剰余金の額の減少に伴うものに限ります。）のうち分割型分割によるもの及び株式分配以外のもの並びに解散による残余財産の一部の分配をいいます（法法24①四、法令８①十八）。

(1)　資本金等の額から減算する金額（法令８①十八）

　（算式）

　資本金等の額から減算する金額（減資資本金額）＝ $A \times \dfrac{B}{C}$（※）

　　：Ａ　資本の払戻し等の直前の資本金等の額
　　：Ｂ　資本の払戻しにより減少した資本剰余金の額又は解散による残余財産の一部の分配により交付した金銭の額及び金銭以外の資産の価額（適格現物分配に係る資産にあっては、その交付直前の帳簿価額）の合計額
　　：Ｃ　資本の払戻し等の前事業年度終了の時の純資産の額
　　：※１　Ａ≦０のときはＢ／Ｃ＝０、Ａ＞０かつＣ≦０のときはＢ／Ｃ＝１として計算します。
　　　２　少数点以下第３位未満の端数がある場合にはこれを切り上げます。
　　　３　上記算式により計算した金額が、資本の払戻し等により交付した金銭の額及び金銭以外の資産の価額（適格現物分配に係る資産にあっては、その交付直前の帳簿価額）の合計額（この合計額を(2)においてＤといいます。）を超える場合には、その超える部

分の金額を減算した金額となります。

(2) 利益積立金額から減算する金額（法令9①十二）

（算式）

利益積立金額から減算する金額＝Ｄ－減資資本金額（※）

※　Ｄ＞減資資本金額の場合に限ります。

3　甲社と乙社との間には、本件現物分配の直前に当事者間の完全支配関係（一の者が法人の発行済株式等の全部を直接又は間接に保有する関係）があることから、本事例の現物分配は適格現物分配に該当します。このため、現物分配により移転をした資産（Ｘ社株式）の移転により譲渡損益は生じません。また、本事例の現物分配は、資本の払戻しとして行われるものであることから、次のとおり、資本金等の額及び利益積立金額を減少させることとなります。

(1) 資本金等の額から減算する金額

　　本事例において、資本の払戻し直前の資本金等の額(A)は600であり、資本の払戻しの前事業年度終了の時の純資産の額(C)は1,200となります。

　　次に(B)の金額については、「資本の払戻しにより減少した資本剰余金の額又は解散による残余財産の一部の分配により交付した金銭の額及び金銭以外の資産の価額（適格現物分配に係る資産にあっては、その交付直前の帳簿価額）の合計額」とされており、本件における資本の払戻しは、適格現物分配によるものではありますが、解散による残余財産の分配により交付されたものではないため、(B)の金額は、「適格現物分配に係る資産の交付直前の帳簿価額」130ではなく、「資本の払戻しにより減少した資本剰余金の額」120となります。

　　したがって、減少する資本金等の額（減資資本金額）は、60（＝600×120／1200）となります。

(2) 利益積立金額から減算する金額

　　本事例において、適格現物分配に係る資産の交付直前の帳簿価額が130であることから、(D)の金額は130となり、減少する利益積立金額は70（＝130-60）となります。

Ⅱ 事業承継スキーム　237

【関係法令通達】

　　法人税法第 2 条第12号の 5 の 2 、第12号の15、第24条第 1 項第 4 号、第

　　62条の 5 第 3 項、法人税法施行令第 8 条第 1 項第18号、第 9 条第 1 項第

　　12号

Q Ⅱ-38　残余財産分配以前の子会社株式評価損計上の可否

　　残余財産分配以前の子会社株式評価損計上の可否についてご教示くださ

い。

Answer

　下記です。

【解説】

　業績不振の子会社株式について評価損の計上に係る可否、また、その計上時

期は①解散前②解散後③残余財産の確定のときかの判断が煩雑です。

　通常は下記の通達要件を満たした時に初めて評価損が計上できます。

【法人税基本通達 9 - 1 - 9 】

（上場有価証券等以外の有価証券の発行法人の資産状態の判定）

9 - 1 - 9 　令第68条第 1 項第 2 号ロ《上場有価証券等以外の有価証券の評価

　　損の計上ができる事実》に規定する「有価証券を発行する法人の資産状態

　　が著しく悪化したこと」には、次に掲げる事実がこれに該当する。（昭52

　　年直法 2 -33「 7 」、昭54年直法 2 -31「三」、平11年課法 2 - 9 「十」、平12年課

　　法 2 - 7 「十六」、平16年課法 2 -14「八」、平17年課法 2 -14「九」、平19年課法

　　 2 - 3 「二十一」、平21年課法 2 - 5 「七」、平22年課法 2 - 1 「十七」により改正）

　(1)　当該有価証券を取得して相当の期間を経過した後に当該発行法人につ

いて次に掲げる事実が生じたこと。

　イ　特別清算開始の命令があったこと。

　ロ　破産手続開始の決定があったこと。

　ハ　再生手続開始の決定があったこと。

　ニ　更生手続開始の決定があったこと。

(2)　当該事業年度終了の日における当該有価証券の発行法人の1株又は1口当たりの純資産価額が当該有価証券を取得した時の当該発行法人の1株又は1口当たりの純資産価額に比しておおむね50％以上下回ることとなったこと。

　(注)　(2)の場合においては、次のことに留意する。

　　　1　当該有価証券の取得が2回以上にわたって行われている場合又は当該発行法人が募集株式の発行等若しくは株式の併合等を行っている場合には、その取得又は募集株式の発行等若しくは株式の併合等があった都度、その増加又は減少した当該有価証券の数及びその取得又は募集株式の発行等若しくは株式の併合等の直前における1株又は1口当たりの純資産価額を加味して当該有価証券を取得した時の1株又は1口当たりの純資産価額を修正し、これに基づいてその比較を行う。

　　　2　当該発行法人が債務超過の状態にあるため1株又は1口当たりの純資産価額が負（マイナス）であるときは、当該負の金額を基礎としてその比較を行う。

　債務超過の会社に出資した場合の評価損計上要件は上記の（注）2です。

　『法人税基本通達逐条解説』（税務研究会）では、「取得時における1株当たりの純資産価額がプラス100の場合には、これに比して50％以上下回るというのは、プラス50以下となることであるが、マイナス100が50％以上下回るというのはマイナス150以下となることである」とあります。『法人税基本通達の疑問点』（ぎょうせい、下記出典元、一部筆者改変）では「取得時の純資産価額が0の場合の50％基準の適用はどうするか」とのQに「50％基準ではなく、取得経緯等を総合勘案して判定」とあります。

　発行法人の増資を引き受けた場合、増資後でも債務超過が解消できない場

合、増資後の株式評価損は計上できません（法基通 9 - 1 -12）。

【法人税基本通達 9 - 1 -12】

（増資払込み後における株式の評価損）

9 - 1 -12　株式（出資を含む。以下 9 - 1 -12において同じ。）を有している法人が当該株式の発行法人の増資に係る新株を引き受けて払込みをした場合には、仮に当該発行法人が増資の直前において債務超過の状態にあり、かつ、その増資後においてなお債務超過の状態が解消していないとしても、その増資後における当該発行法人の株式については令第68条第 1 項第 2 号ロ《上場有価証券等以外の有価証券の評価損の計上ができる事実》に掲げる事実はないものとする。ただし、その増資から相当の期間を経過した後において改めて当該事実が生じたと認められる場合には、この限りでない。（昭54年直法 2 -31「三」により追加、平12年課法 2 - 7 「十六」、平17年課法 2 -14「九」、平21年課法 2 - 5 「七」により改正）

　当該通達で評価損計上不可としているのは当該増資後です。平成 7 年 4 月14日裁決では課税庁がこれを拡大解釈して課税処分を下したものの、審判所は文理で認定し納税者が勝利した事案があります。課税庁は増資前株式評価損を否認しています。納税者の処理は、期末日直後増資をし、当該増資直後に評価損を計上しており、経済的実質の観点から法基通 9 - 1 -12を拡大解釈したかった課税庁の思惑はわかります。

（非上場株式の評価損／資産状態の著しい悪化）

　非上場株式の発行法人の資産状態が著しく悪化し、その価額が著しく低下した場合に該当するとして、評価損の計上が認められ、更正処分の全部が取り消された事例（平成元年 4 月21日から平成 2 年 4 月20日までの事業年度の法人税の更正処分及び過少申告加算税の賦課決定処分・全部取消し、平07-04-14裁決）（TAINZ コード　Ｆ 0 - 2 -116）

〔裁決の要旨〕

1　親会社が欠損の子会社を存続させるためにその子会社に対して増資払込みをすることは、その事情においてやむを得ないものがあることもあり、請求人の場合には、関連会社が同じ経済圏で営業している等の事情を併せ考慮すれば、単に増資払込みの事実をもって業況の回復が見込まれると解するのは相当でない。

2　また、増資直後の株式の評価減が認められないとしても、増資直前の事業年度についてまで無条件に旧株について株式の評価減を行うことを妨げるものではないと解するのが、相当であるところ、請求人の場合、本件事業年度にＸ社の増資に対して払込みを行う旨の社内決済を了しているものの、翌事業年度に本件増資払込みが貸付金の充当という形で行われていることから、翌事業年度においての本件増資払込みが本件事業年度の株式の評価損の計上に影響を与えるものではないと解するのが相当である。

3　Ｘ社の財務状態が大幅な債務超過に陥ったことに伴い、主たる株主などが多額の撤退費用を支払って、その経営から退いたこと、Ｘ社は多額の欠損金を有し、請求人から多額の借入れをし、その利息を支払っていないこと等を考慮すると、Ｘ社の業績が早期に回復することが見込まれる状態にあるとすることは相当ではない。

4　以上の結果、本件株式は法人税法施行令第68条第2号ロに規定する「その有価証券を発行する法人の資産状態が著しく悪化したため、その価額が著しく低下した」場合に該当するので、本件株式について評価損を計上することが認められ、本件更正処分はその全部を取り消すべきである。

II 事業承継スキーム　　*241*

Q II-39　M＆A等株式現金化が終了した後の現金化資産を後継者に移転するスキーム・信託受益権複層化スキーム

　　新設法人資金調達スキームやM&Aにより株式の現金化を実現できた方に対する現金の贈与方法について信託受益権の複層化スキームも流行しているようです。問題点等あればご教示ください。

Answer

　金融庁から再三税制改正要望がでているにもかかわらず、受益権の複層化の立法化は遅れています（本稿脱稿時点、令和2年度税制改正要望にも掲載されています）。

　そのような状況においても下記の通達を使い様々なスキームを試みていることも多いようです。

　問題点等を下記に列挙します。

【解説】

　現行法上、質的分割された場合の複層化信託について、財産評価基本通達202項に規定があります。

　民事信託に係る複層化信託の場合、信託税制上は、相続税法において当該民事信託を受益者連続型信託以外の信託と受益者連続型信託の2区分としています（相基通9の3-1）。

　受益権が複層化された信託における現行税制上の評価方法について財産評価基本通達202項で確認しておきます。

【財産評価基本通達202項】

（信託受益権の評価）

202項　信託の利益を受ける権利の評価は、次に掲げる区分に従い、それぞれ次に掲げるところによる。（平11課評2-12外・平12課評2-4外改正）

(1)　元本と収益との受益者が同一人である場合においては、この通達に定めるところにより評価した課税時期における信託財産の価額によって評価する。

(2)　元本と収益との受益者が元本及び収益の一部を受ける場合においては、の通達に定めるところにより評価した課税時期における信託財産の価額にその受益割合を乗じて計算した価額によって評価する。

(3)　元本の受益者と収益の受益者とが異なる場合においては、次に掲げる価額によって評価する。

　　イ　元本を受益する場合は、この通達に定めるところにより評価した課税時期における信託財産の価額から、ロにより評価した収益受益者に帰属する信託の利益を受ける権利の価額を控除した価額

　　ロ　収益を受益する場合は、課税時期の現況において推算した受益者が将来受けるべき利益の価額ごとに課税時期からそれぞれの受益の時期までの期間に応ずる基準年利率による複利現価率を乗じて計算した金額の合計額

1．受益権分離型スキーム

　現行の受益権評価方式では受益権を分離させることにより節税策をとることは不可能になったともいわれます。

　しかし、その一方で、財産評価基本通達202項は収益受益権の評価損益は元本受益権で吸収されるため、基準年利率を上回る収益率を設定することによって、また信託契約期間を引き延ばすことによって、元本受益権の評価を引き下げ、節税策として用いられる例も散見されます。

　オーナーが自社の資金調達のために引き受けた社債、すなわち、私募債や自社に対する貸付金を信託財産として信託契約を締結することも可能です。その際、社債のように収益が安定した資産を信託財産とするのであれば、その利息部分を受け取る権利と信託満了時に残余財産を受け取る権利とに分離することも可能です。これを受益権分離型信託と呼びます。

　受益権分離型信託の受益権は、信託財産である私募債の元本と信託契約満了

時に受け取る権利である元本受益権と信託財産から生じる収益を受け取る権利である収益受益権に分離されたものとなります。

分離された各受益権は別々に譲渡、与することも当然可能です。例えば、収益受益者を父親、元本受益者を子供として信託契約を締結すれば、元本受益権を子供に承継することが可能となります（この際、子供に当然、贈与税は課税されます）。

受益権分離型信託の受益権の評価は上述の財産評価基本通達202項を使います。したがって、信託受益権の評価額＝収益受益権＋元本受益権の評価になります。年利率３％の私募債を信託財産として10年の信託契約を締結した場合、収益受益権は「３％の利息を10回受け取る権利」となります。

したがって、時の経過により収益が実現し、収益受益権の評価額は毎年低下していくことなります。

一方、元本受益権は「信託終了時に元本（額面）を受け取る権利」であるため、時の経過とととともに上昇することになります。

例えば、額面20億円の社債を信託し、表面利率は５％と設定し、同率の収益分配を設定します。委託者及び収益受益者は父親、元本受益者は子供とします。信託期間は15年とします。収益受益権は基準年利率によって割引現在価値を計算するので13億8,650万円と評価されます。一方で元本受益権の評価額は20億円から13億8,650万円を差し引き６億1,350万円と評価されます。

委託者である父親の信託により元本受益者が子供となったので、元本受益者の評価額に対して贈与税が課税されるわけです。

この点、元本の割引現在価値を計算すると17億2,200万円です。すなわち、受益者である子供は約17億円の価値ある財産を無償で受け取ったことになります。

先ほどの計算例でいえば、元本受益権が６億円という評価額であるということは、金融資産の評価額が11億円も引き下がることになり大幅な節税効果が発現できたことになるのです。

なぜ、このようなことが起きるのでしょうか。それは、財産評価基本通達202項の計算ロジックが金融商品の時価評価方法と整合性が取れていないからです。

平成18年度税制改正前は元本と収益を各々単独で評価していました。当時は割引現在価値を計算するための基準年利率は年8％（改正後4.5％）と非常に高い利率でした。

　この結果、「信託の収益率＜基準年利率」となり、元本受益権の割引現在価値を大きく引き下げることにより節税することが可能であり、これを利用した自社株移転スキームも数多く見受けられたのです。

　しかし、現在の基準年利率は0.25％～1％という極めて低い利率です。現行202項への改正により、従来までの節税策は封じ込められたかのように思われました。

　問題となるのは差引計算方式の基本公式である「信託受益権＝元本受益権＋収益受益権」です。というのは、割引現在価値の計算の前提となるのは収益の割引現在価値と元本の割引現在価値の合計が一致するのは収益の利回りと割引率が一致する場合のみだからです。

　先ほどの例でいえば、額面20億円、償還期間15年の社債を信託財産とした場合、収益分配の利回りが割引率と一致する場合のみ、収益受益権の割引現在価値と元本受益権の割引現在価値の合計額が20億円として一致することになるわけです。

　つまり「信託の収益率＞基準年利率」としその差を大きくすればするほど、元本受益権の相続税評価額は引き下げられることになるのです。

　これは収益受益権が元本受益権の価値を食いつぶしている状況であり、受益者分離型信託の元本受益権を子供に贈与した場合、収益受益権の価値が上昇すればするほど元本受益権の評価が下がることになるということになります。

　これが財産評価基本通達202項の計算ロジックが金融商品の時価評価方法と整合性が取れていないといった所以です。

　貨幣の時間価値を無視して考慮してみます。収益率10％の金融資産があったとします。収益分配の合計額は20億円×10％×15年＝30億円となります。元本20億円と単純合算すれば50億円です。この金融商品を20億円で評価するというのが現行制度なのです。

　証券投資信託など収益が安定しないような金融商品を信託財産とした場合に、その収益受益権はどのように評価すべきでしょうか。私募債のように安定

した収益を推算することができません。

　この点、財産評価基本通達202項は「収益を受益する場合は、課税時期の現況において推算した受益者が将来受けるべき利益の価額ごとに課税時期からそれぞれの受益の時期までの期間に応じる基準年利率による複利現価率を乗じて計算した金額の合計額」と規定しており、「現況において推算」するならば，過去の実績は問われず、将来収益の予測数値を使って収益受益権を評価すればよいとあります。

　つまり、合理的な予測であれば、毎年の収益率が異なる場合もあり得えます。しかし、これは公正価値評価におけるDCF法と同様の発想といえます。

　証券投資信託1,000万円を信託財産として、信託期間10年の受益権分離型信託を設定します。

　予想収益分配金が毎年50万円であれば、収益受益権は複利現価率を使って計算すると約4,812,000円です。

　一方、予想収益分配金が当初2年は100万円で3年目以降は50万円であれば、収益受益権は約5,808,500円と評価されます。

　当該評価方法によれば、信託の収益率をあまりに高額に設定すると信託期間満了時において、元本受益権が当初信託財産の額面を下回るリスクがあるのです。

　また、収益分配に伴う所得税の負担も当然大きくなります。信託財産が生み出す収益は毎年変動するのが通常の考え方と思われます。信託契約で設定された収益分配を賄うことができない場合、信託元本を取り崩して収益受益者に支払うことになります。このため、元本受益者が受け取る元本が毀損し、贈与のために信託を設定した目的が達成できなくなる恐れも過分にあります。

　より極端に受益権が複層化された信託を設定し、その5年後に合意等により信託を終了したときの収益受益権の評価額の算出方法です。委託者＝収益受益者が亡くなることで信託は終了します。

　相続が発生した時には、その時点において残りの信託期間分の収益受益権評価額を算出し、その評価額を相続財産に合算することが求められます。

　信託が終了すれば、信託財産は元本受益者に交付されることになりますが、委託者＝収益受益者が得ることになっていた残り期間分の収益受益権も信託終

了時に取得するものとして、信託終了時点の収益受益権の評価額に合算されてしまうのです。

　また、この信託では、信託財産から得られた収益を、収益受益者に交付することになります。信託受益権の評価は信託設定時に行うことになりますが、実際の交付の手続きは信託財産を交付することとして信託契約に定められた信託配当日に信託財産から得た収益より必要経費を差し引いた金額を収益受益者に交付します。

　収益の交付が信託契約に定められた通り行われない場合、信託設定時に推算した金額と極めて異なる額で信託収益を交付することになるときには、信託受益権の当初評価額が変更される可能性があります。

　課税実務上、資産を承継させる計画を考慮する場合を想定してみます。財産を今直ちに単純贈与すべきか、相続時まで待って移転すべか、もしくは、元本受益権の贈与が良いかが議論されるわけです。

　単純贈与では贈与税負担が大きいが、その後の資産所得は受贈者に帰属します。相続では贈与税負担はないが相続税負担があり、相続時点までの資産所得は被相続人に帰属するが、相続により相続人に帰属します。元本受益権の贈与では元本受益権の贈与税負担が軽く、信託満期までの資産所得は委託者に帰属するが、相続により相続人に帰属します。

　財産の移転をこれらの３ケースに分けて、税率を同じと仮定して受贈者等の資産承継者の受領する税引後の金額を試算してみると、財産の収益力が信託受益権評価の基準となる基準年利率と同じ場合は３ケースにおいてほとんど変わらなかったが、財産の収益力が基準年利率より高い場合は、相続より単純贈与が有利であり、元本受益権の贈与は更に有利となります。

　単純贈与が有利になるのは当然として、元本受益権の贈与がなぜ更に有利となるのはなぜでしょうか。

　試算では税込みの信託収益額を計算基礎として収益受益権を評価したので、収益受益権の評価額が割高になり、その結果、元本受益権の評価額が割安になったものと思われます。

　ちなみに、信託収益が源泉分離課税の場合、所得課税の偏頗性から収益受益者は税引後の信託収益額しか受領しません。

そこで税引後の信託収益額を計算基礎として評価すると、収益受益権の評価額が適正になり、その結果、元本受益権の評価額も適正になり、元本受益権の贈与が有利にならないのです。

現行の財産評価基本通達202項は「受益者が将来受け取るべき利益の額」としているので、税引後の信託収益額を計算基礎とすべきと思われます。

税引後の信託収益額は、信託所得の種類、受益者の所得水準により異なり将来の税制改正によっても変わるので、将来受け取るべき利益の額の算定は困難ですが、課税時期の源泉分離課税率が将来も適用されるものと想定して、税引後の信託収益額を推算する方法も考えられます。中小・零細企業の貸付金、私募債の利率が3～5％の高い水準で決定してよいものか、そもそもそこに恣意性が介入しています。

なお、上記は岸田康雄『顧問税理士が教えてくれない資産タイプ別相続・生前対策完全ガイド』（中央経済社（2014/6/13））該当箇所を適宜参照しています。

課税実務における留意点は下記です。

・収益受益者が得る収益の推算を適正に行う。信託期間は収益受益者の平均余命で決定する。

・早期に相続が発生する場合のリスクを説明する。

・信託の収益率＞基準年利率の差が多ければ多いほど、元本受益権の相続税評価額は少なくなるが、「過度に」行うことは絶対NG、「現況で推算」の立証責任は最終的には納税者側にいくはずです。

・最終的に元本受益権がマイナスになる場合もあり得る。この場合の債務控除の適用可能性はない。

このスキームは、当局側において、課税関係の洗替による課税をしようとする動きも現場の調査レベルでは見受けられるようです。上記のように、複層化しても、受益者連続信託とみなされて、財産評価基本通達202項での評価をせず、相続税基本通達9の3-1で評価されるケースが多いようです。今後は、慎重な取扱いが必要です。

【相続税基本通達9の3-1】

（受益者連続型信託に関する権利の価額）

9の3-1　受益者連続型信託に関する権利の価額は、例えば、次の場合には、次に掲げる価額となることに留意する。（平19課資2-5、課審6-3追加）

(1)　受益者連続型信託に関する権利の全部を適正な対価を負担せず取得した場合　信託財産の全部の価額

(2)　受益者連続型信託で、かつ、受益権が複層化された信託（以下9の3-3までにおいて「受益権が複層化された受益者連続型信託」という。）に関する収益受益権の全部を適正な対価を負担せず取得した場合　信託財産の全部の価額

(3)　受益権が複層化された受益者連続型信託に関する元本受益権の全部を適正な対価を負担せず取得した場合（当該元本受益権に対応する収益受益権について法第9条の3第1項ただし書の適用がある場合又は当該収益受益権の全部若しくは一部の受益者等が存しない場合を除く。）　零

(注)　法第9条の3の規定の適用により、上記(2)又は(3)の受益権が複層化された受益者連続型信託の元本受益権は、価値を有しないとみなされることから、相続税又は贈与税の課税関係は生じない。ただし、当該信託が終了した場合において、当該元本受益権を有する者が、当該信託の残余財産を取得したときは、法第9条の2第4項の規定の適用があることに留意する。

2．意図的に作出した債務控除額

　現行財産評価基本通達202項では、理論上、収益受益権の評価額が信託財産の評価額を超えることもあり得ます。財産評価基本通達202項を文理でとらえ、そもそも収益受益権と元本受益権は信託財産から分離されたものにすぎないことから総額は受益権一体となるはずです。

　その点、複層化した場合の信託の課税関係についても、信託を活用しなかった場合と同様の権利関係を擬制することとして整理されるはずです。

　例えば信託財産を賃貸不動産と仮定し、信託期間を30年、賃料が毎年500万

円とします。当該信託契約は信託を活用しなかった契約に引き直すと、元本受益者が不動産を所有し契約期間30年にわたり毎年500万円を収益受益者に支払う義務が生じる一方、収益受益者は30年の契約期間において、毎年500万円を受領できる債権を有すると擬制できます。

この場合、30年の複利年金現価率24.016を用いて各受益権を計算すると、信託財産の評価額1億円－収益受益権の評価額1.2億円＝元本受益権△2,000万円となります。

相続税の計算上、課税財産の概念にマイナスはありません。

これは本質的には債務であるから、債務控除の対象になり得るかという論点が生じます。

相続税法第9条の3第1項は、受益者連続型信託の受益権の評価を定めたものと解説されていますが、この規定の位置は相続税法第1章総則にあり、第3章財産評価ではありません。この規定は受益権の価格の計算方法を示しているだけで、その課税価額を信託財産の全部とすると規定しているわけではないのです。

相続税の財産評価は相続税法第3章に定めがあり、その課税は財産評価額に基づくことになります。相続財産の評価は相続税法第22条によれば、その時価に基づくことになっています。

収益受益権の権利の価額が相続税法第9条の3第1項により信託財産の評価額の全部となるとしても、収益受益者は元本受益者に対し信託財産から元本を支払う債務を確実に負っているので、その経済的価値は負担付遺贈の評価と同じように負担部分、つまり元本受益権の評価額のこと、を差し引いた債務控除後の純額になると思われます。

ただし、ここにも恣意性の介入により、意図的に債務控除額が作出されるため、課税実務上実行できるスキームではありません。

Q Ⅱ-40　受益権分離型スキーム、信託受益権の質的分割における具体的な裁判例

> 表題の件につき参考となる裁判例があればご教示ください。

Answer

　下記の裁判例が参考になります。

【解説】

　大阪地裁平成23年7月25日判決（UCCホールディングス事件）です。ここではポイントを抽出してご紹介します。

【事件番号】　大阪地方裁判所判決／平成21年（ワ）第8701号

【判決日付】　平成23年7月25日

【判示事項】　株式譲渡契約における売主の表明保証違反を理由とする補償金支払義務が否定された事例

【判決要旨】（省略）

第1　当事者の求めた裁判（省略）

第2　当事者の主張（省略）

理　　由

1　甲17、乙19、証人甲野松夫の証言、被告Y4の本人尋問の結果、掲記の証拠及び弁論の全趣旨によれば、次の事実が認められる（当事者間に争いがない事実を含む。）。

　(1)　被告らによるシャディ株式の保有

　　　被告らは、ギフト販売等を主な事業内容とするシャディ社の創業家一族であり、平成12年ころまで、被告ら名義及び被告らが全株式を保有するツインツリー社名義で、次のとおり、シャディ社の発行済株式の約54．2%に相当する1099万4754株を保有していた。

被告Y1	145万株
被告Y1を除く被告ら	278万7900株
ツインツリー社（シャディ株式の保有会社）	675万6854株

(2) 本件信託契約の締結

　ア　本件信託契約の計画立案

　　　被告Y1は、平成12年ころ、シャディ株式から得られる配当収益を日本ボランタリー・チェーン協会の公益活動に利用できるようにするため、自己が保有するシャディ株式を信託し、その信託受益権を元本受益権と収益受益権に分割した上、収益受益権を日本ボランタリー・チェーン協会に寄贈する計画（以下「本件計画」という。）を立案した。

　イ　税務当局への事前相談

　　　被告Y1は、本件計画の実行によりいかなる課税が発生するかについて、税務当局に事前相談することにし、平成12年1月25日、被告Y4及び被告らの顧問会計士である乙山公認会計士らと共に、国税庁を訪れ、課税部資産税課の丙川課長補佐に対し、本件計画による課税関係について、各種問い合わせをした。

　　　丙川課長補佐は、信託の収益受益権は譲渡所得の基因となる資産に該当しない（下線筆者）とし、本件計画の実行により、被告Y1に所得税法59条1項1号による譲渡所得が発生することはないと返答したが、「ただし、いったん、信託期間が長期間にわたる信託契約を結び、その受益権を元本受益権と収益受益権に分けた上で、信託契約設定当初に、財産評価基本通達の規定により低く評価された元本受益権を関係者へ贈与又は譲渡し、その後信託期間中にもかかわらず信託契約を解消するという租税回避行為ともいうべき取引が最近みられます。このような行為については、国税局としては、信託解約時になんらかの形で課税するという方向で検討しており、留意していただきたい。」（下線筆者）と注意喚起した。

　　　以上の丙川課長補佐の発言を含む事前相談の内容は、「VCAの寄付に関する国税庁への相談に関する議事録」（乙5。以下「本件議事録」

という。）として書面化された。

　ウ　本件信託契約の締結

　　被告Ｙ１は、本件計画を実行することにし、平成12年３月27日、日本ボランタリー・チェーン協会及びUBS信託銀行との間で、本件信託契約による収益受益権を日本ボランタリー・チェーン協会に取得させる旨の合意を含む本件信託契約を締結した（甲５の１～３）。

(3)　本件合意解約に至る経緯

　ア　ツインツリー社へのシャディ株式の集約

　　平成14年夏ころ、株式譲渡益による所得税の課税制度が変更される見込みとなったことから、被告らは、自己が保有するシャディ株式（被告Ｙ１については元本受益権）をツインツリー社に集約することとした。

　　そして、被告Ｙ１を除く被告らは、同年11月22日、ツインツリー社に対し、自己名義のシャディ株式278万7900株を、合計32億5626万7200円（１株当たり1168円）で売却した。

　　また、被告Ｙ１も、平成15年３月14日、ツインツリー社に対し、自己が有する元本受益権を配当受領権のない株式として評価して、これを９億3960万円（１株当たり648円）で売却した（乙11）。

　イ　本件合意解約

　　平成16年になって、UBS信託銀行は、日本における事業から撤退して解散することになり、ツインツリー社及び日本ボランタリー・チェーン協会に対し、本件信託契約を終了させることを要請した。被告Ｙ１、ツインツリー社及び日本ボランタリー・チェーン協会は、これをやむを得ないものとして受け入れ、同年６月８日、UBS信託銀行との間で、本件合意解約をした（甲６）。

　　本件合意解約により、日本ボランタリー・チェーン協会が取得した収益受益権は消滅したものとされ、ツインツリー社は、UBS信託銀行から、本件信託契約の信託元本であるシャディ株式及び現金の交付を受けた。

ウ　ツインツリー社における税務処理

　　ツインツリー社は、被告Ｙ１から元本受益権を取得した際、これを配当受領権のない株式として評価された金額である９億3960万円（１株当たり648円）で、「シャディ株式」として資産計上した（乙11）。そして、本件合意解約後も、本件経済的利益は、資産（シャディ株式）の評価換えをすることにより生じた評価益にすぎず、法人税法25条１項により益金不算入とされるべきであるとして、これをツインツリー社の法人税課税所得の計算における益金の額に算入しなかった（乙14）。

(4)　本件株式譲渡契約の締結

ア　原告の紹介

　　ツインツリー社の全株式（本件株式）を保有していた被告らは、平成16年末から平成17年初めころにかけて、ツインツリー社を通じて、シャディ社の事業形態及び経営改革を模索するようになった。そのような中、被告らは、コンサルティング会社から、シャディ社の経営に興味を抱いている会社として、原告を紹介された。

イ　本件ＤＤの実施

　　原告代表者らは、シャディ社の経営に参画するため、本件株式を取得することを検討し始め、平成17年８月８日、ツインツリー社の代表取締役であった被告Ｙ４と面会し、その席上、被告Ｙ４から、ツインツリー社の平成14年12月期〜平成16年12月期の決算報告書や税務申告書を含む各種資料を交付された。

　　原告は、森・濱田松本法律事務所の弁護士ら並びにＥ＆Ｙの公認会計士及び税理士らに本件ＤＤを委託し、同弁護士ら並びに公認会計士及び税理士らは、同年８月初旬から９月初旬にかけて、原告のために、本件ＤＤを実施した。そして、本件ＤＤを担当していた弁護士が、被告Ｙ４に対し、ツインツリー社の偶発債務の有無や、日本ボランタリー・チェーン協会への寄付に関する質問をしたところ（乙16)、被告Ｙ４は、ツインツリー社に偶発債務は存在しないと回答し、

同年8月22日、同弁護士に対し、本件信託契約の締結から本件合意解約に至る事実経過を直接説明するとともに、本件信託契約の契約書（甲5の1～3）、本件合意解約に係る解約合意書（甲6）のほか、本件議事録（乙5）を手渡した。

ウ　本件株式譲渡契約の締結

本件DDの実施後、原告と被告らは、本件株式を売買することを合意し、平成17年9月13日、本件株式譲渡契約を締結した。

(5)　本件株式譲渡契約における表明保証（省略）

(6)　本件税務調査と本件指摘

本件株式譲渡契約後、ツインツリー社は、平成19年4月18日から、本件税務調査を受け、本件合意解約によってツインツリー社が得た本件経済的利益について、平成16年12月期の事業年度に係る法人税の申告漏れがあるとの本件指摘を受けた。

(7)　原告と被告Y4との間の協議

ア　被告Y4の説明と主張

原告の甲野取締役は、平成19年4月18日、被告Y4に対し、本件税務調査が開始され、本件指摘を受けた旨を伝えた（乙1の1、2）。

これに対し、被告Y4は、同年5月1日、乙山公認会計士と共に原告の本社を訪れ、甲野取締役及び原告の顧問税理士4名に対し、本件信託契約の締結から本件合意解約に至る一連の経緯を説明するとともに、本件経済的利益は評価益にすぎず、本件指摘には課税根拠がないと主張した。

イ　税務当局の見解の聴取

甲野取締役は、平成19年5月8日、原告の顧問税理士の一人であり元国税局長の丁田税理士と共に、神戸税務署に出向き、本件税務調査を担当していた大阪国税局の戊原専門官や己本実査官らに対し、本件指摘に係る法的根拠を聴取した。すると、戊原専門官らは、本件経済的利益は法人税法22条2項の「その他の取引…に係る当該事業年度の収益」に該当すると述べた。甲野取締役らは、本件経済的利益は評価

益にすぎないのではないかとか、仕訳（相手勘定）はどうなるのかといった質問をしたが、これらの質問に対する明確な回答はなかった。

ウ　被告Ｙ４側による交渉の提案

甲野取締役は、平成19年５月９日、被告Ｙ４に対し、戊原専門官らの見解を伝えた。これに対し、被告Ｙ４は、本件信託契約の締結に際しては、国税庁に事前相談をしており、本件指摘には課税根拠がないと改めて主張し、今後の交渉には、本件信託契約に関する一連の経緯をよく知る乙山公認会計士も参加させて欲しいと述べた。これを受けて、甲野取締役は、同月31日、丁田税理士に対し、今後の交渉は乙山公認会計士に任せたいと述べた。すると、丁田税理士は憤慨して、その場に同席していた被告Ｙ４に対し、原告の税歴にキズをつけないようにする旨の念書を差し出すよう要求した。これに対し、被告Ｙ４は、そのような条件で税務当局と交渉をすることはできないと述べた（乙12の１、２、乙13）。

その後、甲野取締役は、同年６月11日、戊原専門官らと再協議したが、その席上、税務当局としては、ツインツリー社が修正申告に応じなければ、同月末を目途に更正処分をする方針を伝えられた。そこで、甲野取締役は、同月18日、被告Ｙ４に対し、乙山公認会計士から、直接、戊原専門官に本件指摘の課税根拠を問い合わせてもらえないかと依頼した（乙17）。これを受けて、乙山公認会計士は、同月19日、戊原専門官に電話連絡をしたが、被告Ｙ４側には原告からの正式な受任がないとして、本件指摘に係る説明を拒絶された（乙18）。

エ　原告の方針決定

甲野取締役は、平成19年６月27日、被告Ｙ４に対し、原告も課税根拠の確実性に疑問を抱いており、今後は、被告Ｙ４側に税務当局との交渉を任せたいと伝え（乙２）、被告Ｙ４もこれを了承した（甲13）。

そこで、甲野取締役は、同年７月２日に開催された原告のグループ経営会議において、本件指摘に係る税務当局との交渉を被告Ｙ４側に任せたいと提案した。

しかし、上記会議に出席した役員らから、原告の役員でも従業員でもない被告Ｙ４に交渉を委任するのはいかがなものか、被告Ｙ４に委任すると税務当局との紛争が長期化するのではないかといった意見が出された。また、同じく上記会議に出席した原告の顧問税理士らから、本件指摘には合理性があるとの意見も出された。

　その結果、原告としては、本件指摘の課税根拠については税務当局と争わず、修正申告に応じるが、納付税額については圧縮するよう交渉するとの方針が決定された。なお、上記会議には、被告らの関係者は一人も参加していなかった。

オ　本件修正申告

　甲野取締役は、平成19年7月3日、被告Ｙ４に対し、本件指摘については原告側で対応し、税務当局と争うことは避けることにしたので理解して欲しいと伝えた。これに対し、被告Ｙ４は、「仕方がないですね。頑張ってください。」と述べた。甲野取締役は、同年8月10日、被告Ｙ４に対し、税務当局との交渉経過を伝えたが（乙3）、被告Ｙ４からの返答はなかった。

　その後、原告は、被告らと接触することなく、同年9月6日、税務当局との間で、本件経済的利益の評価額を4億6263万3000円として修正申告することで合意した。その際、甲野取締役は、己本実査官から、本件指摘の課税根拠につき、概要、次のとおり記載された無記名の文書（甲2）を受け取った。

　「ツインツリー社は、本件信託契約により、シャディ株式の時価から収益受益権価額を控除した金額で元本受益権を取得した。しかし、本件合意解約により、ツインツリー社は、収益受益権によって制限されない、いわば完全な状態の株式を取得するに至った。つまり、ツインツリー社は、本件合意解約により、収益受益権に相当する経済的利益を得た。このような経済的利益は、法人税法22条2項にいう『その他の取引…に係る当該事業年度の収益』に該当し、その金額は、ツインツリー社の法人税課税所得の計算上、平成16年12月期の事業年度の

益金の額に算入されるべき（下線筆者）である。」

　　　原告は、同月10日のグループ経営会議において、本件修正申告について承認決議をした。そして、ツインツリー社は、同年10月17日、本件修正申告を行い、2億3259万1550円の法人税及び住民税等を納付した。また、ツインツリー社は、本件修正申告等に関連し、234万7221円の税理士報酬を支払った。

　　カ　被告Ｙ４に対する報告

　　　被告Ｙ４は、平成19年10月26日、丁田税理士から、原告が本件修正申告を行った旨を伝えられ、本件修正申告の内容及び原告の納付税額を知った（乙４）。その際、被告Ｙ４は、丁田税理士から、本件指摘の課税根拠に関する前記オの文書（甲２）を提示された。

　　　なお、本件修正申告においては、「シャディ株式」の帳簿価額を増額する方法で、本件経済的利益が計上されていた（甲７、乙４）。

(8)　原告による補償金支払請求と被告らの拒絶

　　　原告は、平成20年４月16日、被告らに対し、本件修正申告により納付した法人税及び住民税等並びに税理士報酬支払額の合計2億3493万8771円の補償金請求権を有している旨通知した。

　　　これに対し、被告らは、同月30日、原告による補償金の支払請求には応じられないと回答した（甲４）。

2　請求原因について

(1)　請求原因(1)～(4)について

　　　当事者間に争いのない事実及び前記認定事実によれば、請求原因(1)～(4)の各事実を認めることができる。

(2)　請求原因(5)について

　　ア　表明保証条項①～③違反について

　　　原告は、本件経済的利益は法人税法22条２項にいう「その他の取引…に係る当該事業年度の収益」に該当し、その金額はツインツリー社の法人税課税所得の計算上、平成16年12月期の事業年度の益金の額に算入されるべきであるとし、これを前提として、表明保証条項①～③

の違反を主張する。

　しかし、原告が前提とする点については、被告らが相応の理由を挙げて反論しているところであり、ツインツリー社が本件経済的利益を同社の法人税課税所得の計算における益金の額に算入しなかったことについて、これを適法なものではないと認めるまでの十分な主張・立証はない。

　そうすると、上記前提に関する原告の主張を採用することはできず、被告らが表明保証条項①～③に違反したと認めることはできない。

イ　表明保証条項④、同⑤違反について

　㋐　前記認定事実によれば、ツインツリー社は、被告Ｙ１から本件信託契約に基づく元本受益権を取得した際、これを配当受領権のない株式として低く評価された金額で、「シャディ株式」として資産計上した。そして、本件合意解約後も、本件経済的利益は、資産（シャディ株式）の評価換えをすることにより生じた評価益にすぎず、法人税法25条１項により益金不算入とされるべきであるとして、これを法人税課税所得の計算における益金の額に算入しなかった。

　　これに対し、平成19年４月18日から実施された本件税務調査を担当した戊原専門官らは、本件経済的利益は、同法22条２項の「その他の取引…に係る当該事業年度の収益」に該当し、本件経済的利益は、ツインツリー社の法人税課税所得の計算上、平成16年12月期の事業年度の益金の額に算入されるべきであるとの本件指摘をした。

　　以上の事実によれば、表明保証条項④について、各基準日後に、「ツインツリー社と税務当局との間で」、本件経済的利益への課税の可否について「見解の相違が生じ」たことは明らかである。

　㋑　そこで、本件株式の売主である被告らが、「各基準日において」、このような見解の相違が生じる「おそれ」を「知り得た」か否かを検討する。

Ⅱ　事業承継スキーム　　**259**

　　前記認定事実によれば、被告Ｙ１は、平成12年１月25日、被告Ｙ４及び被告らの顧問会計士である乙山公認会計士らと共に、国税庁を訪れ、課税部資産税課の丙川課長補佐に対し、本件計画の実行に伴う課税関係につき、各種問い合わせをした。

　　これに対し、丙川課長補佐は、信託の収益受益権は譲渡所得の基因となる資産に該当しないとしながらも、「いったん、信託期間が長期間にわたる信託契約を結び、その受益権を元本受益権と収益受益権に分けた上で、信託契約設定当初に、財産評価基本通達の規定により低く評価された元本受益権を関係者へ贈与又は譲渡し、その後信託期間中にもかかわらず信託契約を解消するという租税回避行為ともいうべき取引が最近みられます。このような行為については、国税局としては、信託解約時になんらかの形で課税するという方向で検討しており、留意していただきたい。」と注意喚起した。

　　その後、被告Ｙ１は、信託期間が30年間という長期間に渡る本件信託契約を締結し、信託受益権を元本受益権と収益受益権とに分けた上で、元本受益権を配当受領権のないシャディ株式として低く評価した金額で、被告らが全株式を保有するツインツリー社に売却し、ツインツリー社は、本件信託契約の信託期間中に、本件合意解約をしたというのである。

　　このように、本件信託契約の締結から本件合意解約に至る一連の経緯は、丙川課長補佐が、信託契約の合意解約時に何らかの形で課税することを検討しているので留意されたいと注意喚起したのと同一の経過をたどっている。そして、被告Ｙ１及び被告Ｙ４は、丙川課長補佐から直接、上記の課税可能性につき注意喚起を受けていたのであるから、同被告らは、各基準日において、本件合意解約により、税務当局がツインツリー社に対して課税し得るとの見解を有し、これに基づいて本件指摘がされるおそれを認識し得たというべきである。

(ウ)　これに対し、被告らは、丙川課長補佐の発言は、本件信託契約の

締結から本件合意解約に至る一連の経緯が、租税回避行為に該当する場合に限定されたものであるとし、本件合意解約は、UBS信託銀行の日本における事業からの撤退というやむを得ない事情によるものであって、被告Y1及びツインツリー社には租税回避の意図はなかったから、これが租税回避行為に該当することはないとして、丙川課長補佐の注意喚起によっても、なお、被告らは、税務当局がツインツリー社に対して課税し得るとの見解を有するおそれを認識し得なかったと主張する。

しかし、丙川課長補佐の発言では、「租税回避行為ともいうべき」とか、「なんらかの形で課税する」といった言い回しが用いられており、それが租税回避行為に該当する場合に限定して課税する趣旨であったと直ちに認めることはできない。

また、租税回避行為については、法律上明確な定義規定があるわけではなく、いかなる行為が租税回避行為に該当するかを一義的に判断することも困難である。したがって、仮に、丙川課長補佐の上記発言が租税回避行為を念頭に置いたものであり、被告Y1らとしては、自らの行為が租税回避行為に該当することはないと考えたとしても、なお、税務当局が、被告Y1らの見解とは異なり、その行為が租税回避行為に該当するという見解を有するに至る可能性も考えられる。

そうすると、被告らの上記主張を採用することはできず、被告らは、各基準日において、本件合意解約により、税務当局がツインツリー社に対して課税し得るとの見解を有するおそれを認識し得たと認めるのが相当である。

㈍ 以上によれば、被告らは、各基準日において、本件経済的利益への課税の可否につき、ツインツリー社と税務当局との間で見解の相違が生じるおそれがあることを知り得たものであり、表明保証条項④に違反する事実が認められる。

㈎ また、被告らが、各基準日において、税務当局がツインツリー社

に対して課税し得るとの見解を有するおそれを認識し得たのに、被告Ｙ４が、本件ＤＤを担当した弁護士に対し、ツインツリー社に偶発債務は存在しないと回答したことは、表明保証条項⑤にいう「売主が買主…の代理人に開示したツインツリー社に関する情報」の「正確」さに欠けているから、同条項にも違反する。

　ウ　表明保証条項⑥違反について

　　　原告は、被告らが、本件ＤＤにおいて、本件合意解約に伴うツインツリー社への課税可能性について説明しなかったことが、表明保証条項⑥に違反すると主張する。

　　　しかし、表明保証条項⑥は、「本件株式譲渡契約の内容に関して…売主が重要であると認識していた情報」と規定しており、「認識し得た」情報とは規定していない。そして、被告らにおいて、各基準日に、税務当局がツインツリー社に対して課税する見解を有するおそれを認識し得たとはいえ、これを実際に認識していたと認めることはできない以上、原告の上記主張を採用することはできない。

（3）　以上のとおり、請求原因(5)については、表明保証条項④、同⑤違反の事実が認められる。そこで、次に、抗弁について判断する。

3　抗弁1　（被告らの事実開示による免責）について（省略）

4　抗弁2　（原告の事前相談欠缺による免責）について（省略）

　　上記の判示は大きく「信託受益権の複層化」と「ＤＤの専門家責任の所在」について提示されています。裁判の主論点となったのは後者になりますが、複層化についても裁判所の見解が述べられている箇所があります。

　　それについてのポイントを列挙します[15]。

○本事例における信託法上の当事者

　・信託目的財産：シャディ株式

15　事案の概要については掲載判示の他、「週間税務通信 No.3563令和元年7月8日号」33〜40頁も参照しています。

・委託者：シャディ創業者（大株主）

・受託者：USB銀行

・収益受益権者：社団法人日本ボランタリー・チェーン協会

・元本受益者：シャディ創業者（大株主）

・信託期間（30年）

○本事案の信託スキーム

① 当該株式について収益受益権と元本受益権とに複層化

② 収益受益額相当分だけ元本受益権相当額が引き下がった、相続財産の引き下げスキーム。当該収益受益額相当額は日本ボランタリー・チェーン協会に譲渡されている。

③ なお、シャディ創業者が持っていた元本受益権は、UCCによるツインツリー社買収前に、ツインツリー社に売却されている。

○本判決の中での信託受益権複層化の際の当局の見解

① 収益受益権の移転は所得税法第59条の「譲渡」に該当しない。

② 信託契約が中途解約された場合には課税関係も生じ得る（相基通9−13と同じ）。

【相続税基本通達9−13】

（信託が合意等により終了した場合）

9−13 法第9条の3第1項に規定する受益者連続型信託（以下「受益者連続型信託」という。）以外の信託（令第1条の6に規定する信託を除く。以下同じ。）で、当該信託に関する収益受益権（信託に関する権利のうち信託財産の管理及び運用によって生ずる利益を受ける権利をいう。以下同じ。）を有する者（以下「収益受益者」という。）と当該信託に関する元本受益権（信託に関する権利のうち信託財産自体を受ける権利をいう。以下同じ。）を有する者（以下「元本受益者」という。）とが異なるもの（以下9の3−1において「受益権が複層化された信託」という。）が、信託法（平成18年法律第108号。以下「信託法」という。）第164条《委託者及び受益者の合意等による信託の終了》の規定により終了した場合には、原則として、当該元本受益者が、当該終

了直前に当該収益受益者が有していた当該収益受益権の価額に相当する利益を当該収益受益者から贈与によって取得したものとして取り扱うものとする。（平19課資2－5、課審6－3追加）

③　合意解約時に収益受益権が消滅し、相当額の経済的利益が移転することを法人税法第22条取引とみなして課税関係が発生。つまり、複層化（入口）でディスカウントしておいて出口（元本受益権売却時）に差額課税をしないのは課税の公平に反するという判断。

なお、上記に関連して当局から公表されている「情報」を下記します。

（ホーム／法令等／その他法令解釈に関する情報／相続税・贈与税【第9条《その他の利益の享受》関係】）
（信託が合意等により終了した場合）

9-13　法第9条の3第1項に規定する受益者連続型信託（以下「受益者連続型信託」という。）以外の信託（令第1条の6に規定する信託を除く。以下同じ。）で、当該信託に関する収益受益権（信託に関する権利のうち信託財産の管理及び運用によって生ずる利益を受ける権利をいう。以下同じ。）を有する者（以下「収益受益者」という。）と当該信託に関する元本受益権（信託に関する権利のうち信託財産自体を受ける権利をいう。以下同じ。）を有する者（以下「元本受益者」という。）とが異なるもの（以下9の3-1において「受益権が複層化された信託」という。）が、信託法（平成18年法律第108号。以下「信託法」という。）第164条《委託者及び受益者の合意等による信託の終了》の規定により終了した場合には、原則として、当該元本受益者が、当該終了直前に当該収益受益者が有していた当該収益受益権の価額に相当する利益を当該収益受益者から贈与によって取得したものとして取り扱うものとする。

（説明）

　旧信託法（大正11年法律第62号、以下「旧信託法」という。）の下において
は、委託者が信託に関する利益の全部を享受する場合、すなわち委託者と受
益者が一致するとき（以下「自益信託」という。）には、信託を解除すること
とされていた（旧信託法57）が、新信託法第164条《委託者及び受益者の合意
等による終了》では、自益信託に限らず、委託者と信託に関する利益を享受
する受益者全員が共同して信託終了の意思表示をすれば、信託を終了するこ
とができることとされた。

　ところで、受益者連続型信託（法第9条の3第1項に規定する受益者連続型
信託をいう。以下同じ。）以外の信託で、当該信託に関する収益受益権（信託
に関する権利のうち信託財産の管理及び運用によって生ずる利益を受ける権利を
いう。以下同じ。）を有する者（以下「収益受益者」という。）と当該信託に関
する元本受益権（信託に関する権利のうち信託財産自体を受ける権利をいう。以
下同じ。）を有する者（以下「元本受益者」という。）とが異なるもの（以下「受
益権が複層化された信託」という。）が、新信託法第164条の規定により終了
（以下この項において「合意終了」という。）した場合には、元本受益者は当初
予定された信託期間の終了を待たずに信託財産の給付を受けることになり、
その反面、収益受益者は当初予定された信託期間における収益受益権を失う
こととなる。したがって、当該元本受益者は、何らの対価も支払うことなく
合意終了直前において当該収益受益者が有していた収益受益権の価額に相当
する利益を受けることとなるから、法第9条の規定により、当該利益を贈与
又は遺贈により取得したものとみなされることとなる。

　そこで、相基通9-13では、そのことを留意的に明らかにした。

（参考）

新信託法（抜すい）
【委託者及び受益者の合意等による信託の終了】
第164条　委託者及び受益者は、いつでも、その合意により、信託を終了

することができる。
2　委託者及び受益者が受託者に不利な時期に信託を終了したときは、委託者及び受益者は、受託者の損害を賠償しなければならない。ただし、やむを得ない事由があったときは、この限りでない。
3　前二項の規定にかかわらず、信託行為に別段の定めがあるときは、その定めるところによる。
4　委託者が現に存しない場合には、第1項及び第2項の規定は、適用しない。

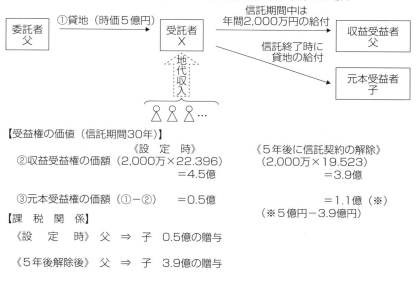

貸地を30年間信託し、収益受益権は父、元本受益権は子が取得した場合

【受益権の価値（信託期間30年）】
　　　　　　　　　《設　定　時》　　　　　　《5年後に信託契約の解除》
　②収益受益権の価額（2,000万×22.396）　　（2,000万×19.523）
　　　　　　　　　　　　　　＝4.5億　　　　　　　　　　＝3.9億

　③元本受益権の価額（①－②）　＝0.5億　　　　　　　　＝1.1億（※）
　　　　　　　　　　　　　　　　　　　　　　（※5億円－3.9億円）
【課　税　関　係】
　《設　定　時》　父　⇒　子　0.5億の贈与
　《5年後解除後》　父　⇒　子　3.9億の贈与

【「信託受益権の複層化」に係る税務リスク】
※受益権分離型信託ともいいます。
(1) 信託受益権の複層化とは
収益受益権と元本受益権に区別すること…定義は相続税法基本通達9-13
収益受益権…信託に関する権利のうち信託財産の管理及び運用によって生ずる利益を受ける権利
元本受益権…信託に関する権利のうち信託財産自体を受ける権利
→信託終了の場合の信託財産の帰属の権利
(2) 収益受益権と元本受益権に分割された場合の相続税評価額の算定方法は財産評価基本通達202(3)にあり。
① 元本を受益する者は、この通達に定めるところにより評価した課税時期における信託財産の価額から、②により評価した収益受益者に帰属する信託の利益を受ける権利の価額を控除した価額
② 収益を受益する場合は、課税時期の現況において推算した受益者が将来受けるべき利益の価額ごとに課税時期からそれぞれの受益の時期までの期間に応ずる基準年利率に福利現価率を乗じて計算した金額の合計額
土地1億円を信託、20年間、年間300万円の地代が収益受益者に支払われる。20年後信託が終了し、元本受益者が土地を取り戻す。
収益受益権：300万円×18.508＝55,524,000…(A)、まずこの(A)を算定
（※）基準年利率0.75%の場合の福利年金現価で算定した場合　18.508
元本受益権：1億円－55,524,000円＝44,476,000円…総額から上記(A)を差し引いて求める。
(3) 上記は改正後（現行通達への改正は平成12年6月）
従来（改正前）：元本受益権も現在価値に割り引く方法があった。
⇒複層化した場合の受益権の価額の合計額が、複層化しない場合の受益権の価額より少なくなることを利用した節税策が氾濫。
⇒平成12年6月改正あり。

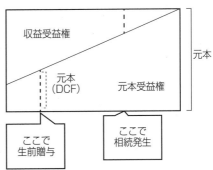

(4) 複層化した場合の問題点
① 収益受益権と元本受益権に受益権が分割された場合、信託財産から生じる所得の帰属が収益受益者なのか、元本受益者なのか条文等で定められていない。
② 信託財産や収益・費用は、受益者等において総額法で認識されることになるが、収益受益権と元本受益権に分割された場合、どのように認識されるか不明。

【受益権分離型信託の典型スキームとその税務リスクを検証】
1 典型スキーム

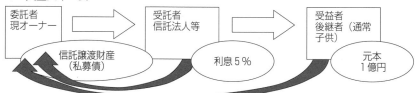

★基準年利率を上回る収益率を設定することで元本受益権の評価を引き下げる。
  委託者兼「収益」受益者：現オーナー
  元本受益者：後継者
★基準年利率を上回る収益率を設定することで元本受益権の評価を引き下げると
  収益受益権 69,325,000（基準年利率を乗じたもの） 元本受益権 100,000,000 − 69,325,000＝30,675,000(A)
  元本の割引現在価値　10,000,000×0.861＝86,100,000(B)
  (A)−(B)＝55,425,000…評価引き下げ額
  ※収益の割引現在価値と元本の割引現在価値の合計が元本（額面）と一致するのは収益の利回りと割引率が一致する場合のみ。
  ⇒信託の収益率＞基準年利率の差が多ければ多いほど、元本受益権の相続税評価額は引き下げられる。
2 税務リスク
  上記方法はいわゆる「DCF 法」の考え方を取り入れたものである。
  すなわち財評通202の「現況において推算」した数値を使えばよい。
   ⇒「過去の実績は採用せず、将来収益の予測数値を利用して収益受益権を評価すればよい」という考え方
   ⇒⇒中小企業において DCF 法の上記の考え方は容認されにくい。
  ★1　なぜ、利息が毎年計上されると言い切れるの？
  ★2　中小企業の私募債など安定収益を生み出す金融商品と言い切れるの？
  要は恣意性の介入の余地があるため、合理的な説明・エビデンスは必要でしょう。

Q Ⅱ-41　従業員持株会・役員持株会の留意点

類書ではおなじみの持株会スキームについて言及がなされておりません。留意点をご教示ください。

Answer

従来、一世風靡した感のある持株会スキームですが、私見では反対です。かつて相続対策として組成された持株会は現在、そのほとんどが幽霊持株会になっており、それを解消する動きの方が現場のコンサルティングでは多くなってきています。

【解説】

幽霊持株会になったため、オーナーが自社株を保有せざるを得なくなった結果予期せぬ課税関係が生じてしまった、下記の裁判例を参照してください。

仙台地裁平成3年11月12日判決は、従業員株式を代表者が買い戻した際に、相続税評価額原則評価が適用された事例です。

当該会社は従業員持株会制度を設けて従業員に対して1株50円の旧額面価格で譲渡し、退職に際しては同額で当該会社に売り渡す旨を約束されていました。退職従業員所有株式については、他に譲渡する従業員を選定するまで一時的に代表者が所有していました。この場合における代表者の買取価格は旧額面価格であり、その後3年に渡り配当を受け取っていました。原告（納税者）は、次の株式保有者が決定するまでの一時的な所有であることを主張したものの認められず、評価額と旧額面価格との差額についてみなし贈与課税が適用されたという事例です。一時的な所有の主張が認められなかった理由は、「3年間も所有して、配当受領までしていた」という既成事実があったからです。

近年は、"幽霊"従業員持株会（本来の従業員持株会としての機能が停止しているような持株会のことを言います）が増えており、代表者が仕方なく持っているという例は非常に多いと思われます。

仙台地裁昭和59年（行ウ）第7号贈与税決定処分等取消請求事件（棄却）
（確定）【税務訴訟資料第187号64頁】

　相続税法7条（贈与又は遺贈により取得したものとみなす場合……低額譲渡）にいう時価とは、当該財産が不特定多数人間で自由な取引がなされた場合に通常成立すると認められる価額、すなわち当該財産の客観的交換価値を示す価額をいうとされた事例

　相続税財産評価に関する基本通達が、いわゆる類似業種比準方式において、70パーセントの安全率を設けていることをもって、右方式を不当ということはできないとされた事例

　相続税財産評価に関する基本通達が、いわゆる純資産価額方式において、同族株主であるか否かにより異なる評価方法をとることとしていることは、経済的実質に応じて税負担を求めるものであり、公平の原則に反するものではない、とされた事例

　相続税法7条は、相続税の租税回避行為に対する課税を目的としたものであり、そのような意図を持たない本件には適用がない旨の納税者の主張が、同条は著しく低い対価によつて財産の取得が行われた場合の実質的贈与に着目して、税負担の公平の見地から贈与とみなす趣旨の規定であり、当事者の具体的な意図、目的を問わずに適用されるとして、排斥された事例

　本件株式の取得は、従業員持株制度による売戻条件の履行として約定どおりの価額（1株50円）で譲り受けたもので、その売買価額も当事者間の自由意思による正常な取引価額であるから、「著しく低い価額の対価」による取得には当たらない旨の納税者の主張が、本件株式には譲渡制限等があったことから、経済原理的には、価額形成についていえば、株式の評価にあたって優先的に評価されるべき売買取引には当たらないとして、排斥された事例

　評価通達により本件株式を非上場株式として評価して行われた本件処分は、同株式についての取引の実情、沿革、売買事例等に基づく価額を無視し、恣意的に時価を定めて、相続税法7条、22条等を適用するもので、憲法84条に違反し、無効であるとの納税者の主張が排斥された事例

Q Ⅱ-42　比準要素数０、１会社解消方法と違法配当の関係

> 表題の件につきご教示ください。

Answer

下記です。

【解説】

　分配可能額規制に違反した金銭配当・自己株式取得の場合については、下記の点につき留意が必要です。

　自己株式取得は資本等取引、会社財産の払戻しの性格を有することから、分配可能額による制限を受けます。しかし、分配可能額が不足しているにもかかわらず行った違法配当でも、会社法上有効とされています[16]。そのため、税務上も配当として取り扱われます。中小企業では、債権者が違法状態を訴えるケースはほぼ想定できないので、分配可能額がたとえゼロだったとしても、違法配当として問題視されることはまずないと思われます。つまり、自己株式の取得はそのまま有効になるということです。この取扱いは金銭配当も同様です。東光商事事件（最高裁大法廷昭和36年(オ)第944号所得審査決定取消請求上告事件（棄却）（確定）【株主優待金の性格／株主相互金融会社】）の判決は先に掲示しています。

　比準要素数０、１の会社が期末配当を行い、比準要素数０、１の会社から脱する方法があります。比準要素数０、１の会社というのは、往々にして債務超過状態にある会社であることが多いものです。このため、一見、配当ができないように思われますが、債権者がいないということを確認した上で会社法上の違法配当をすると、税務上も配当したことになるとみなされます。

　比準要素数０、１の会社がその状態から脱するための別の方法として、決算期変更があります。例えば、毎期1,000万円程度の利益が出るような会社があっ

16　http://kaishahou.cocolog-nifty.com/blog/2008/03/post_b8c2.html

Ⅱ　事業承継スキーム　271

たとして、節税対策を過度に行い、前々期末と前期末の利益が０円となっていたとします。利益も出ていない、配当もしていない、とすると、比準要素数０、１の会社になります。この状況下において、株式を移動したい場合、決算期を変更します。決算期を変更してその期で利益を出します。

　仮に債権者がなく訴える状況になくても、取締役の任務懈怠責任等の会社法上の責任は生じます。これにつき、役員に対する金銭請求権という益金が法人計上される可能性もあります。しかし、従来の課税実務の取扱いは「そもそも違法配当自体が無効であるため（原始的無効）、それに係る益金は計上されない」とされてきました。つまり、そもそも違法配当が会社法上、有効か無効かで益金を計上すべきか、しないかの取扱いが全く異なるわけです。

　課税実務ではこの状況下においては、保守的に最悪なケースを考えるべきだと思われます。違法配当は会社法上、有効であり、それ自体に、先ほどの金銭債権請求権という益金が計上されたと仮定すると、当該金銭請求権については、中小・零細企業では回収されることはまずないため、その金銭債権相当額が役員給与認定される恐れがあるということです（定期同額給与、事前確定届出給与でないので当然損金不算入）。さらに源泉所得税も生じます。

Q Ⅱ-43　国外転出時課税に係るタックスプランニング（税率差額利用）と今後の動向

　国外転出時課税とその後の国外での非上場株式贈与について、トータル期間15年で考えると、贈与税率最高税率が譲渡所得税率15.315％で済むと考えました。

【個人と法人の現況】
　・個人Ａ、妻Ｂ、子Ｃ、法人Ｄ（Ａ100％株式所有、株式税務上評価額と資本金（当初出資額）に乖離あり）

【前提】
　・ＡＢＣともに日本国籍があります。

・国外転出時課税は納税管理人届出なしパターンを選択し、適切な株式評価時点と期日で納税します。今後当該法人は下記のような方針を採用しようとしています。

（STEP 1）A、B、Cが某オフショア国に移住します。同時に法人Dの本店所在地を当該国外に移転します。

　　　　　その際、Aは国外転出時課税により、国外転出までに15.315％の所得税のみ納税します。

　　　　　移転以降も法人Dの代表は変わらずAのままで、法人Dの国内事業運営は在外支店を設け、Aの意思決定のもとに従業員が行い、国内の恒久的施設として適切に法人申告します。

（STEP 2）国外移住開始から11年後にAはCへ、法人Dの株式を100％贈与します（当該オフショア国の現地税制では日本よりも税率が非常に低いです）。法人Dの代表取締役は変わらずAのままです。

（STEP 3）国外移住開始から12年後にA、B、Cは国内へ戻ります。国内居住者に該当します。また、それと同時に法人Dの本店所在地を国内に移転します。法人Dの代表取締役は変わらずAのままです。

【質問】
上記における課税関係を教えてください。

Answer

下記です。

【解説】

質問の回答の前に上記一連の最近の動向をまとめます。

https://www.jurists.co.jp/sites/default/files/newsletter_pdf/ja/newsletter_201504_btl.pdf

Ⅱ　事業承継スキーム　　**273**

上記リンク先 6 頁の解説が非常に面白いです。

下記において上記リンク先を一部抜粋しています。

「もっとも、平成25年度税制改正により、平成27年 1 月 1 日以降、我が国における相続税や贈与税の負担は更に重くなっているため（最高税率はいずれも55％）、国外転出時課税制度により（譲渡損失が生じるに過ぎない場合は勿論のこと）譲渡所得課税が課せられたとしても、なお、相続税や贈与税の負担軽減等のため、相続税や贈与税の課税制度がない国やキャピタルゲイン非課税国に移住するというケースは今後も生じるものと思われます。」

出国時課税を使って節税しようとする動きは一定数あります。

上記は転出時課税が制度化されてから、ずっと問題点として指摘されてきた事項です。転出時課税が施行されてから同じようなスキームについて筆者も何度も相談を受けてきました。しかし、筆者自身はやりません。理由は税制改正リスクです。

https://www.sn-hoki.co.jp/article/tamasters/ta8611/

上記リンク先記事にもありますが、現在の BEPS の潮流として、上記のようなスキームは改正項目に入ってくると思います。オフショアに対する BEPS 監視規制は厳しいです。また、BEPS への目配せがなくても（実務では到底あり得ませんが）、国外転出時課税は現行法は穴だらけといわれております。それも改正がまた入るのではないかと、私が懸念している理由の論拠となります。

では、質問の回答です。

（STEP 1 ）について

　　　この時点で国外転出時課税の対象となります。納税管理人の届出を出してない場合、上記も、下記以降の取扱いもご指摘の通りです。当然ですが、非上場株式の国外転出時課税における評価額は所得税基本通達59－6 です。法人 D 株式は国外財産になったと判定します。

（STEP 2 ）について

　　　平成30年度税制改正により、当該ケースでは、国内財産のみが贈与税の課税対象となります。国外財産法人 D 株式は射程外です。すなわち、現地課税しかなされません。

（STEP 3 ）について

課税関係は生じません。現行制度上は、国外転出時の課税で含み益清
算が済んだと考えます。

Q Ⅱ-44 個人事業主に外国子会社合算（ＣＦＣ）税制が適用された事例：レンタルオフィス事件との比較

表題の新聞記事についてご教示ください。

Answer

下記です。

【解説】

「医院長 1 億円申告漏れ　租税回避地にペーパー会社　東京国税局指摘　東京新聞2019年 8 月24日　夕刊」

https://www.tokyo-np.co.jp/article/national/list/201908/CK2019082402000263.html

です。

個人医師が医院以外に医療機器レンタル会社をシンガポールに設立し、給与や株式配当を受領していたようです。当局はシンガポールのレンタル会社をペーパー会社と認定し、当該会社の所得を、個人所得と合算課税しました。

おそらく個人事業主に現実的に合算された事例としては初と考えられます。

上記が適用されそうになった事案は過去にあります。非常に有名なレンタルオフィス事件（東地平成24年10月11日：納税者勝訴、東高平成25年 5 月29日控訴棄却：納税者勝訴（確定））です。

「個人」居住者に対し、当該居住者が大株主であるシンガポールに本店を有する、精密ネジ等の販売を行う特定外国子会社等の課税対象額に雑所得認定がなされるか争点になった事例です。つまり、個人所得税に係る税務判例です。CFC 税制は個人である居住者にも適用され（措法40の 4 ）、認定された場合、雑所得に該当します（同条①）。

当該裁判例においては争点が専ら適用除外要件を満たすか、すなわち「特定外国子会社等がその本店又は主たる事務所の所在する国又は地域に、その主たる事業を行うに必要と認められる事務所、店舗、工場、その他の固定的施設を有しなければならないこと」にレンタルオフィスが該当するかどうかの実体基準が争われました。納税者勝訴のため、結果として当該主張は認められたわけですが、冒頭の新聞記事との比較では「ペーパーカンパニー」と認定していることから、当該基準をクリアしていなかったものと見られます。

この税務判例は大変有名で、その後に、冒頭のような記事を見かけると、当該裁判例の不知によるものか、当該裁判例の判示に示された一定の基準に従ってなぜ、外国子会社を運営できなかったのか、そもそもＣＦＣは個人に適用がないと勘違いしていたのか、当該スキーム策定担当者の思考が全く理解できません。

冒頭のスキームが指摘された、ということは他の多くの個人も似たようなスキームをしているはずです（多くは、高所得の個人開業医、個人での不動産オーナーでしょう）。非常に留意すべきスキームと考えます。また、今後の動向にも注視が必要と考えます。

（参照）

○平成25年５月29日東京高裁　レンタルオフィス事件における「証拠」の論点

　　ＣＦＣにおける適用除外要件を満たす資料の保存義務規定について、当初の当局調査時点では資料の提出はありませんでした。しかし、裁判において書証として当該証拠が大量に提出された結果、納税者の主張が認められた事案です。

　　本件で当局は、適用除外要件を満たすことの主張立証責任は納税者にあるものと主張しましたが、裁判所はこれを明確に否認しています。当局はまた、租税条約上の情報交換の回答を証拠として提出しましたが、証拠価値が薄いものと判断しております。

　　すなわち、資料保存要件が付されているにもかかわらず、当局調査において当該資料の提出がなかったことについては判示では言及されなかったのです。

証拠の疎明という点で最判平成16年12月16日消費税法第30条第7項に係る判決（当該判決は平成17年3月10日最判（青色申告承認取消事由としての「保存」の意義）と同義）と比較すると興味深いものがあります。

Q Ⅱ-45　外国子会社合算（ＣＦＣ）税制の当局調査のポイント

表題の件についてご教示ください。

Answer

個人事業主に CFC 税制が適用された事例を受けて、CFC 税制の当局調査ポイントをまとめます。

【解説】

平成29年度税制改正において、外国子会社合算税制は大幅な制度転換をしました。旧来の制度は最初にトリガー税率を用いて、適用対象国を判定したのちに、本邦に引き戻し合算課税を行っていました。

平成29年改正後は株式の保有比率で外国関係会社を判定したのち、経済活動基準に基づいて租税負担割合を算定し、合算を行うことになっています。

平成31年度改正は経済産業省の資料にも書いてある通り、米国税制改革で法人実効税率（変更後21％）が下がった影響により、経済活動基準を満たしたとしても租税負担割合の段階で、合算課税が行われる可能性が指摘されていました。

そのため、連結納税の規定及びパススルー規定がかかる部分を除いた計算ができるように配慮されたのが改正の1つです。

なお、大綱は米国の税制改正を念頭においた書きぶりのように読めますが、特定の国への言及がないため、諸外国の状況も合わせて確認することが重要です。

令和元年度税制改正は米国に持株会社、又は保険会社を所有している法人に

ついて「のみ」再検討が必要です。

　金融庁要望によれば、本邦の金融機関が海外で実態を伴う事業活動を行っている場合であっても、平成29年度改正をうけた同税制ではペーパー・カンパニーに該当するおそれがありました。そのため、一定の要件を満たすものに所用の措置を講じたのが金融関係の手当になります。

　どちらも、今後の法令や政省令において詳細規定が置かれると考えられますので、注視しておく必要があります。

　当局調査のポイントとして下記が挙げられます[17]。

○平成29年度税制改正で、間接保有割合の計算方法が変更されています。間接保有割合の計算方式が従来の掛算方式から50％超連鎖方式になりました。従来と扱いが異なりますが、判定をしなおし修正しているか。

○吸収合併した際の海外子会社の把握（特に子会社、孫会社…と延々とつながっていく場合）をしているか。

○外国税制改正（税率、非課税扱等）は頻繁に変更されます。それに対応しているか。

Q Ⅱ-46　キャプティブを利用した国外への資産移転の問題点

> 表題の件につきご教示ください。

Answer

　下記です。

【解説】

17　堀江知洋（東京国税局調査第1部国際監理官）「国際課税の動向と執行の現状（国際税務研究会2019年5月31日セミナー）」月刊「国際税務」2019年8月号　税務研究会の該当箇所を参照しています。

キャプティブは一般的には特定の者、特定のグループのみのリスクを主として付保するために主にオフショアに設立される（ドミサイルといいます）保険会社のことです。キャプティブには様々な形態がありますが、シングル・ピュア・キャプティブを例にとると、極端に低いリスクに対し高額な保険料を払いこむ保険を組成させることができ、リスク引き受けの公正価格をこえる部分は運用に回すことも可能といわれています。当該部分がオフショアへの資産移転に利用されているケースもあるようです。

タックスの問題は極めて複雑になっています。当局は公式な見解を出しておらず、過去の裁判例等も皆無です。一方で、米国では1962年の内国歳入法においてシングル・ピュア・キャプティブ保険会社へ支払われる保険料の場合、親会社グループにおいて損金不算入とされています。

我が国でも当該保険料の損金性について論議が起きているため今後の動向（特にBEPS）に注視が必要な商品の１つといえます。

Q Ⅱ-47　エンプティ・ボーティングに係る諸論点：議決権分離スキームの是非

> 自益権と共益権を分離するスキームについてご教示ください。

Answer

現状、課税実務上は議決権（指図権）は税務上の適正評価額は０評価とされていますが、当該評価方法について議論の際中であり、将来的に抜本的な株価評価方法の改正があるかもしれません。ここではエンプティ・ボーティングにまつわる一般的な論点を下記します。

【解説】

各種スキームを基にした自益権と共益権を分離したスキームについては現状、評価方法が定まらず、当該アレンジメントは、納税者の予測可能性を阻害させていることは周知の通りだと思われます。

Ⅱ　事業承継スキーム　　*279*

　これは、会社法による規制の外の契約により、当初法が予定していなかった自益権と共益権の組み合わせが自由なアレンジメントにより実現可能となっている環境が今までにはなかったことが主原因として挙げられます。現行租税法は、普通株式を前提に構築されており、種類株式・民事信託を用いた株式の議決権と経済的持分とを乖離させた場合における対応は全くもっていないのです。

　ましてや議決権拘束契約、エクイティ・スワップ契約など複合している株式の課税関係や評価については現状、先行研究は見当たらない状況です。

　相続税評価の曖昧さも手伝い、当事者において価値があると思う権利を取得しながら低い評価額で課税を受けるという租税回避も実行可能性は多分にあります[18]。

　株式に内包される株主権は共益権と自益権があります。共益権は、会社の運営に参与する権利であり、議決権がその中心的な権利です。議決権は経済的な価値もない財産権を有せず、課税上も価値がないとされます。自益権は、株主が会社から経済的利益を受ける権利であり剰余金配当請求権と残余財産分配請求権からなります。

　会社法では共益権は自益権とともに普通株式に内包され、これらを個別に区分し処分することはできないものとされます[19]。その根拠として共益権も自益権と同様、基本的に株主自身の利益のために行使できる権利であり、両者の性質に差異はなく、株式に一体的に内包されるものであるからとされます[20,21]。

　原則の下では、自益権が経済価値の原則であり、株式の経済価値は自益権から生まれるキャッシュ・フローにあるとされます。しかし、閉鎖会社の場合、その価値は実態として、会社を支配し経営することによって、当該キャッ

---

[18]　品川芳宣「世代間の資産移転・事業承継をめぐる現状と課題」税理 Vol.59　No.6（2016年）18～19頁

[19]　前田庸『会社法入門（第12版）』（有斐閣　2009年）85～86頁

[20]　伊藤靖史・大杉謙一・田中亘・松井秀征『会社法（第2版）』（有斐閣　2011年）69頁

[21]　株主の地位が均一の割合的単位に細分化されていることから、制度的に株主平等原則が要され、これから反映され、株式1株につき1個の議決権を有することとなった（会法308①）が、両者が異なる権利だとして分離できれば、この1株1議決権の原則に反する法定以外の株式が任意に組成できることになり不合理であるということである。

シュ・フローが生じます。

閉鎖会社において、通常、剰余金の配当も解散による残余財産の分配もせず、自益権としての現実的実態としての経済的価値は有しないものと考えられ、株主が代表取締役として、会社を支配しつつ、自らに又は家族に役員報酬、交際費等を支給することでその代替になっていることが大半だからです[22]。

以上より、閉鎖会社の場合、株主であるゆえの経済的価値はなく、株主兼役員として会社の経営に関与することに経済的価値が生じます。それゆえ、閉鎖会社においてはその株式価値は自益権になく、共益権（議決権）にあるのです。

従来の議論では、経済的価値の側面からすると私法や租税法では議決権に価値はないとされてきました。自益権のみにその価値は付与されるわけです（評価対象とされるわけです）。

したがって、株式の議決権と経済的価値が分離できれば議決権だけ取り出して負担なく事業承継することも可能なはずです。経済実態として閉鎖会社の場合、議決権に価値があり、自益権に価値がありません。

事業承継の分野において議決権だけの承継が可能であれば、実態として有価値な権利を取得でき、遺留分や相続税の問題を回避することも可能と考えられます。

しかし現行の手法では、両者を区分して遺贈や相続により承継することは不可能です。

では、現行の私法を前提として何かアレンジメントは何が考えられるのでしょうか。

1．株主間契約

議決権拘束契約は株主間契約の典型例で、取締役選任等に対して当事者間の

22　閉鎖型タイプの会社において経営に関与できるためでなければ資本出資をする意味は乏しく、また取締役として能動的に経営に参画することを望む株主が多いと思われる。中小企業における経営者は、自己の財産の大部分をその会社に出資しているのが現状であり、同社の業務執行に従事し、一定額の報酬（給与）を受けないと生活できない。以上につき江頭憲治郎『株式会社法（第6版）』（有斐閣　2015年）52頁及び308頁

合意に従い議決権を行使する旨定める契約です[23]。

　会社支配を単なる資本多数決で決定することを回避するために締結され[24]、主に株式会社の株主が株主総会における議決権の行使の方法について合意しておくことは、ある目的に沿った株主総会決議の成立を指向することになります[25]。議決権拘束の有効性については一般に認められていることですが[26]、議決権拘束契約自体について違反の問題は生じます。

　有力説では、契約当事者間の債権契約としては有効であるが、契約に違反して議決権権が行使されたとしても、その株主意思による行使である以上、その効力には影響はなく、契約違反者に損害賠償義務が発生するのみであるといわれています[27]。契約した株主を縛ることは無論可能ですが、当該契約は会社に対して効力は生じません。

　つまり議決権行使の結果である総会決議等を否定することができない以上、会社の行為を縛ることは不可能なのです。

　一方、株主全員が当事者の契約である場合には、対会社関係では効力を主張できないという理屈を形式的に当てはめることは妥当ではなく、契約違反の議決権行使により成立した決議は定款違反として取消しの対象となる、とする見解もあります[28]。

　議決権拘束では、株主議決権と経済的持分を分離することは確かに可能であるものの、その実効性について契約違反の際の救済方法等、不明確性は多々残ります[29]。

23　江頭　前掲　62頁

24　江頭　前掲　336頁

25　森田果「議決権拘束・議決権信託の効力」浜田道代＝岩原紳作編「会社法の争点」(ジュリスト増刊) 102頁 (有斐閣　2009年)

26　議決権拘束契約は、株主総会ごとに議決権代理行使の代理授与を要求している会社法第310条第2項に違反しているか問題となるが、同条の趣旨は、経営陣が会社支配のために議決権代理行使の濫用を防止することにあり、そうでない議決権拘束契約に同条を形式的に当てはめることは妥当ではない。これにつき江頭前掲注338頁注(3)及び森田前掲注103頁参照

27　江頭　前掲注　336頁

28　江頭　前掲注　336〜337頁注(2)、森田　前掲注　103頁

2. 種類株式

　実務上活用はそれほどなされていないと思われますが代替案として種類株式があります。

　当該理由として、種類株式の発行手続きの煩雑さ等が列挙されています[30]。また、租税法上の問題でも後述するが、種類株式の最大の問題はその評価にあります。現行実務においてその評価方法が明らかになっているのは、一部であり、他は個別に検討すべきである、というのが当局の建て前となっています。

　なお、信託受益権の評価でも同様の問題が生じるため、これについてはまとめて下記することにします。

　最判平成28年7月1日では、株式の「取得の価格」／公開買付後に株式を全部取得条項付種類株式にする取引について下記のような判示をしています。

1　本件は、抗告人による全部取得条項付種類株式の取得に反対した抗告人の株主である相手方らが、会社法172条1項に基づき、全部取得条項付種類株式の取得の価格の決定の申立てをした事案である。

2　多数株主が株式会社の株式等の公開買付けを行い、その後に当該株式会社の株式を全部取得条項付種類株式とし、当該株式会社が同株式の全部を取得する取引において、独立した第三者委員会や専門家の意見を聴くなど多数株主等と少数株主との間の利益相反関係の存在により意思決定過程が恣意的になることを排除するための措置が講じられ、公開買付けに応募しなかった株主の保有する上記株式も公開買付けに係る買付け等の価格と同額で取得する旨が明示されているなど一般に公正と認められる手続により公開買付けが行われ、その後に当該株式会社が買付け等

---

[29] 具体的には①議決権拘束合意の有効性②有効であるとした場合の合意に違反する株主総会決議の効力③合意に違反した行為の差し止め請求権の可否④合意違反により賠償されるべき損害の捉え方という4種の論点が登場する。これらについて明確になっていないという指摘について行方國雄「閉鎖会社における種類株式及び属人的な定めの利用」（ジュリスト増刊会社法施行5年―理論と実務の現状と課題）（2011年）73頁

[30] 信託を活用した中小企業の事業承継円滑化に関する研究会「中間整理〜信託を中心とした中小企業の事業承継の円滑化に向けて〜」（2008年9月）6頁

の価格と同額で全部取得条項付種類株式を取得した場合には、上記取引の基礎となった事情に予期しない変動が生じたと認めるに足りる特段の事情がない限り、裁判所は、上記株式の取得価格を公開買付けにおける買付け等の価格と同額とするのが相当である。

3．民事信託

　事業承継信託は、オーナー経営者（委託者）が生前に、自社株式を対象に信託を設定し、信託契約において、自らを当初受益者とし、オーナー経営者死亡時に後継者が受益権を取得する旨を定めます。

　同時に委託者であるオーナー経営者が、議決権行使の指図権を保持し、受託者はその指図に従い議決権を行使することになります。

　そして、相続時に受益権を分割して非後継者の遺留分に配慮しつつ、議決権行使の指図権を後継者のみに付与するというものです。

　「議決権信託」は議決権を統一的に行使するため、株主が1人であの受託者に対し信託するものです[31]。議決権信託の有効性は、議決権拘束契約と同じ理由で有効と解されており[32]、その効力は受託者が議決権を指図人の指図に従い行使することから、合意に反する議決権行使は想定し得ないといわれています。

　会社法上問題となるのは、相続発生時に後継者が相続する株式数にかかわらず、議決権行使の指図権を全部有することができるのか、すなわち、議決権行使の指図権と受益権との分離が可能であるかという点にあります。

　発行会社に対して議決権を行使できるのは名義人としての受託者であるが、特約により議決権の行使は受益者又は委託者の指図によって行うことが可能と

31　なお、議決権のみの信託は認められない。議決権は財産権ではなく、また、株式によって表彰される権利は一体をなすものであるから、議決権だけを信託することは認められない。四宮和夫『信託法（新版）』136頁参照のこと。

32　議決権拘束契約は、株主総会ごとに議決権代理行使の代理授与を要求している会社法第310条第2項に違反しているか問題となるが、同条の趣旨は、経営陣が会社支配のために議決権代理行使の濫用を防止することにあり、そうでない議決権拘束契約に同条を形式的に当てはめることは妥当ではない。

されており、当該仕組みは一般的な株式管理信託ではよく利用されます。

議決権行使を指図する当該権利を「議決権行使の指図権」と呼びますが、受益者に指図権を平等に付与しない場合、会社法の1株1議決権の原則との抵触が問題視されます。

各株主は原則としてその有する株式1株につき1個の議決権を有するが、実質的な株主である受益とその議決権の指図権者を区別することにより、自益権と共益権とが分離し、会社法の認めていない複数議決権株式を実質的に創出していることになるのではないかという懸念が生じるというわけです。

この点、「非公開会社においては議決権について株主ごとの異なる取扱い（属人株）を定めることが許容されており（会法109②）、剰余金等配当請求権等の経済的権利と議決権を分離することも許容されています。複数の受益者のうちの特定の者に議決権行使の指図権を集中させても会社法上の問題は生じないのです」[33]という解釈が明らかにされ課税実務上もこれを活用されることとなっています。

4．エクイティ・デリバティブ / 貸株

対象となる株式を取得・保有するのと同時にエクイティ・スワップのショート・ポジションをとるという方法です[34]。エクイティ・スワップは、固定又は変動金利と株式又は株価指数のリターンから生じるキャッシュ・フローの全部を相手側に引き渡すという手法となります。株主は、一定の金利を対価として株式から生じるキャッシュ・フローの全部を相手側に引き渡す契約を締結されます。

また一法として貸株もあります。株主総会の議決権行使の基準日の直前に株式を借入、議決権を取得し、基準日後に返還するものです[35]。当該株主は、議決権を完全な株主として行使できつつ、この株式の騰落による影響を受けない

---

33 信託事業承継研究会　前掲注　中間整理8頁　なお、公開会社や上場会社においても指図権の分離が会社法上問題ないかという論点につき、会社法上有効とされる説が有力である。この点、中田直茂「事業承継と信託」ジュリスト1450号（2013年）24～25頁

34 白井　前掲　13頁

35 白井　前掲　13頁

し、配当を取得することもありません[36]。

　そもそも上記2つは投機性金融商品として証券会社から取り扱われていることから中小企業実務には全く関係ありません。

5．長期委任

　後継者を代理人として委任状により議決権行使を長期間委任させる手法も考えられます。

　しかし、議決権行使の代理権の授与は総会ごとにしなければならないため（会法310②、325）、実現困難です。ただし閉鎖会社においては経営者における会社支配の手段として濫用されるのでなければ有効と解されます[37]。

6．会社法上の問題

　議決権と自益権を分離する事業承継スキームの会社法上の有効性には問題はありません。これはあくまでその目的が閉鎖会社の株主間の合意に基づくものだからです。

　しかし、少数株主の議決権を不当に制限することはあってはならないため、この場合、会社法上無効となる可能性もあるでしょう[38]。また租税法上の評価で一定の区分をすべきであるとも考えられます。

　極端にいえば、株式の経済価値を一切有せず、議決権を行使する者を創出することも可能であるから、議決権行使と表裏をなす経済的リスクを負わない株主が生ずることになるのです。

　これは会社法が株主に議決権を付与した趣旨（株主は、経済的な残余権者であるから、会社の負債を控除した純資産を増加させる強力なインセンティブを有し、議決権を株主に付与することが会社全体の効率的な経営に資する）[39]を根本から揺るがすことになり得ます。

　これら制度の濫用により少数株主や債権者等の利害が大きく害されること

36　森田　前掲　103頁
37　江頭　前掲　340頁
38　江頭　前掲　338頁
39　白井　前掲　13頁

は、会社法違反として無効となる可能性は多分にあるでしょう。

7. 信託法上の問題

エンプティボーティングと評価される信託についても影響は当然及びます。事業承継信託は、株主議決権と経済的持分の乖離を生じさせる信託であるから、信託法上、他社を害する指図権の濫用がある場合には、議決権の指図権者に、信託法上の受託者に応じた善管注意義務、忠実義務、公平義務を課すべきであるという解釈が適用される余地もあるし、また検討されるべきであると考えられます[40]。

8. 評価の問題

自益権と共益権の自由なアレンジメントが実現可能になりつつある現状においても、それらの権利の公正な評価額（経済的価値）を計算することは非常に困難です。

例えば、相続税法上の評価では従来の自益権を共益権が分離されていない普通株式の評価方法にとらわれていて、これらを適正に評価する指針を現状、公表されていません。

また議決権には価値がないという前提で自益権のみを評価するのは実務通説であるが、支配権者が有する議決権には本当に価値がないのかは議論の余地が残るところです。

この評価の困難性の議論はすでに種類株式では蓄積されています[41]。しかし、一定のオーソライズされた評価方法はありません。

ファイナンス的な公正価値の評価（上述、最判平成28年7月1日参照のこと。元来「公正な価格」と租税法における評価は相いれないものと思われます）と相続

---

[40] 白井正和「エンプティ・ボーティングをめぐる議論の状況とそこから得られる示唆」法律時報86巻3号（2014年）12頁

[41] 澁谷雅弘「無議決権株式を用いた事業承継のタックスプランニング」租税事例研究96号（2007年）69頁以下、渋谷雅弘「種類株式の評価」金子宏編『租税法の基本問題』（2007年）647頁以下、一高龍司「相続税における財産評価の今日的問題～事業承継と種類株式～」日税研論集68「租税法における今日的財産評価の今日的理論問題」（日本税務研究センター　2016年）145頁以下等

税法上の評価が乖離する不確実性は極めて高いのです。相続トラブルが想定れる事業承継の局面では、事前の対応が困難で実務上も阻害要因となっていることが現実です。

　これは民事信託の受益権の評価についても同様です。基本的には、信託が付与されていない閉鎖会社株式の評価額により評価することになっていますが、受益者連続型信託において信託受益権を収益受益権と元本受益権とに複層化した場合の評価額の算定方法について課題は残ります[42]。

　租税法上、自益権と共益権を分離させた場合、そもそも租税法上の「資産」に該当するかという上で、評価のヒントとして下記の裁判例があります。

東京地判平成27年３月12日判決【譲渡所得の基因となる「資産」該当性／経営破綻した銀行の未公開株式】

1　本件は、平成22年９月に破綻したＡ銀行株式会社の取締役兼代表執行役であった原告が、同年10月20日に保有していた本件銀行の株式3100株を１株１円（合計3100円）で譲渡し、これにより株式等に係る譲渡所得等の金額（未公開分）の計算上損失が生じたとして、同年分の所得税の確定申告及び修正申告を行ったところ、中野税務署長から、本件株式譲渡を株式等に係る譲渡所得等の金額（未公開分）の計算の基礎に含めることはできないとして更正処分等を受けた事案である。

2　所得税法33条１項の規定する譲渡所得の基因となる「資産」には、（中略）社会生活上もはや取引される可能性が全くないような無価値なものについては、同項の規定する譲渡所得の基因となる「資産」には当たらないものと解するのが相当である。

3　株式は、株式会社の社員である株主の地位を割合的単位の形式にしたものであり、原則として自由に譲渡され、株主においては、利益配当請求権、残余財産分配請求権等の自益権や株主総会における議決権等の共益権を有することから、株式は、上記各権利を基礎として一般に経済的価値が

42　高橋倫彦「受益権複層化信託の相続税課税」T&A master NO.619（2015年）14頁以下

認められて取引の対象とされ、増加益を生ずるような性質のものとして、所得税法33条１項の規定する譲渡所得の基因となる「資産」に当たるものと解される。

4　一方、株式の経済的価値が自益権及び共益権を基礎とするものである以上、その譲渡の時点において、これらの権利が法的には消滅していなかったとしても、一般的に自益権及び共益権を現実に行使し得る余地を失っていた場合には、後にこれらの権利を現実に行使し得るようになる蓋然性があるなどの特段の事情が認められない限り、自益権や共益権を基礎とする株式としての経済的価値を喪失し、もはや、増加益を生ずるような性質を有する譲渡所得の基因となる「資産」には該当しないものと解するのが相当である。

5　本件銀行が本件株式譲渡の前後を通じて極めて多額の債務超過状態に陥っており、剰余金の配当や残余財産の分配を行う余地はなかったことからすると本件銀行の株主は、本件株式譲渡の時点において、もはや、利益配当請求権、残余財産分配請求権等の自益権を現実に行使し得る余地はなく、また、同時点において、本件銀行は、Ｅ銀行に対する一部事業譲渡の後に解散して清算されることが予定されていたことからすると、後に自益権を現実に行使し得るようになる蓋然性もなかったというべきである。

6　金融庁長官による預金保険法74条１項の規定する金融整理管財人による管理を命ずる処分がされた時点（平成22年９月10日）において、本件銀行の株主は、本件銀行の存続を前提とする経営等の意思決定に参画することができなくなっており、一般的に株主総会における議決権等の共益権を現実に行使し得る余地を失っていたものと認めるのが相当であり、また、同時点において、本件銀行は解散して清算されることが予定されていたことからすると、後に共益権を現実に行使し得るようになる蓋然性もなかったものと認めるのが相当である。

7　以上によれば、（中略）一般的に、自益権及び共益権を現実に行使し得る余地を失っており、かつ、その後に自益権及び共益権を行使することができるようになる蓋然性も認められなかったというべきであるから、所得

税法33条1項の規定する譲渡所得の基因となる「資産」には該当しないものと認めるのが相当である。

ただし、本判決の射程については議論の余地があります。

9．租税法上の問題

株主間契約及び長期委任及び貸株については譲渡・贈与の時期の問題が生じます。

種類株式では上述の通り評価の問題があります。

民事信託においては、例えば受益者が存しない信託を将来の受益者を親族又は未生の者とすると、通常の取引よりも重い課税が生じるため、事業承継信託の活用場面は非常に限定的であるといったものです[43]。

エクイティ・デリバティブについては、現行租税法の多くが、普通株式を前提に構築されており、種類株式・民事信託を用いた株式の議決権と経済的持分とを乖離させた場合における対応は全くもっていません（もっとも、これについては中小企業実務においては一切留意する必要はありません）。

相続税評価の曖昧さも手伝い、当事者において価値があると思う権利を取得しながら低い評価額で課税を受けるという租税回避も実行可能性は多分にあり得るのです[44]。

なお、現在でも下記のような議論が既に展開されています。

・株式評価は抜本的に見直すべき。類似業種のみならず、純資産方式も検討することが望ましい。

・議決権を有する株式と議決権を有しない株式の評価方法は区別することが望ましい。

・取引相場のない株式の評価にあたって、例えば純資産価額方式では、いわ

---

[43] 渡辺徹也「受益者等が存しない信託に関する課税ルール」日税研論集62「信託税制の体系的研究—制度と解釈—」（日本税務研究センター　2011年）193～194頁参照。

[44] 品川芳宣「世代間の資産移転・事業承継をめぐる現状と課題」税理 Vol.59　No.6（2016年）18～19頁

ば残余財産分配請求権の価値（清算価値）で評価されているものと考えられる。しかし、株式には３つの権利（議決権、配当受益権、残余財産分配請求権）があり、事業承継に必要なのは議決権であるから、事業承継時には議決権の価値で評価するといった見直しも検討すべきではないか[45]。

ご興味ある方は日本公認会計士協会の下記「専門情報」もあわせてご覧ください。

租税調査会研究報告第33号「取引相場のない株式の評価の実務上の論点整理」の公表について

https://jicpa.or.jp/specialized_field/20180919jhj.html

Q Ⅱ-48　株式譲渡に係るファミリールールスキーム：民事信託＋（特定）一般社団法人

　表題の件につきご教示ください。

Answer

スキーム概要は以下です。

大きく３つのプレイヤーが登場します。

・同族法人（対象法人、本体会社）

・資産管理会社

・ファミリールール（ファミリー憲章・ファミリー規約）

　　ここに「ファミリー委員会」と「ファミリー評議会」を設置します。

上記を活用し、以下を策定します。

○議決権……民事信託＋一般社団法人スキーム

○財産権……株式譲渡に関するファミリールール、上記信託契約書に別紙添

45　事業承継を中心とする事業活性化に関する検討会「第３回・第４回事業承継を中心とする事業活性化に関する検討会議事要旨」議事録より抜粋。

付されます。

　ルール改正は受託者である一般社団法人が担います。

　具体的なプランは【解説】に記載しました。

【解説】

　（STEP１）一般社団法人設立…理事、社員はオーナー一族

　（STEP２）民事信託契約締結…委託者兼受益者　オーナー一族

　　　　　　　　　　　　　　　受託者　　　　　　一般社団法人

　（STEP３）財産権集約として株式譲渡に関するファミリールール締結・施
　　　　　　　行。

　この結果、

　○議決権……受託者一般社団法人

　○配当……自益信託なのでパススルー、従来通り株主（オーナー親族）が受
　　　領

　○株式譲渡……株主（オーナー親族）から資産管理会社へ

とします。さらに

　○議決権永続的確保……一般社団法人の理事の交代、親族へ

　○財産権集約……非支配株主については→固定価格（ケースバイケースです
　　　が配当還元方式価額や旧額面で決定されることが多いです）

　　　　　　　支配株主については→売買時の相続税評価原則

　問題は多種多様なものがあります。会社法、信託法等々、法律家は疑問に思
うところもあるでしょう。下記では課税上の素直な問題点です。

　○上記では特定一般社団法人に該当する。その相続対策は？

　○ファミリールールは税務上の適正株価を無視している。その差額について
　　各種課税関係（みなし贈与、みなし譲渡、みなし配当等々）を考慮していな
　　い。私的自治の原則から当該ルールの策定とそれに基づく売買契約は問題
　　が生じないかもしれないが、同族特殊関係人間では、上記の課税関係は絶
　　対に生じる。その対応策は？

　○議決権の租税法上の評価は本稿脱稿時点で０評価。現時点では無視してよ
　　い。しかし、様々な法律家・研究者が議決権に財産的価値があることを述

べている。すなわち、将来の法改正で議決権単独評価が出現したらその対応は？

Q Ⅱ-49 令和元年6月28日改正通達後の事業承継に係る保険商品の動向

表題の件につきご教示ください。

Answer

　本書の特性上、商品の固有名詞や詳細なタックスプランまで記載することはできませんが、節税保険封じ込め後の保険販売動向は概ね下記の通りです。書籍として記載が残ることが非常に差し控えられるべきものも多々あるため一般論として列挙します。

　なお、節税保険にかわる「節税商品」の税務上の論点は拙著『Q&A 中小企業のための資本戦略と実践的活用スキーム』（ロギカ書房）をご参照ください。

【解説】

個人向け商品については下記です。

○倍率固定型保険……相続対策が主目的です。

○税務上のみなし贈与商品

○変額個人年金……利回りがよいもの。運用目的です。

　法人向け商品については下記です。通達改正後はキャッシュリッチな法人が高返戻率を求めて購入します。

○長期平準定期保険

○養老保険福利厚生保険

○名義変更スキーム保険……株価引下げ、従来の全損保険のピーク時解約とぶつけるという思惑があります。

○短期払終身ガン保険

その他事業承継に係る
総則6項対策

Q Ⅲ-1 総則6項への目配せ

【前提】

　株式譲渡や贈与時に不動産証券を購入し、株式評価が引き下がるタイミングで実行することはよく実行されるスキームだと思います。

【質問】

　この場合、総則6項が発動されるか否かのリスク軽減策として、どのようなことを関与先へアドバイスされていますか。そもそも、財産評価基本通達に準じた評価を行っている以上、総則6項は発動されないものとして考えることができるのか、それとも、やはり納税者側で多額の評価減を利用しようとする客観的な資料等で発動されるものなのか、いかがでしょうか。

　私見としては、後者の認識ですので、評価減も取れるが、他に投資することのメリットなどを資料に残し、投資判断として「評価減以外にもメリットがあるので、不動産証券を購入した」というストーリーが残っていれば、総則6項の発動は困難だと考えるのですが、いかがでしょうか。

Answer

　財産評価基本通達の本来の制度趣旨を逸脱又は濫用したという「事実」が課税庁側で疎明されると、総則6項は発動可能性は極めて高くなると思われます。

【解説】

　筆者の研修でも自身が作成したスキーム（主に持株会社スキーム）でも経済的合理性＞税負担目的となるような理論武装が必要だと申し上げています。

　本ケースで当てはめると、「資産の組換えにより投資業務に注力することとした。結果として現在及び将来の財務体質の改善につながる」ことを前提としたスキームであることを役員会の議事録メモ等に残しておくことが実務上は肝要です。

Ⅲ　その事業承継に係る総則6項対策　**295**

ちなみに

https://www.sankei.com/west/news/160829/wst1608290009-n1. html

という記事があります。

　従来の持株会社スキーム（リンク先のスキームは新設法人資金調達スキームであり、最も原始的な持株会社スキームです）が総則6項により否認されたというのもあります。

　この記事の信憑性についてはここでは留保しておきますが、上記リンク先のような伝統的な持株会社スキームにおいても「なぜ、今持株会社を作成したか」の理論武装は必要となってきたようです。

Q Ⅲ-2　総則6項発動の基本的な考え方

> 総則6項発動は原則としていかなる場合に発動されるのでしょうか。

Answer

　一般論として下記が考えられます。

【解説】

　財産評価基本通達通り計算したのにもかかわらず、当局が否認するとはどういうケースか、通達を形式的に発動した結果が、平等性の原則に照らし、その平等が担保されないときに発動されるという考え方がとられると思われる点について考えてみます。

　財産評価基本通達に従い計算し形式的公平は確保されているのに、当局が税務否認をするとはいかなる場合が考えられるのでしょうか。

　財産評価基本通達自体の性質は、金子宏教授による「評価基本通達の基本的内容は、長期間にわたる継続的・一時的適用とそれに対する国民一般の法的確信の結果として、現在では行政先例法になっている」と解されます。

　確かに通達に法源性は認められません。それでも通達の法的必要性を論じるためには一般法理としての平等原則が登場せざるを得ないと思われます。すな

わち平等原則に照らして不公正であると認められる場合に、裁量権として法的な平等性が否定されるということです。その理由は納税者間の公平性の確保からです。

　したがって、これを税務否認する上ではそれなりの論拠が必要になることは当然です。

　過去の裁判例ではそれを水平的公平か垂直的公平かの議論で決着させようとしている節もあります。水平的公平とは、同様の状況にある者は、同様に課税されなければならないという原則であり、垂直的公平とは異なった状況にある者は、異なって課税されなければならないということであり、一般的には累進課税を意味します。

　当該財産評価基本通達に係る論点は水平的公平性の意義についての問題になるため、下記では、議論をそちらに収斂させていきます。

　問題は何をもって何が同様の状況にあり、何が異なった状況であるとするのかという判断の基準を何に求めるかという点にあります。

　ここでの水平的公平性の意義について東京高裁平成7年12月13日判決（行集46巻12号1143頁、ニチアス株式負担付贈与事件）が最も代表的な事案であり、参照になると思われます。

東京高裁平成7年（行コ）第99号贈与税更正処分取消請求控訴事件（棄却）（控訴人上告）【税務訴訟資料第214号757頁】（TAINZ コード　Z214-7626）
〔判示事項〕
(1)～(4)　（省略）
(5)　納税者らの親族である訴外甲は、自己資金及び銀行からの借入金で本件
　　上場株式を購入し、納税者らは同一銘柄で同数の株式の信用売りを行った
　　のち、株式現物を右銀行借入債務の負担を付して納税者らに贈与したこと
　　は、贈与時点における株式の時価と財産評価通達を適用して評価される株
　　式の時価との乖離を利用して贈与税の負担を回避するために行われたもの
　　であり、このような場合に財産評価通達を利用して評価することは、偶発
　　的な財産の移転を前提として評価の安全を図ろうとする同通達の趣旨に反

し、他の納税者との間での租税負担の公平を害し、相続税法の立法趣旨に反する著しく不相応な結果となるから、本件上場株式を財産評価通達を用いず客観的な市場価格である証券取引所の公表する課税時期の最終価格により評価することが相当であるとされた事例（原審判決引用）

(6)〜(8)　（省略）

(9)　財産評価通達は、納税者を直接規制しているものであり、財産評価通達169が上場株式の唯一の評価方法であることは、納税者にとって法的確信にまで達しているから租税慣例法ないし行政先例法となっている旨の納税者の主張が、納税者又は税理士が財産評価通達によって評価されることに何らかの確信を持っていたとしても、それが法規としての効力を有することはなく、納税者らの確信の保護は本件においては租税負担の軽減ないし回避を享受し得る利益の保護をいうにすぎず、法的な保護に値するものではないとして排斥された事例（原審判決引用）

(10)　財産評価通達を適用して評価することが著しく不当として異なる評価方法をとる場合に、国税庁長官の指示を受けないことは、財産評価通達6に定める例外的取扱いの手続に違反しているから、本件処分は違法である旨の納税者の主張が、財産評価通達は法規としての効力を有せず、同通達6にいう国税庁長官の指示も、国税庁内部における処理の準則を定めるものに過ぎないことから、国税庁長官の指示の有無が課税処分の効力に影響を及ぼすものではないとして排斥された事例（原審判決引用）

(11)　財産評価通達は法規性を有するものではないから、納税者はこれによらないで目的財産の正当な時価を主張することができるとされた事例

(12)　本件負担付贈与は、予め贈与時点における株式の時価と財産評価通達を適用して評価される株式の時価との間に一定の乖離がある株式を選定して、贈与者の資金及び借入金によって購入し、税額が零になるように計算した額の借入金債務の負担付で株式を受贈者に贈与することによって贈与税の負担を回避して贈与者から受贈者に財産を移転することを目的としたものであることが明らかであり、納税者らの右のような形態による贈与税の負担の回避が容認されることになれば、租税負担公平の原則が損なわれ

ることになる（下線筆者）から、本件負担付贈与された上場株式の価額
は、財産評価通達（平成2年8月3日付直評12による改正前のもの。）によ
らず、証券取引所が公表する課税時期の最終価額により評価すべきであると
された事例

〔判決要旨〕

(1) 相続税法22条に規定される時価とは、課税時期において、それぞれの財
産の現況に応じ、不特定多数の当事者間で自由な取引が行われた場合に通
常成立する価額をいうものと解するのが相当であるが、対象財産の客観的
交換価額は必ずしも一義的に確定されるものではなく、これを別個に評価
するとすれば、評価方法等により異なる評価額が生じたり、課税庁の事務
負担が重くなり、課税事務の迅速な処理が困難となるおそれがあるため、
課税実務上は、財産評価の一般的基準が財産評価通達により定められ、こ
れに定められた評価方法によって画一的に財産の評価が行われているとこ
ろである。

(2) 財産評価通達によりあらかじめ定められた評価方法によって画一的な評
価を行なう課税実務上の取扱いは、納税者間の公平、納税者の適宜、徴税
費用の節減という見地からみて合理的であり、一般的には、これを形式的
にすべての納税者に適用して財産の評価を行うことは、租税負担の実質的
公平をも実現することができ、租税平等主義にかなうものというべきであ
る。

(3) 財産評価通達による画一的評価の趣旨からして、これによる評価方法を
形式的、画一的に適用することによって、かえって実質的な租税負担の公
平を著しく害し、また、相続税法の趣旨や財産評価通達自体の趣旨に反す
るような結果を招来させるような場合には、財産評価通達に定める評価方
法以外の他の合理的な方法によることも許されるものと解すべきである。

(4) 証券取引所における取引価格が毎日公表されている上場株式に関して
は、本来、課税時期における証券取引所の最終価格が当該上場株式の客観
的交換価値、すなわち、それぞれの財産の現況に応じ、不特定多数の当事
者間で自由な取引が行われた場合に通常成立する価額そのものであるとい

Ⅲ　その事業承継に係る総則６項対策　*299*

うことができるが、相続による財産の移転は、被相続人の死亡という偶発的な要因に基づき発生するものであるところ、証券取引所における上場株式の価額は、その時々の市場の需給関係によって値動きすることから、時には異常な需給関係に基づき価格が形成されることもあり得るので、偶発的な要因等によって無償取得した上場株式がこうした一時的における需給関係に基づく偶発的な価値によって評価される危険性を排除し、評価の安全を確保するため、相続税財産評価に関する基本通達（昭和39年４月25日付直資56。ただし、平成２年８月３日付直評12による改正前のもの。）169は、課税時期における証券取引所の最終価格のみならず、ある程度の期間の最終価格の月の平均額をも考慮して上場株式の評価を行うこととしたものであると解することができ、また、相続税の補完税である贈与税の対象となる贈与についても、相続の場合と同様の評価を行うことが要請されており、贈与が親族間における無償の財産の移転であることから、証券取引所における取引価格等を意識することなくこれを贈与することや永年保有していた株式を親族に贈与する場合もあるところ、こうした贈与についても右財産評価通達169を適用することにより、その財産の時価を一時点における需給関係に基づく偶発的な価格によって評価することの危険性を排除して、評価の安全を確保することとしたものと解することができる。

⑸　（省略）

⑹　財産評価通達169が、平成２年８月３日付直評12、直資２-203による改正により、負担付贈与又は個人間の対価を伴う取引により取得した上場株式の価額は、課税時期の最終価格によって評価することとしたのは、こうした負担又は対価を伴う経済的取引行為については、一般の相続や贈与のような偶発的な無償取得であること等に配慮した評価上のしんしゃくの必要性がないことを明確にし、取得の動機いかんにかかわらず、本来的な時価の評価方法である課税時期の最終価格によることとしたものと解される。

⑺　通達とは、上級行政機関がその内部的権限に基づき、下級行政機関及び職員に対して発する行政組織内部における命令の成文の形式のものをいう

にすぎず、行政機関が通達によって法令の解釈等を公定し得る権限のない
ことは明らかであるから、通達それ自体を国民の権利義務を直接に定める
一般的抽象法規範、すなわち、法規であるということはできない。（下線
筆者）

(8) 単に通達があるというだけでは、国民はこれに拘束されないし、裁判所
は、通達に示された法令の解釈に拘束されず、通達に定める取扱準則等が
法令の趣旨に反していれば、独自にその違法を判断できるものというべき
であって、通達による実務的な取扱いの影響が大きいことをもって、通達
それ自体に法規としての効力を認めることはできないものといわなければ
ならない。（下線筆者）

(9)～(12) 省略

事実及び理由

第1 当事者の求めた裁判（省略）

第2 事案の概要（省略）

第3 争点に対する当裁判所の判断

【判示(1)～(10)】（省略）

【判示(11)】

なお、控訴人らの当審における主張に照らして、付言すると、財産評価
通達自体が法規性を有するものではないことは、先に説示したとおりであ
り、納税者は、これによらないで目的財産の正当な時価を主張することが
できることは、いうまでもない。（下線筆者）

【判示(12)】

本件負担付贈与は、予め贈与時点における株式の時価と財産評価通達を
適用して評価される株式の時価との間に一定の乖離がある株式を選定し
て、贈与者の資金及び借入金によって購入し、税額が零になるように計算
した額の借入金債務の負担付で株式を受贈者に贈与することによって、贈
与税の負担を回避して贈与者から受贈者に財産を移転することを目的とし
たものであることが明らかであって、これと株式の負担付贈与一般とを同
一に論じることはできず、控訴人らの右のような形態による贈与税の負担

の回避が容認されることになれば、租税負担公平の原則が損なわれる（下線筆者）ことになるのであって、控訴人らの主張は、到底採用することができない。

2　そうすると、控訴人らの本訴請求を棄却した原判決は正当であって、本件控訴はいずれも理由がないから、これを棄却する（以下、省略）。

（上記原審）

東京地裁平成 6 年（行ウ）第321号贈与税更正処分取消請求事件（棄却）（原告控訴）【税務訴訟資料第213号202頁】（TAINZ コード　Ｚ213-7556）

〔判示事項〕

(1)～(4)　（省略）

(5)　納税者らの親族である訴外甲は、自己資金及び銀行からの借入金で本件上場株式の現物を購入し、納税者らは同一銘柄で同数の株式の信用売りを行ったのち、訴外甲が負担付贈与として銀行借入債務の引受を条件として株式現物を納税者らに贈与したことは、贈与時点における株式の時価と財産評価通達を適用して評価される株式の時価との乖離を利用して贈与税の負担を回避するために行われたものであり、このような場合に財産評価通達を利用して評価することは、偶発的な財産の移転を前提として、評価の安全を図ろうとする同通達の趣旨に反し、他の納税者との間での租税負担の公平を害し、相続税法の立法趣旨に反する著しく不相当な結果となるから、本件上場株式を財産評価通達を用いず客観的な市場価格である証券取引所の公表する課税時期の最終価格により評価することは合理性があるとされた事例

(6)～(8)　（省略）

(9)　財産評価通達は、納税者を直接規制しているものであり、財産評価通達169が上場株式の唯一の評価方法であることは、納税者にとって法的確信にまで達しているから租税慣例法ないし行政先例法となっている旨の納税者の主張が、納税者又は税理士が財産評価通達によって評価されることに何らかの確信を持っていたとしても、それが法規としての効力を有するこ

とはなく、納税者らの確認の保護は本件においては租税負担の軽減ないし回避を享受し得る利益の保護をいうにすぎず、法的な保護に値するものではない（下線筆者）として排斥された事例

(10) 財産評価通達を適用して評価することが著しく不当として異なる評価方法をとる場合に、国税庁長官の指示を受けないことは、財産評価通達6に定める例外的取扱いの手続に違反しているから、本件処分は違法である旨の納税者の主張が、財産評価通達は法規としての効力を有せず、同通達6にいう国税庁長官の指示も、国税庁内部における処理の準則を定めるものに過ぎないことから、国税庁長官の指示の有無が課税処分の効力に影響を及ぼすものではないとして排斥された事例

〔判決要旨〕

(1) 相続税法22条に規定される時価とは、課税時期において、それぞれの財産の現況に応じ、不特定多数の当事者間で自由な取引が行われた場合に通常成立する価額をいうものと解するのが相当であるが、対象財産の客観的交換価格は必ずしも一義的に確定されるものではなく、これを個別に評価するとすれば、評価方法等により異なる評価額が生じたり、課税庁の事務負担が重くなり、課税事務の迅速な処理が困難となるおそれがあるため、課税実務上は、財産評価の一般的基準が財産評価通達により定められ、これに定められた評価方法によって画一的に財産の評価が行われているところである。

(2) 財産評価通達によりあらかじめ定められた評価方法によって、画一的な評価を行う課税実務上の取扱いは、納税者の便宜、徴税費用の節減という見地からみて合理的であり、一般的には、これを形式的にすべての納税者に適用して財産の評価を行うことは、租税負担の実質的公平をも実現することができ、租税平等主義にかなうものというべきである。

(3) 財産評価通達による画一的評価の趣旨からして、これによる評価方式を形式的、画一的に適用することによって、かえって実質的な租税負担の公平を著しく害し、また、相続税法の趣旨や財産評価通達自体の趣旨に反するような結果を招来させるような場合には、財産評価通達に定める評価方

Ⅲ　その事業承継に係る総則６項対策　　**303**

　　法以外の他の合理的な方法によることが許されるものと解すべきである。

(4)　証券取引所における取引価格が毎日公表されている上場株式に関しては、本来、課税時期における証券取引所の最終価格が当該上場株式の客観的交換価値、すなわち、それぞれの財産の現況に応じ、不特定多数の当事者間で自由な取引が行われた場合に通常成立する価額そのものであるということができるが相続による財産の移転は、被相続人の死亡という偶発的な要因に基づき発生するものであるところ、証券取引所における上場株式の価格は、その時々の市場の需給関係によって値動きすることから、時には異常な需給関係に基づき価格が形成されることもあり得るので、偶発的な要因等によって無償取得した上場株式がこうした一時点における需給関係に基づく偶発的な価格によって評価される危険性を排除し、評価の安全を確保するため、相続税財産評価に関する基本通達（昭和39年４月25日付直資56。ただし、平成２年８月30日付直評12による改正前もの。）169は、課税時期における証券取引所の最終価格のみならず、ある程度の期間の最終価格の月平均額をも考慮して上場株式の評価を行うこととしたものであると解することができ、また、相続税の補完税である贈与税の対象となる贈与についても、相続の場合と同様の評価を行うことが要請されており、贈与が親族間における無償の財産の移転であることから、証券取引所における取引価格等を意識することなくこれを贈与することや長年保有していた株式を親族に贈与する場合もあるところ、こうした贈与についても右財産評価通達169を適用することにより、その財産の時価を一時点における需給関係に基づく偶発的な価格によって評価することの危険性を排除して、評価の安全を確保することとしたものと解することができる。

(5)　（省略）

(6)　財産評価通達169が、平成２年８月３日付直評12、直資２-203による改正により、負担付贈与又は個人間の対価を伴う取引により取得した上場株式の価額は、課税時期の最終価格によって評価することとしたのはこうした負担又は対価を伴う経済的取引行為については、一般の相場や贈与のような偶発的な無償取得であること等に配慮した評価上のしんしゃくの必要

性がないことを明確にし、取得の動機いかんにかかわらず、本来的な時価の評価方法である課税時期の最終価格によることとしたものと解される。

(7) 通達とは、上級行政機関がその内部的権限に基づき、下級行政機関及び職員に対して発する行政組織内部における命令の成文の形式のものをいうにすぎず、行政機関が通達によって法令の解釈等を公定し得る権限のないことは明らかであるから、<u>通達それ自体を国民の権利義務を直接に定める一般的抽象的法規範、すなわち法規であるということはできない。</u>（下線筆者）

(8) 単に通達があるというだけでは、国民はこれに拘束されないし、裁判所は、通達に示された法令の解釈に拘束されず、通達に定める取扱い準則等が法令の趣旨に反していれば、独自にその違法を判断できるものというべきであって、通達による実務的な取扱いの影響が大きいことをもって、通達それ自体に法規としての効力を認めることはできないものといわなければならない。

主　　文（省略）
【事実及び理由】
第1〜第2　（省略）
第3　争点に対する判断
【判示(1)】
1　贈与税は、相続税の補完税として、贈与により無償で取得した財産の価額を対象として課される税であるが、相続税法22条は、相続、遺贈又は贈与に因り取得した財産の価額は、特別に定める場合を除き、当該財産の取得の時における時価による旨を規定している。ところで、同条に規定される時価とは、課税時期において、それぞれの財産の現況に応じ、不特定多数の当事者間で自由な取引が行われた場合に通常成立する価額をいうものと解するのが相当であるが、対象財産の客観的交換価格は必ずしも一義的に確定されるものではなく、これを個別に評価するとすれば、評価方法等により異なる評価額が生じたり、課税庁の事務負担が重くなり、課税事務

の迅速な処理が困難となるおそれがあるため、課税実務上は、財産評価の一般的基準が財産評価通達により定められ、これに定められた評価方法によって画一的に財産の評価が行われているところである。

【判示(2)】

　右のように財産評価通達によりあらかじめ定められた評価方法によって、画一的な評価を行う課税実務上の取扱いは、納税者間の公平、納税者の便宜、徴税費用の節減という見地からみて合理的であり、一般的には、これを形式的にすべての納税者に適用して財産の評価を行うことは、租税負担の実質的公平をも実現することができ、租税平等主義にかなうものであるというべきである。

【判示(3)】

　しかしながら、財産評価通達による画一的評価の趣旨が右のようなものである以上、これによる評価方法を形式的、画一的に適用することによって、かえって実質的な租税負担の公平を著しく害し、また、相続税法の趣旨や財産評価通達自体の趣旨に反するような結果を招来させるような場合には、(下線筆者)財産評価通達に定める評価方法以外の他の合理的な方法によることが許されるものと解すべきである。このことは、財産評価通達6が「この通達の定めによってて評価することが著しく不適当と認められる財産の価額は、国税庁長官の指示を受けて評価する。」と定め、財産評価通達自らが例外的に財産評価通達に定める評価方法以外の方法をとり得る（下線筆者）ものとしていることからも明らかである。

【判示(4)】

2　ところで、財産評価通達169は、上場株式の評価に関して、上場株式の価額は、その株式が上場されている証券取引所の公表する課税時期の最終価格又は課税時期の属する月以前3か月間の最終価格の月平均額のうち最も低い価額によってて評価する旨定めている。

　証券取引所における取引価格が毎日公表されている上場株式に関しては、本来、課税時期における証券取引所の最終価格が当該上場株式の客観的交換価値、すなわち、それぞれの財産の現況に応じ、不特定多数の当事

者間で自由な取引が行われた場合に通常成立する価額そのものであるということができる。しかしながら、財産評価通達に基づいて評価することが予定されている相続による財産の移転は、被相続人の死亡という偶発的な要因に基づき発生するものであるところ、証券取引所における上場株式の価格は、その時々の市場の需給関係によって値動きすることから、時には異常な需給関係に基づき価格が形成されることもあり得るので、偶発的な要因等によって無償取得した上場株式がこうした一時点における需給関係に基づく偶発的な価格によって評価される危険性を排除し、評価の安全を確保するため、右財産評価通達169は、課税時期における証券取引所の最終価格のみならず、ある程度の期間の最終価格の月平均額をも考慮して上場株式の評価を行うこととしたものであると解することができる。また、相続税の補完税である贈与税の対象となる贈与についても、相続の場合と同様の評価を行うことが要請されており、贈与が親族間における無償の財産の移転であることから、証券取引所における取引価格等を意識することなくこれを贈与することや長年保有していた株式を親族に贈与する場合もあるところ、こうした贈与についても右財産評価通達169を適用することにより、その財産の時価を一時点における需給関係に基づく偶発的な価格によって評価することの危険性を排除して、評価の安全を確保することとしたものと解することができる。

3　そこで、本件負担付贈与契約に基づくニチアス株式の贈与の取引経過についてみるに、前示のとおり、義男及び原告らは、本件負担付贈与契約に先立ち、昭和63年11月29日に、口座を設定した岡三証券に対し、義男についてはニチアス株式23万8000株の現物買いの注文を、一方、原告らについてはニチアス株式各11万9000株（合計23万8000株）の信用売りの注文をそれぞれ依頼しているのであり、右注文に基づき証券市場において売買が成立することは容易に予想され、右信用取引を介在させ、同日、同一銘柄、同株数及び同額の相対する取引を成立させることにより、義男及び原告らの間においては、右株式の価格を実質的に固定し、右株式の取得から売却までの間に発生する証券市場における株式価格の変動による危険を防止し

ようとしたものであることは明らかである。また、義男が、手持ち資金の
みならず、銀行からの借入れを受けてまでニチアス株式を購入し、義男の
株式取得及び原告らの信用取引のわずか17日後に本件負担付贈与契約を締
結し、右株式の購入価格の一部である銀行からの借入債務についてのみ原
告らに負担させたこと、続いて、原告らは、自己が行った信用売りの決済
を義男から取得した右株式の現物を充当し、譲渡代金を受領するという方
法をとったこと、右のような一連の取引を行うことは、義男が協和銀行か
らの借入れを行う当初から計画されていたことは、前示のとおりであり、
右一連の取引によって、義男は、ニチアス株式の購入価格4億6410万円
と、本件負担付贈与契約により原告らに負担させた協和銀行からの借入金
2億4990万円との差額2億1420万円相当の経済的損失を受ける一方、原告
らは、ほぼ同額の経済的利益を受けており（なお、義男は、右金額のほか
に、ニチアス株式の1株当たりの購入価格1950円と本件負担付贈与契約締結時
における右株式の時価1980円との差額、いわゆる値上がり益についても原告ら
に移転していることになり、右値上がり益を含めた財産の移転額は、原告らそ
れぞれにつき、1億1067万円となる。）。

　結果として、義男と原告らとの間においては、岡三証券に支払ったた手
数料等を除いて、義男から原告らへ右金額相当の財産を対価なしに実質的
に移転させたものということができる。

　このことからすれば、右一連の取引は、ニチアス株式の市場価格と財産
評価通達169に基づいて計算される価額との間に相当の開差があることを
利用して、原告らの負担部分のみならず、義男から原告らへの実質的な財
産の移転についても贈与税の負担を回避するために計画的に行われたもの
である（下線筆者）ということができる（なお、原告らも、財産評価通達169
に基づく同株式の昭和63年10月の最終価格の月平均額を考慮して、税額が零に
なるように計算してその負担額を算出したことは自認しているところである。）。

【判示(5)】

4　以上のように、本件負担付贈与契約を含む一連の取引は、専ら贈与税の
　負担を回避するために、贈与時点における株式の時価と財産評価通達169

を適用して評価される株式の時価との乖離を利用（下線筆者）して、本来
贈与する目的の義男の財産に借入金を付加して、これをいったん株式に化
体させた上、原告らに右借入債務を負担させるという形で本件負担付贈与
契約を締結し、かつ、証券取引所における株価の変動による危険を防止す
る措置も講じた上、義男から原告らへの相続対象財産の移転を図る目的で
計画的に行われたものというべきところ、このような取引について財産評
価通達169を適用することは、偶発的な財産の移転を前提として、株式の
市場価格の需給関係による偶発性を排除し、評価の安全を図ろうとする同
通達の趣旨に反することは明らかである。そして、このような取引につい
ても、同通達を形式的、画一的に適用して財産の時価を評価すべきものと
すれば、こうした計画的な取引により、多額の財産の移転につき贈与税の
負担を免れるという結果を招来させることとなり、このような計画的な取
引を行うことなく財産の移転を行った納税者との間での租税負担の公平は
もちろん、目的とする財産の移転が必ずしも多額ではないために、このよ
うな方法をとった場合にも、証券取引に要する手数料等から、結果として
贈与税負担の回避という効果を享受する余地のない納税者との間での租税
負担の公平を著しく害し、また、相続税法の立法趣旨に反する著しく不相
当な結果をもたらす（下線筆者）こととなるというべきである。

　したがって、このような場合に、財産評価通達169に定める評価方法を
形式的に適用することなく、本来的に上場株式の客観的な市場価格である
ことが明らかな証券取引所の公表する課税時期の最終価格による評価を行
うことには合理性があるというべきである。

【判示⑹】

　なお、財産評価通達169が、平成2年8月3日付け直評12、直資2 -203
による改正により、負担付贈与又は個人間の対価を伴う取引により取得し
た上場株式の価額は、課税時期の最終価格によって評価することとした
（この点は当事者間に争いがない。）のも、こうした負担又は対価を伴う経済
的取引行為については、一般の相続や贈与のような偶発的な無償取得であ
ること等に配慮した評価上のしんしゃくの必要性がないことを明確にし、

Ⅲ　その事業承継に係る総則6項対策　　*309*

取得の動機いかんにかかわらず、本来的な時価の評価方法である課税時期の最終価格によることとしたものと解される。

【判示(7)(8)(9)】

5　これに対し、原告らは、申告納税制度の下では、財産評価通達は、納税者を直接規制しているものであり、財産評価通達169が上場株式の唯一の評価方法であることは、納税者にとって法的確信にまで達していたものであり、租税慣例法ないし行政先例法となっていた旨主張する。

　ところで、元来、通達とは、上級行政機関がその内部的権限に基づき、下級行政機関及び職員に対して発する行政組織内部における命令の成文の形式のものをいうにすぎず、行政機関が通達によって法令の解釈等を公定し得る権限のないことは明らかであるから、通達それ自体を国民の権利義務を直接に定める一般的抽象的法規範、すなわち、法規であるということはできない。確かに、下級行政機関は通達に従って行政を執行しなければならず、これに従って行動することが通例であり、法令の解釈や取扱いの準則等に関する通達は、現にこれに従った取扱いがなされることが通例となるため、そうした取扱いがなされることによる影響は大きいものがあるというべきではある。しかしながら、下級行政機関の通達違反の行為もそれだけの理由では効力を否定されず、また、単に通達があるというだけでは、国民はこれに拘束されないし、裁判所は、通達に示された法令の解釈に拘束されず、通達に定める取扱準則等が法令の趣旨に反していれば、独自にその違法を判断できるものというべきであって、通達による実務的な取扱いの影響が大きいことをもって、通達それ自体に法規としての効力を認めることはできない（下線筆者）ものといわなければならない。もとより、財産評価通達に従った画一的取扱いがなされている場合に、これと異なった取扱いをすることが違法となる場合があり得ることは前記のとおりであるが、これはそうした取扱いが租税法の基本原則である租税平等主義に違反することによるものであり、財産評価通達が法規としての効力を有することによるものでないことは明らかである。したがって、原告らの主張するように、財産評価通達が公表され、同通達の定める方法によって申

告が行われ、納税者又は税理士等が財産評価通達によって評価されることについて何らかの確信をもっていたとしても、そのことによって、直ちに財産評価通達が法規としての効力を有するものとはいえないことは明らかであるし、また、そうした納税者等の確信ないし信頼等の保護という点を考慮するとしても、本件に関していえば、要するに、実質的な租税負担の公平に反するような方法で租税負担の軽減ないし回避を享受し得る利益をいうにすぎず、そのような利益が法的に保護されるに値するものともいえないというべきであるから、原告らの主張は採用できない。

　また、原告らは、贈与は本来無償の財産の移転であり、親子間等において、無償の財産の移転がなされることを不自然であるかのようにいうことはできないとか、負担付贈与は何ら不自然な行為ではなく、原告らは、贈与額から負担額を控除した分だけの贈与を受けたにすぎないとか、本件負担付贈与の対象となったニチアス株式の値上がりは、株式価格の変動としてそれほど特異な現象ではないとか主張し、本件負担付贈与は何ら不自然な取引ではない旨主張するかのようである。

　しかしながら、本件においては、義男と原告らとの間で実質的に無償の財産移転が行われたこと自体が不自然であるとしているものではなく、当初から計画的に、義男が本来贈与する目的の手持ち資金に借入金を付加して、これをあえていったん株式に化体させた上、原告らに右借入債務を負担させるという本件負担付贈与契約を締結することにより、実質的な財産の無償移転部分についても贈与税の負担を回避するという取引について、財産評価通達169の評価方法によらないことが合理的であるとしているにすぎないのであり、そうした解釈が、しかるべき租税負担を行って無償の財産移転をすること自体を否定するものでないことや、負担付贈与という行為自体を否定して負担額の控除を否定するものでないことは明らかである。また、原告らは、ニチアス株式の値上がり自体は不自然な現象でない旨主張するが、本件においては、ニチアス株式の値上がり自体を不自然としているものではないし、義男らが、贈与時点における株式の時価と財産評価通達169を適用して評価される株式の時価との乖離を利用すべく、ニ

チアス株式が一定程度の値上がりをしていることを十分承知した上で、これを取得しているものであり、義男及び原告らにとって、ニチアス株式の値上がりが決して偶発的なものでないことは明らかである。したがって、原告らの主張は理由がないというべきである。

【判示⑽】

　さらに、原告らは、財産評価通達169を適用して評価することが著しく不当として異なる評価方法をとる場合に、国税庁長官の指示を受けないことは、財産評価通達6に定める例外的取扱いの手続に違反しているから、本件処分は違法である旨主張するが、財産評価通達が法規としての効力を有しないことは前記のとおりであり、同通達6にいう国税庁長官の指示も、国税庁内部における処理の準則を定めるものにすぎないというべきであり、右指示の有無が、更正処分の効力要件となっているものでないことは明らかであるから、それ自体が課税処分の効力に影響を及ぼすものではない（下線筆者）というべきであり、原告らの主張は採用できない。

　なお、原告らは、本件と同種の事案について、財産評価通達169の適用が是認された例があったかのような主張をしているところであるが、その主張自体具体的なものではないし、本件において財産評価通達の定める方法によらない評価方法をとることに合理性があることは前示のとおりであるから、仮に同種の事案において本件のような評価方法をとって課税することのなかった事例があったとしても、租税法律関係以外の他の事情を考慮するなどして殊更恣意的に本件についてのみ異なる取扱いをしたというような特段の事情がない限り、これをもって直ちに平等原則に反するものとはいえないというべきである。

　以上のとおり、原告らの主張は、いずれも採用することはできない。

　したがって、本件負担付贈与契約にかかる株式の時価を課税時期の最終価格とする評価方法により評価することには合理性があり、原告らの主張するような違法な点はないというべきである。

6　（省略）

この裁判例は通達通りの取引を行ったとしても、初めから納税者が贈与税の負担を回避するために、計画的に取引を行ったものであるとの事実認定がされた結果、財産評価基本通達が定める評価方法に従わないことが許容された事件です。

財産評価基本通達の予め定められた評価方法により、画一的な評価を行う課税実務上の取扱いは、納税者間の公平、納税者の便宜、徴税コストの削減という見地からみて合理的です。一般的にこれを形式的にすべての納税者に適用して財産の評価を行うことが租税負担の実質的公平をも実現することができ、租税平等主義にかなうとされています。

しかし、財産評価基本通達による画一的な評価方法の趣旨がこのようなものである以上、それに従い評価方法を画一的、形式的に適用することによりかえって租税負担の公平を著しく害するものである場合、又は相続税法の趣旨や財産評価基本通達の趣旨に反するような結果を招来させるような場合には、財産評価基本通達に定める評価方法とは異なる他の合理的な方法によることが許されるべきであるとしています。これが財産評価基本通達6項発動の要件です[46]。

租税回避は事実認定の積み重ねにより判示されるものと思われます。財産評価基本通達による画一的な評価方法の趣旨がこのようなものである以上、それに従い評価方法を画一的、形式的に適用することによりかえって租税負担の公平を著しく害するものである場合、又は相続税法の趣旨や財産評価基本通達の趣旨に反するような結果を招来させるような場合には、財産評価基本通達に定める評価方法とは異なる他の合理的な方法によることが許されるべきであり、これをもって財産評価基本通達6項が発動する可能性もあり得ます。水平的公平を担保させるために平等原則が発動する場面です。

財産評価基本通達1項は「この通達の定めによって評価することが著しく不適当と認められる財産の価額は、国税庁長官の指示を受けて評価する」という

---

46 財産評価基本通達6項（この通達の定めにより難い場合の評価）
この通達の定めによって評価することが著しく不適当と認められる財産の価額は、国税庁長官の指示を受けて評価する。

同通達 6 項の評価方法（個別指示を受ける評価方法）を内包して「通達の定め」によると理解されています。

　このような理解は財産評価基本通達 6 項が上意下達の命令手段の一内容を構成しているものと考えると当然に導かれる理解であるといえます。

　財産評価基本通達 6 項にいう「この通達の定め」とは同通達 6 項以外の通達の評価方法以外を指していることとなり、そのような評価方法によれば「著しく不適当と認められる財産の価額」について、「国税庁長官の指示を受けて評価する」ことをしないとすれば、それは命令に反する処理を行うことになります。同通達 6 項は当然に内部拘束力が働いているはずです。この点につき、同通達 1 項(3)財産の評価が「財産の評価に当たっては、その財産の価額に影響を及ぼすべき全ての事情を考慮する」とする通達内容とも整合的であるといえます。

Q Ⅲ-3 事業承継スキーム策定時にあたっての総則 6 項への事前対応策

　持株会社スキーム組成における理論武装には何が考えられるでしょうか。

Answer

　下記に例を挙げます。

【解説】

1．M&A を積極的に実行していく意向での理論武装

①　本体会社は M&A をこれから積極的に活用し、部門拡大を狙っている。

②　M&A スキームは本体会社が売手企業を株式譲渡スキームで購入してくるものと仮定する。

③　「持株会社の役割」は

・グループ全体のバックオフィス統括

・M&A アドバイザリー業務

である。

これを定款に明記する。

④　M&A 実行の際には

・持株会社が売手企業を直接購入

又は

・本体会社が売手企業を購入、これを本体会社へ適格現物分配（若しくは
適格分割型分割）

２．本体会社の管理会計を徹底していく意向での理論武装

①　現在、本体会社は卸売業と不動産賃貸業を営んでいるが、これに係る各
事業部門での収益が不明である。つまり管理会計上、管理が限界にきてい
る。

②　通常、横の分割（適格分割型分割）で、上記各部門を兄弟会社にするが、
縦の分割（適格分社型分割）で、上の持株会社（分割法人）は不動産賃貸
業、下の本体会社（分割承継法人）は卸売業を引き継ぐとする。

③　上記②の分社化の結果、各事業部門の収益が明確化した。

上記１．２．は例として挙げました。両者に共通なのは、それぞれのエビデ
ンスを残しておくことが重要であるということです。持株会社組成に関して
は、今後はその組成の意義が問われる可能性が多分にあります。その時の反証
は上記エビデンス以外に考えられません。

Q Ⅲ-4 以前あった自社株対策スキームの指摘報道について

表題の件につきご教示ください。

Answer

昔こういう記事が載りました。見解を下記します。

【解説】

「自社株の相続めぐり中小企業経営者への提案の節税策、国税のNO!」（産経新聞 2016.8.29）という古い記事があります。下記リンク先から本稿脱稿時点でも無料で読むことが可能です。

http://www.sankei.com/west/news/160829/wst1608290009-n1.html

そもそもの上記記事の信憑性は何も語りません。当時、上記の記事は大きな反響を呼びました。記事を真摯に受けると総則6項に対する認識が変わってくると考えます。

○上記の詳細は不明だが、総則6項発動案件と考えられます。

　　財産評価基本通達に従い評価をし、かつ合理的な理由に基づいていれば（産経新聞記事内の税理士曰くの）「租税回避」という形での否認はできません。事実認定できないからです。また、係争になった場合、証拠の有無も心証に大きく影響を与えるでしょう。

　　なお、記事中、「昨年ごろから増加」とありますが、当局において富裕層特官を置いた時期と一致します。

○主目的が経済的合理性があるもので、税目的でないことを当局に立証するためには、「なぜ、今持株会社を作ったか？なぜ株式を売却（贈与）したか？不動産を売却したか？」についての主目的が経済的合理性に則ったものであること、そして、それに応じた各種（書類）エビデンスの完備が必要です。総会、役会、稟議書、社内メモ、PCメール、コンサルティング資料（財務体質改善資料）は必須と考えます。

　　当局調査においては、金額にもよりますが、コンサルティング費用が計上されていると、その内容の確認を求めてきます。事実認定の現場でのプ

ロセスは納税者側からすると経済的合理性と証拠の提出方法の2つに区分されますから、証拠の提出方法いかんによっては、経済的合理性が認められない場合があります。

○その他一般的な留意点として下記が挙げられます。

・自社株式を相続評価額が極端に低くなる金融資産に化体させる（金融）商品は、典型的な総則6項事案と考えます。相続直後の不動産売却と同じロジックです。

・相続直前の対策は絶対にやるべきではありません。典型例は駆け込みDES です。

・事業承継は、最低でも3年程度時間をかけて実行する必要があります。

・事業承継に関する契約金額はコンサルティング期間に応じて期間按分して損金計上する必要があります。そして、期間按分の根拠として「いつまでに、何のために、何を実行したか」は残しておく必要があります。

資料1　　*317*

【資料1】

一方の法人による完全支配関係のある法人間で行われる無対価合併の適格判定及び被合併法人が有する未処理欠損金額の引継制限について照会する場合の説明資料の記載例（記載例2）

―みなし共同事業要件により引継制限の有無を判定する場合―

《照会の前提となる事実関係について》

1　組織再編成の概要

　※当事会社の名称、組織再編成の態様、実行日などを記載してください。

　　株式会社A社（東京都●区●1-1-1（●署））は、資本関係のない株式会社B社（東京都■区■1-1-1（■署））の発行済株式の全部を取得した後、B社を被合併法人とする吸収合併（以下「本件合併」といいます。）を行う予定です。なお、合併契約の効力発生日は、平成×2年4月1日です。

2　組織再編成の目的・経緯・背景

　　A社は、首都圏を中心に不動産販売業を営んでいますが、この度、商圏を拡大すべく、関西圏を中心に不動産販売業を営んでいるB社を吸収合併することを検討しています。具体的には、B社の発行済株式の全部を平成×1年12月1日に×社（A社との資本関係はありません。）から取得します。4カ月の準備期間を設け、平成×2年4月1日にB社を吸収合併することを計画しています。

3　組織再編成の当事会社が行う事業の内容及び組織再編後の事業の異動状況

　(1)　A社の事業

　　　A社は、設立以降継続して店舗を保有するとともに従業員を雇用し、A社自身の名義で不動産販売業を営んでいます。×1年3月期における売上金額は××円、同期末の従業員は80人（×2年3月期中に従業員数の変更見込みなし）です。

　(2)　B社の事業

　　　B社は、設立以降継続して店舗を保有するとともに従業員を雇用し、B社自身の名義で不動産販売業を営んでいます。×1年3月期における売上金額は××円、同期末の従業員は60人（×2年3月期中に従業員数の変更見込みなし）です。なお、今回の合併に伴い、B社の取締役は全て退任することとし、A社の取締役が経営に従事する見込みです。

　(3)　合併後の事業の継続見込み

　　　合併法人であるA社は、B社から引き継ぐ不動産販売業を継続する予定です。

4 組織再編成の当事会社の資本金及び株主の状況

	合併法人	被合併法人
	A社	B社
設立年月日	昭和Y年4月1日	昭和Z年4月1日
決算期	3月	3月
資本金	10億円	2億円
株主	甲社（50％）、乙社（50％）	X社（100％）

5 資本関係の変遷
　※一連の組織再編成の内容を記載するとともに、組織再編成前後の資本関係を図示してください。
(1) A社は、平成×1年12月1日にB社の発行済株式の全部をX社から取得します。なお、A社とX社との間には資本関係はありません。また、B社と甲社及び乙社との間には資本関係はありません。
(2) A社は、(1)によりB社株式を取得してから本件合併前まで継続してB社の全株式を保有します。
(3) 本件合併前後のA社とB社の資本関係の変遷は次のとおりです。

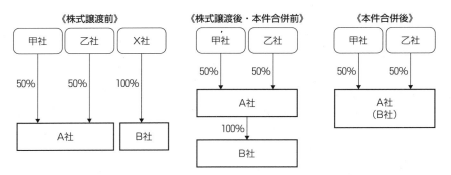

6 組織再編成に伴い支払う対価の有無とその内容
　本件合併においては、本件合併前に合併法人A社が被合併法人B社の発行済株式の全部を保有する関係があることから、被合併法人B社の株主であるA社には、合併法人A社の株式その他の資産は交付されません（無対価）。
7 引継ぎを受ける未処理欠損金額
　本件合併により、A社はB社の未処理欠損金額●●円を引き継ぐ予定です。

資料1　*319*

8　照会者において確認したい事項

　　　1から7の事実関係がある場合、本件合併は、適格合併に該当すると考えて差
　　し支えないでしょうか。また、適格合併に該当するとした場合、A社は、B社の
　　未処理欠損金額●●円について欠損金の引継制限の規定の適用を受けないと考え
　　て差し支えないでしょうか。
　　具体的には、引継制限の規定の適用に当たっては、みなし共同事業要件を満たすと
　考えてよいでしょうか。

《確認したい事項に対する照会者の見解とその理由について》
　　※記載が困難な場合には、分かる範囲で記載してください。
　　【関係法令】※平成28年4月1日現在の法令を基に作成しています。
1　合併の適格判定について
　(1)　完全支配関係
　　　　完全支配関係とは、一の者が法人の発行済株式の全部を直接若しくは間接に保
　　有する関係として政令で定める関係（以下「当事者間の完全支配の関係」といい
　　ます。）又は一の者との間に当事者間の完全支配の関係がある法人相互の関係を
　　いいます（法法2十二の七の六）。
　　　　そして、上記の政令で定める関係とは、一の者が法人の発行済株式の全部を保
　　有する場合における当該一の者と当該法人との間の関係をいいます（法令4の2
　　②）。
　(2)　適格合併
　　　　合併前に合併に係る被合併法人と合併法人との間にいずれか一方の法人による
　　完全支配関係がある場合の合併で、当該被合併法人の株主等に合併法人株式以外
　　の資産が交付されないものは、適格合併に該当します（法法2十二の八イ、法令
　　4の3②一）。
　(3)　無対価合併
　　　　上記(2)の合併が被合併法人の株主等に合併法人の株式その他の資産が交付され
　　ない合併（以下「無対価合併」といいます。）である場合には、合併法人が被合
　　併法人の発行済株式の全部を保有する関係があるものに限り、適格合併に該当し
　　ます（法令4の3②一かっこ書）。
2　適格合併が行われた場合の被合併法人の有する未処理欠損金額の引継制限につい
　て
　(1)　引継制限の概要
　　　　内国法人を合併法人とする適格合併が行われた場合には、被合併法人の未処理

欠損金額は合併法人に引き継がれることとされていますが（法法57②）、当該適格合併が次のイからハのいずれの場合にも該当しないときには、合併法人は、被合併法人の未処理欠損金額について引継制限を受けます（法法57③、法令112③④）。

イ　当該適格合併がみなし共同事業要件を満たす場合（法法57③、法令112③）。

ロ　被合併法人と合併法人との間に当該合併法人の適格合併の日の属する事業年度開始の日の5年前の日から継続して支配関係がある場合（法法57③、法令112④一）。

ハ　被合併法人又は合併法人が当該5年前の日後に設立された法人である場合であって、当該被合併法人と当該合併法人との間に当該被合併法人の設立の日又は当該合併法人の設立の日のいずれか遅い日から継続して支配関係があるとき（法法57③、法令112④二）。

(2)　みなし共同事業要件

みなし共同事業要件を満たす適格合併とは、適格合併のうち次のイからニまでの要件又はイ及びホの要件に該当するものをいいます（法令112③）。

イ　被合併法人が適格合併の前に営む主要な事業のうちのいずれかの事業（被合併事業）と合併法人が適格合併の前に営む事業のうちのいずれかの事業（合併事業）とが相互に関連するものであること（事業関連性要件）

ロ　被合併事業と合併事業のそれぞれの売上金額、従業者の数、被合併法人と合併法人のそれぞれの資本金の額又はこれらに準ずるものの規模の割合がおおむね5倍を超えないこと（事業規模要件）

ハ　被合併事業が被合併法人と合併法人との間に最後に支配関係があることとなった時からその適格合併の直前の時まで継続して営まれており、かつ、その最後に支配関係があることとなった時とその適格合併の直前の時における被合併事業の規模（ロで採用したのと同じ指標）の割合がおおむね2倍を超えないこと（被合併事業の規模継続要件）

ニ　合併事業が合併法人と被合併法人との間に最後に支配関係があることとなった時からその適格合併の直前の時まで継続して営まれており、かつ、その最後に支配関係があることとなった時とその適格合併の直前の時における合併事業の規模（ロで採用したのと同じ指標）の割合がおおむね2倍を超えないこと（合併事業の規模継続要件）

ホ　被合併法人の適格合併の前における特定役員（社長、副社長、代表取締役、代表執行役、専務取締役若しくは常務取締役又はこれらに準ずる者で法人の経営に従事している者をいいます。以下同じ。）である者のいずれかの者と合併

法人の適格合併の前における特定役員である者のいずれかの者とがその適格合併の後に合併法人の特定役員となることが見込まれていること（特定役員引継要件）

(3) 事業関連性要件

上記(2)イの事業関連性要件について、次の全てに該当する合併は、事業関連性要件を満たすものとされています（法規3①、26）。

イ　被合併法人及び合併法人が、合併の直前において、それぞれ次に掲げる要件の全てに該当すること

①　事務所、店舗、工場その他の固定施設を保有し、又は賃借していること

②　従業者があること

③　自己の名義をもって、かつ、自己の計算において商品販売等をしていること

ロ　被合併事業と合併事業との間に当該合併の直前において、被合併事業と合併事業とが同種のものであるなどの関係があること

【照会者の見解】

1　本件合併の適格判定について

本件合併前において一の者であるA社は、B社の発行済株式の全部を保有していることから、被合併法人であるB社と合併法人であるA社との間にはA社による完全支配関係があることとなります。また、本件合併は無対価合併であるところ、本件合併前にA社がB社の発行済株式の全部を保有する関係があることから、本件合併は適格合併に該当することとなります。

2　本件合併に係る未処理欠損金額の引継制限について

被合併法人であるB社と合併法人であるA社との間の資本関係は、平成×1年12月1日以後生じていますので、上記の関係法令の2(1)のロとハのいずれにも該当しません。したがって、以下では、本件適格合併が2(1)のイのみなし共同事業要件を満たすかについて検討します。

(1) 事業関連性要件について

被合併法人であるB社と合併法人であるA社は、合併の直前において、それぞれ店舗を有するとともに従業者を有しています。また、設立以降継続して、自己の名義において不動産を販売し収入を得ていることなどからすると、自己の名義をもって、かつ、自己の計算において不動産販売業を営んでいるといえます。

そして、被合併法人であるB社が適格合併の前に営む主要な事業（被合併事業）と合併法人であるA社が適格合併の前に営む事業（合併事業）は、いずれ

も不動産販売業であり、同種の事業といえますので、事業関連性要件を満たします。

(2) 事業規模要件について

　　B社が適格合併の前に営む被合併事業（不動産販売業）の従業者は60人であり、A社が適格合併の前に営む合併事業（不動産販売業）の従業者は80人です。したがって、被合併事業と合併事業の規模（従業者の数）の割合は5倍を超えず、事業規模要件を満たします。

(3) 被合併事業の規模継続要件について

　　B社が適格合併の前に営む被合併事業（不動産販売業）は、合併法人であるA社との間に資本関係が発生した平成×1年12月1日から適格合併の直前の時まで継続して営まれています。また、平成×1年12月1日における従業者の数と適格合併の直前の時における従業者の数は同数ですので、被合併事業の規模継続要件を満たします。

(4) 合併事業の規模継続要件について

　　A社が適格合併の前に営む合併事業（不動産販売業）は、被合併法人であるB社との間に資本関係が発生した平成×1年12月1日から適格合併の直前の時まで継続して営まれています。また、平成×1年12月1日における従業者の数と適格合併の直前の時における従業者の数は同数ですので、合併事業の規模継続要件を満たします。

(5) 特定役員引継要件について

　　被合併法人であるB社の適格合併の前における特定役員である者は、全て退任することが見込まれていますので、特定役員引継要件は満たさないこととなります。

(1)から(5)のとおり、本件適格合併は、上記の関係法令の2(2)に掲げる要件のうち、ホ以外の要件（イからニまでの要件）を満たしますので、みなし共同事業要件を満たします。したがって、合併法人であるA社は、被合併法人であるB社の未処理欠損金額を引き継ぐことができます（引継制限を受けません）。

【資料2】

東京地方裁判所平成28年（行ウ）第508号法人税更正処分等取消請求事件（棄却）（控訴）国側当事者・国（麹町税務署長）令和元年6月27日判決【TPR事件／特定資本関係5年超要件を満たす合併における法法132条の2の適用】（TAINZコードZ888-2251）

〔判示事項〕

1　本件は、原告が、その完全子会社（旧子会社）を被合併法人とする適格合併（平成22年改正前の法人税法2条12号の8）を行い、当該子会社が有していた未処理欠損金額を同法57条2項の適用により原告の欠損金額とみなして損金の額に算入して法人税の確定申告をしたところ、処分行政庁から、同法132条の2の適用により更正処分等を受けたことから、これらの一部の取消しを求める事案である。

2　法人税法57条3項は、一定期間内に特定資本関係を有することとなった法人間で組織再編成が行われた場合、共同で事業を営むための適格合併等として政令で定めるものに該当する場合を除き、特定資本関係が生じた日の属する事業年度前に生じた欠損金額等の引継ぎを制限する旨定めており、このような同項の規定の構造に鑑みても、同項は、未処理欠損金額を有するグループ外の法人をいったんグループ内の法人に取り込んだ上でグループ内の他の法人と組織再編成を行うといったグループ外の法人が有する未処理欠損金額を利用した租税回避行為を防止するために設けられた規定であって、未処理欠損金額を利用したあらゆる租税回避行為をあらかじめ想定して網羅的に定めたものとはいい難く、実際にも、特定資本関係5年超要件を満たす適格合併等であっても、法人税の負担を不当に減少させる結果となると認められる行為又は計算が行われる場合が想定されないとはいい難い。そうすると、同項は、むしろ、典型的な租税回避行為としてあらかじめ想定されるものを対象として定めた具体的な否認規定にすぎないものと理解するのが自然である。そうすると、同項は、同条2項に関する否認とその例外の要件を全て書き尽くしたものとはいえず、同項が特定資本関係5年以下の組織再編成と5年超の組織再編成を区別して規定しているからといって、特定資本関係5年超の組織再編成について一般的否認規定の適用が排除されているとはいえない。

3　本件合併とともに新子会社設立、新子会社に旧子会社の本件事業に従事していた全従業員を転籍、新子会社に旧子会社から承継した本件事業に係る棚卸資産の譲渡等が行われたことによって、実態としては、旧子会社の営んでいた本件事業はほぼ変化のないまま新子会社に引き継がれ、原告は、旧子会社の有していた本件未処理欠損金額のみを同社から引き継いだに等しいものということができる。そうする

と、本件合併は、形式的には適格合併の要件を満たすものの、組織再編税制が通常想定している移転資産等に対する支配の継続、言い換えれば、事業の移転及び継続という実質を備えているとはいえず、適格合併において通常想定されていない手順や方法に基づくもので、かつ、実態とはかい離した形式を作出するものであり、不自然なものというべきである。

4　また、本件合併について検討を始めた当初は、本件事業を原告の一部門として取り込むことにより旧子会社の損益を改善するといった事業目的もあったものといえるものの、結局は、原告内に新たな部門が設置されることはなく、本件事業は新子会社に引き継がれ、本件事業に係る製造設備等の減価償却費相当額を同社に負担させるとの方針が決まった頃（平成22年1月13日頃）以降は、本件合併自体によって本件事業の損益状況の改善を図るという目的を達成することはできない状況にあったといえる。そして、このことは、同日の経営会議において、節税効果だけではないか等の発言があったことからみても、原告経営陣において当然認識されていたということができる。以上の本件合併及びこれに伴う本件設立等の検討経過等に照らすと、本件合併の主たる目的は本件未処理欠損金額の引継ぎにあったものとみるのが相当であり、前記3で述べた本件合併の不自然さも考慮すると、税負担の減少以外に本件合併を行うことの合理的理由となる事業目的その他の事由が存在するとは認め難いといわざるを得ない。

5　本件合併は、組織再編税制に係る規定を租税回避の手段として濫用することによって法人税の負担を減少させるものとして、法人税法132条の2にいう「法人税の負担を不当に減少させる結果となると認められるもの」に当たるということができる。

【資料3】

| 資産課税課情報 | 第16号 | 令和元年9月30日 | 国税庁資産課税課 |

「『租税特別措置法（株式等に係る譲渡所得等関係）の取扱いについて』等の
一部改正について（法令解釈通達）」の趣旨説明（情報）

　令和元年6月28日付課資3－3ほか3課共同「『租税特別措置法（株式等に係る譲渡所得等関係）の
取扱いについて』等の一部改正について（法令解釈通達）」により、譲渡所得等に関する取扱いについ
て所要の改正を行ったところであるが、その主な改正事項の趣旨を別紙のとおり取りまとめたので、
執務の参考とされたい。

第4 「所得税基本通達の制定について」の一部改正について

1 法第33条《譲渡所得》関係

※ アンダーラインを付した部分が改正関係部分である。

> 【新設】
> **（遺留分侵害額の請求に基づく金銭の支払に代えて行う資産の移転）**
> **33－1の6** 　民法第1046条第１項《遺留分侵害額の請求》の規定による遺留分侵害額に相当する金銭の支払請求があった場合において、金銭の支払に代えて、その債務の全部又は一部の履行として資産（当該遺留分侵害額に相当する金銭の支払請求の基因となった遺贈又は贈与により取得したものを含む。）の移転があったときは、その履行をした者は、原則として、その履行があった時においてその履行により消滅した債務の額に相当する価額により当該資産を譲渡したこととなる。
> (注)　当該遺留分侵害額に相当する金銭の支払請求をした者が取得した資産の取得費については、38－7の２参照

《説 明》

1　高齢化の進展等の社会経済情勢の変化に鑑み、相続が開始した場合における配偶者の居住の権利及び遺産分割前における預貯金債権の行使に関する規定の新設、自筆証書遺言の方式の緩和、遺留分の減殺請求権の金銭債権化等が盛り込まれた「民法及び家事事件手続法の一部を改正する法律（平成30年法律第72号）」が成立し、平成30年７月13日に公布された。

　　なお、遺留分の減殺請求権の金銭債権化を含む改正後の遺留分制度（民法1042〜1049）については、令和元年７月１日から施行されている。

2　改正前の遺留分制度における「遺留分の減殺請求 (注1)」の法的性質（遺留分の減殺請求権が行使された場合の効果）は、遺留分権利者の意思表示によって当然に物権的効力が生ずる、つまり、遺留分の減殺請求権が行使された場合、直ちに、遺贈又は贈与（以下「遺贈等」という。）が失効し、その目的財産の所有権又は共有持分権が遺留分権利者に帰属することとされていた (注2)。

　　改正後の遺留分制度においては「遺留分侵害額の請求」となり、その法的性質（遺留分侵害額の請求権が行使された場合の効果）は、遺留分侵害額に相当する金銭債権が発生することとされた (注3)。つまり、遺留分権利者は、受遺者又は受贈者（以下「受遺者等」という。）に対し、遺留分侵害額に相当する金銭の支払を請求することができることとされ、逆に、受遺者等は、遺留分権利者に対し、遺留分侵害額に相当する金銭の支払をすれば足り、受遺者等が取得した権利が当然に遺留分権利者に帰属することにはならないこととされた。

　　このように、遺留分権利者が取得する権利を金銭債権とすることによって、遺留分権利者は、減殺された遺贈等の目的財産の所有権又は共有持分権を主張することができなくなり、受遺者等に対する一般債権者としての地位を有することになる。

　　なお、遺留分侵害額の請求を受けた受遺者等が直ちに金銭を準備することができず不利益を被る可能性があることから、裁判所は、その受遺者等の請求により、その遺留分侵害額の請求に係る債務の全部又は一部の支払につき相当の期限を許与することができる（民法1047⑤）こととされている。

（注1）　「遺留分権利者及びその承継人は、遺留分を保全するのに必要な限度で、遺贈及び前条に規定する贈与の減殺を請求することができる。」（民法及び家事事件手続法の一部を改正する法律による改正前の民法1031）

（注2）　「遺留分権利者の減殺請求により贈与又は遺贈は遺留分を侵害する限度において失効し、受贈者又は受遺者が取得した権利は右の限度で当然に減殺請求をした遺留分権利者に帰属するものと解するのが相当」（昭和51年8月30日最高裁判決）

（注3）　「遺留分権利者及びその承継人は、受遺者（…）又は受贈者に対し、遺留分侵害額に相当する金銭の支払を請求することができる。」（民法1046①）

3　上記2のとおり、従来、物権的効力が生ずるとされていた「遺留分の減殺請求」が「遺留分侵害額の請求」として金銭債権化されたことに伴い、民法上、遺留分権利者は、遺留分侵害額に相当する金銭の支払請求のみを行うことができることとなった。しかしながら、受遺者等が金銭で支払うことが困難である場合等において、当事者間の合意により金銭の支払に代えて他の財産を給付することも想定され、そのような方法で遺留分侵害額に相当する金銭の支払請求に対する債務の全部又は一部の弁済をすることは、代物弁済（民法482）に該当するものと考えられる。

4　ところで、代物弁済は、本来の給付に代えて他の財産の給付をなすことによって既存の債務を消滅させる有償契約であることから、その代物弁済により移転する資産が譲渡所得の基因となる資産であるときは、その移転があった時にその資産を譲渡したこととなる（所法33①）。

　このとき、その代物弁済により消滅した債務の額に相当する価額によりその資産を譲渡したこととなるため、通常、その消滅した債務の額がその資産の譲渡所得の収入金額となる（所法36①②）。

5　このため、本項は、遺留分侵害額の請求権の行使により、遺留分権利者から受遺者等に対して遺留分侵害額に相当する金銭の支払請求があった場合において、受遺者等が遺留分権利者の承諾を得て、金銭の支払に代え、その債務の全部又は一部の履行として保有する資産（その遺留分侵害額の支払請求の基因となった遺贈等により取得したものを含む。）の移転をしたときは、代物弁済による資産の移転に該当すると考えられることから、受遺者等は、原則として、その履行があった時においてその履行により消滅した債務の額に相当する価額によりその資産を譲渡したこととなることを明らかにしたものである。

6　なお、この資産の移転をしたときに譲渡所得の収入金額となる「その履行により消滅した債務の額」が幾らになるのかという点について、この資産の移転が金銭の支払に代えて行われるものであることからすると、通常は、その資産の時価に相当する債務の額を消滅させる旨の合意が行われるものと考えられるが、その資産の時価とその遺留分侵害額に相当する金額との間に差額が生じる場合も想定される。このような場合においては、その当事者間の合意に至る経緯やその合意内容等を踏まえ、その資産の移転により消滅した債務の額を個々に判断し、譲渡所得の収入金額を決定する必要がある。

7　本項の取扱いは、上記1の民法改正（遺留分制度）の施行時期を踏まえ、令和元年7月1日以後に開始した相続に係る遺留分侵害額の請求があった場合について適用することとしている。

（参考１）

〇　移転した資産の時価と遺留分侵害額に相当する金額との間に差額が生じる場合における譲渡所得の収入金額（例）

　　1　資産の時価が遺留分侵害額に相当する金額を上回る場合

　　　　例えば、遺留分侵害額に相当する金額2,000万円の支払請求に対し、受遺者等が金銭の支払に代えて時価2,500万円の資産を債務の履行として移転した場合において、受遺者等が遺留分権利者からその差額に相当する清算金500万円を受領するときは、資産の移転により消滅した債務の額2,000万円と受領した清算金500万円の合計2,500万円が譲渡所得の収入金額となる。

　　2　資産の時価が遺留分侵害額に相当する金額を下回る場合

　　　　例えば、遺留分侵害額に相当する金額2,000万円の支払請求に対し、受遺者等が金銭の支払に代えて時価1,500万円の資産を債務の履行として移転した場合において、受遺者等が遺留分権利者に対しその差額に相当する残りの債務500万円に係る支払をするときは、資産の移転により消滅した債務の額1,500万円が譲渡所得の収入金額となる。

　　（注）　上記1又は2の差額に相当する金額について清算金の受領又は残りの債務に係る支払が行われない場合、その当事者間の合意に至る経緯やその合意内容等、具体的には、差額に相当する金額に係る債権放棄、債務免除等の有無といった個々の事実関係に基づいて、譲渡所得の収入金額となる「その履行により消滅した債務の額」を判断することになる。

（参考２）

〇　民法（抄）

（遺留分の帰属及びその割合）

第千四十二条　兄弟姉妹以外の相続人は、遺留分として、次条第一項に規定する遺留分を算定するための財産の価額に、次の各号に掲げる区分に応じてそれぞれ当該各号に定める割合を乗じた額を受ける。

　一　直系尊属のみが相続人である場合　三分の一

　二　前号に掲げる場合以外の場合　二分の一

2　相続人が数人ある場合には、前項各号に定める割合は、これらに第九百条及び第九百一条の規定により算定したその各自の相続分を乗じた割合とする。

（遺留分侵害額の請求）

第千四十六条　遺留分権利者及びその承継人は、受遺者（特定財産承継遺言により財産を承継し又は相続分の指定を受けた相続人を含む。以下この章において同じ。）又は受贈者に対し、遺留分侵害額に相当する金銭の支払を請求することができる。

2　遺留分侵害額は、第千四十二条の規定による遺留分から第一号及び第二号に掲げる額を控除し、これに第三号に掲げる額を加算して算定する。

　一　遺留分権利者が受けた遺贈又は第九百三条第一項に規定する贈与の価額

　二　第九百条から第九百二条まで、第九百三条及び第九百四条の規定により算定した相続分に応じて遺留分権利者が取得すべき遺産の価額

　三　被相続人が相続開始の時において有した債務のうち、第八百九十九条の規定により遺留分権利者が承継する債務（次条第三項において「遺留分権利者承継債務」という。）の額

（受遺者又は受贈者の負担額）

第千四十七条 受遺者又は受贈者は、次の各号の定めるところに従い、遺贈（特定財産承継遺言による財産の承継又は相続分の指定による遺産の取得を含む。以下この章において同じ。）又は贈与（遺留分を算定するための財産の価額に算入されるものに限る。以下この章において同じ。）の目的の価額（受遺者又は受贈者が相続人である場合にあっては、当該価額から第千四十二条の規定による遺留分として当該相続人が受けるべき額を控除した額）を限度として、遺留分侵害額を負担する。

一　受遺者と受贈者とがあるときは、受遺者が先に負担する。

二　受遺者が複数あるとき、又は受贈者が複数ある場合においてその贈与が同時にされたものであるときは、受遺者又は受贈者がその目的の価額の割合に応じて負担する。ただし、遺言者がその遺言に別段の意思を表示したときは、その意思に従う。

三　受贈者が複数あるとき（前号に規定する場合を除く。）は、後の贈与に係る受贈者から順次前の贈与に係る受贈者が負担する。

2　第九百四条、第千四十三条第二項及び第千四十五条の規定は、前項に規定する遺贈又は贈与の目的の価額について準用する。

3　前条第一項の請求を受けた受遺者又は受贈者は、遺留分権利者承継債務について弁済その他の債務を消滅させる行為をしたときは、消滅した債務の額の限度において、遺留分権利者に対する意思表示によって第一項の規定により負担する債務を消滅させることができる。この場合において、当該行為によって遺留分権利者に対して取得した求償権は、消滅した当該債務の額の限度において消滅する。

4　受遺者又は受贈者の無資力によって生じた損失は、遺留分権利者の負担に帰する。

5　裁判所は、受遺者又は受贈者の請求により、第一項の規定により負担する債務の全部又は一部の支払につき相当の期限を許与することができる。

（代物弁済）

第四百八十二条 債務者が、債権者の承諾を得て、その負担した給付に代えて他の給付をしたときは、その給付は、弁済と同一の効力を有する。

○　所得税法（抄）

（収入金額）

第三十六条 その年分の各種所得の金額の計算上収入金額とすべき金額又は総収入金額に算入すべき金額は、別段の定めがあるものを除き、その年において収入すべき金額（金銭以外の物又は権利その他経済的な利益をもつて収入する場合には、その金銭以外の物又は権利その他経済的な利益の価額）とする。

2　前項の金銭以外の物又は権利その他経済的な利益の価額は、当該物若しくは権利を取得し、又は当該利益を享受する時における価額とする。

3　省略

2 法第38条《譲渡所得の金額の計算上控除する取得費》関係

※ アンダーラインを付した部分が改正関係部分である。

【新設】
（遺留分侵害額の請求に基づく金銭の支払に代えて移転を受けた資産の取得費）

38－7の2　民法第1046条第1項の規定による遺留分侵害額に相当する金銭の支払請求があった場合において、金銭の支払に代えて、その債務の全部又は一部の履行として資産の移転があったときは、その履行を受けた者は、原則として、その履行があった時においてその履行により消滅した債権の額に相当する価額により当該資産を取得したこととなる。

《説　明》

1　所得税基本通達33－1の6（遺留分侵害額の請求に基づく金銭の支払に代えて行う資産の移転）の《説明》のとおり、遺留分制度が改正され、従来、物権的効力が生ずるとされていた遺留分の減殺請求権が遺留分侵害額の請求権に見直され、金銭債権化された。

2　本項は、遺留分侵害額の請求権の行使により、遺留分権利者から受遺者等に対して遺留分侵害額に相当する金銭の支払請求があった場合において、受遺者等が遺留分権利者の承諾を得て、金銭の支払に代え、その債務の全部又は一部の履行として保有する資産の移転をしたときは、代物弁済による資産の移転に該当すると考えられることから、遺留分権利者は、原則として、その履行があった時においてその履行により消滅した債権の額に相当する価額によりその資産を取得したこととなることを明らかにしたものである。

3　なお、この資産の移転をしたときに資産の取得に要した金額（取得価額）となる「その履行により消滅した債権の額」が幾らになるのかという点について、この資産の移転が金銭の支払に代えて行われるものであることからすると、通常は、その資産の時価に相当する債権の額を消滅させる旨の合意が行われるものと考えられるが、その資産の時価とその遺留分侵害額に相当する金額との間に差額が生じる場合も想定される。このような場合においては、その当事者間の合意に至る経緯やその合意内容等を踏まえ、その資産の移転により消滅した債権の額を個々に判断し、資産の取得価額を決定する必要がある。

4　本項の取扱いは、民法改正（遺留分制度）の施行時期を踏まえ、令和元年7月1日以後に開始した相続に係る遺留分侵害額の請求があった場合について適用することとしている。

（参考）

〇 移転した資産の時価と遺留分侵害額に相当する金額との間に差額が生じる場合における資産の取得価額（例）

1　資産の時価が遺留分侵害額に相当する金額を上回る場合

例えば、遺留分侵害額に相当する金額2,000万円の支払請求に対し、受遺者等が金銭の支払に代えて時価2,500万円の資産を債務の履行として移転した場合において、遺留分権利者が受遺者等に対しその差額に相当する清算金500万円を支払うときは、資産の移転により消滅した債権の額2,000万円と支払った清算金500万円の合計2,500万円が資産の取得価額となる。

資料３　　*331*

2　資産の時価が遺留分侵害額に相当する金額を下回る場合

　　例えば、遺留分侵害額に相当する金額2,000万円の支払請求に対し、受遺者等が金銭の支払に
代えて時価1,500万円の資産を債務の履行として移転した場合において、遺留分権利者が受遺者
等からその差額に相当する残りの債権500万円に係る支払を受けるときは、資産の移転により消
滅した債権の額1,500万円が資産の取得価額となる。

（注）　上記１又は２の差額に相当する金額について清算金の支払又は残りの債権に係る支払が行われない場合、そ
　　　の当事者間の合意に至る経緯やその合意内容等、具体的には、差額に相当する金額に係る債権放棄、債務免除
　　　等の有無といった個々の事実関係に基づいて、資産の取得価額となる「その履行により消滅した債権の額」を
　　　判断することになる。

伊藤 俊一（いとう しゅんいち）

1978年（昭和53年）愛知県生まれ。

愛知県立旭丘高校卒業後、慶應義塾大学文学部入学。その後、身内の相続問題に直面し、一念奮起し税理士を志す。税理士試験5科目試験合格。一橋大学大学院国際企業戦略研究科経営法務専攻修士課程修了現在、同博士課程（専攻：租税法、研究分野：エンプティ・ボーティング）在学中。慶應義塾大学「租税に関する訴訟の補佐人制度大学院特設講座」修了。都内コンサルティング会社にて某メガバンク本店案件に係る、事業再生、事業承継、資本政策、相続税等のあらゆる税分野を担当。特に、事業承継・少数株主からの株式集約（中小企業の資本政策）・相続税・地主様の土地有効活用コンサルティングは勤務時代から通算すると数百件のスキーム立案実行を経験しており、同業士業からの御相談件数は20,000件（令和元年7月1日現在、税理士・公認会計士・弁護士・司法書士等からの御相談業務）を超えており、豊富な経験と実績を有する。

・厚生労働省ファイナンシャル・プランニング技能検定（国家資格）試験委員
・認定経営革新等支援機関

【所属学会】
・税務会計研究学会所属
・信託法学会所属

【執筆実績】
第一法規「エンプティ・ボーティングにおける共益権の租税法上の評価」（税務会計研究〈第30号〉「税務会計研究のダイナミズム―直面する課題と展望」）
ロギカ書房『Q&A 中小企業のための資本戦略と実践的活用スキーム』
ロギカ書房『Q&A 非上場株式の評価と戦略的活用スキーム』
ロギカ書房『みなし贈与のすべて』
税務弘報平成30年4月号「事業承継税制 平成30年度改正の使い勝手のホントのトコロ」
税経通信平成28年10月号「「種類株式」と「民事信託の活用」自社株承継スキームへの当てはめに係る留意点」
日本経済新聞朝刊平成25年12月25日21面「マネー＆インベストメント」にインタビュー記事が掲載 他多数
東京税理士会等セミナー件数は年間約150本を超える。

伊藤俊一税理士事務所・合同会社伊藤俊一租税法研究所
弊事務所は資産家・中小企業オーナー様の資産承継、事業承継・資本政策・M&A等のコンサルティングサービスを提供することそのものを目的とした、新業態の会計事務所です。
弊所のホームページ
http://www.tokyo-zeirishi-ito.com/
セミナー案内はこちら
http://www.tokyo-zeirishi-ito.com/seminar.html
メーリングリスト「コンサル質問会」はこちら
http://inspireconsulting.co.jp/lp/consulting-question/

Q&A

中小・零細企業のための
事業承継戦略と実践的活用スキーム

2019年12月15日　初版　発行

著　者　伊藤　俊一

発行者　橋詰　守

発行所　株式会社　ロギカ書房
　　　　〒101-0052
　　　　東京都千代田区神田小川町２丁目８番地
　　　　進盛ビル303号
　　　　Tel 03（5244）5143
　　　　Fax 03（5244）5144
　　　　http://logicashobo.co.jp/

印刷・製本　亜細亜印刷株式会社

Ⓒc2019　shunichi ito
Printed in Japan
定価はカバーに表示してあります。
乱丁・落丁のものはお取り替え致します。
無断転載・複製を禁じます。

978-4-909090-34-8　C2034

好評発売中!!

ロギカ書房 書籍のご案内

★プロの税理士・会計士 必読書!!★

Q&A
中小企業のための
資本戦略と
実践的活用スキーム

- ★債務超過に係る税務上の諸論点
- ★M&A（不動産M&A）
- ★信託受益権複層化★議決権分離スキーム
- ★保険、節税商品
- ★不動産所有型法人★総則6項対策

伊藤 俊一　税理士
A5判・336頁・並製
定価：3,000円+税

Q&A 非上場株式の評価と戦略的活用スキーム

伊藤 俊一　税理士　　A5判・272頁・並製　　定価：2,800円+税

★税務上適正時価★課税関係★事業承継税制（特例）★資本政策★持株会社スキーム★持分会社スキーム

みなし贈与のすべて

伊藤 俊一　税理士　　A5判・336頁・並製　　定価：2,800円+税